NOUVEAUX CLASSIQUES LAROUSSE

Collection fondée en 1933 par
FÉLIX GUIRAND

continuée par
LÉON LEJEALLE (1949 à 1968) et JEAN-POL CAPUT (1969 à 1972)
Agrégés des Lettres

MME DE SÉVIGNÉ

LETTRES CHOISIES

Le château des Rochers, résidence de Mme de Sévigné
près de Vitré, en Bretagne.

MME DE SÉVIGNÉ

LETTRES CHOISIES

avec une Notice biographique, une Notice historique et littéraire,
des Notes explicatives, une Documentation thématique,
des Jugements, un Questionnaire et des Sujets de devoirs,

par

ÉMILE FEUILLATRE

Agrégé de l'Université
Docteur ès lettres

LIBRAIRIE LAROUSSE

17, rue du Montparnasse, et boulevard Raspail, 114
Succursale : 58, rue des Écoles (Sorbonne)

RÉSUMÉ CHRONOLOGIQUE
DE LA VIE DE Mᵐᵉ DE SÉVIGNÉ
1626-1696

1626 — Naissance à Paris de Marie de Rabutin-Chantal, petite-fille de sainte Jeanne Frémyot de Chantal, future marquise de Sévigné (5 février). Elle appartenait par son père à une ancienne famille bourguignonne de noblesse d'épée et, par sa mère, à une famille enrichie dans la gabelle et récemment anoblie.

1627 — Mort de son père, à l'île de Ré, dans un combat contre les Anglais (22 juillet).

1633 — Mort de sa mère. La petite orpheline est recueillie par ses grands-parents maternels, Philippe et Marie de Coulanges.

1634 — Marie de Coulanges meurt.

1636 — Mort de Philippe de Coulanges. La tutelle de l'enfant est confiée au fils de Philippe de Coulanges et à son épouse, Marie Lefèvre d'Ormesson. Marie de Rabutin-Chantal séjourne dès lors tantôt au château de son oncle, à Sucy, tantôt à Livry, dans l'abbaye que gouvernait son autre oncle de Coulanges. Jusqu'en 1644, elle apprend l'italien, l'espagnol et un peu de latin : Chapelain et Ménage sont parmi ses maîtres.

***

1644 — Marie de Rabutin-Chantal épouse le marquis de Sévigné, parent du cardinal de Retz et maréchal de camp.

1646 — Naissance de Françoise-Marguerite de Sévigné (28 octobre), **qui sera Mᵐᵉ de Grignan.**

1648 — Naissance de Charles de Sévigné (mars). A partir de cette époque, Mᵐᵉ de Sévigné **fréquente chez Mᵐᵉˢ de Rambouillet, de Sablé et de Longueville;** on la voit chez **La Rochefoucauld** et les Plessis-Guénégaud; elle y rencontre Corneille, Balzac, Voiture, les Scudéry et Benserade, entre autres.

1651 — Le marquis de Sévigné est tué en duel par le chevalier d'Albret (4 février). Mᵐᵉ de Sévigné passe le temps de son deuil aux Rochers, en Bretagne.

***

1653-1663 — Mᵐᵉ de Sévigné et ses enfants vivent le plus souvent en Bretagne, aux Rochers, mais ils font de fréquents séjours à Paris, où ils reviendront en 1663.

1664 — Procès de Fouquet, surintendant des Finances, à qui Mᵐᵉ de Sévigné était liée par une vive amitié. (Voir **lettres 3-10.**)

© *Librairie Larousse,* 1971.   ISBN 2-03-034902-X

1669 — **Mariage de Françoise-Marguerite** de Sévigné avec le **comte de Grignan,** de bonne noblesse, très estimé à la Cour, mais âgé de quarante ans et à peu près ruiné (29 janvier). — **M. de Grignan** est nommé **lieutenant général en Provence.**

1670 — Naissance de Marie-Blanche de Grignan, qui sera religieuse.

1671 — **Départ de M**ᵐᵉ **de Grignan** pour la **Provence** (5 février) : début de la correspondance entre Mᵐᵉ de Sévigné et sa fille. Naissance de Louis-Provence de Grignan. — Séjour de Mᵐᵉ de Sévigné aux Rochers (juillet-août); elle assiste aux états de Bretagne **(lettres 26-28).**

***

1672 (juillet)-1673 (octobre) — Séjour de Mᵐᵉ de Sévigné à Grignan.

1674 — Naissance de **Pauline de Grignan,** qui sera Mᵐᵉ de Simiane.

1677 — Mᵐᵉ de Sévigné **loue l'hôtel Carnavalet.** Elle fait un **voyage à Vichy (lettres 39-42).**

1680 — Mᵐᵉ de Grignan vient à Paris, où elle séjournera jusqu'en 1688.

1684 — Charles de Sévigné épouse Jeanne-Marguerite de Mauron. Mᵐᵉ de Sévigné passe une année en Bretagne.

1685 — Premiers soucis de santé assez sérieux de Mᵐᵉ de Sévigné, revenue des Rochers à Paris.

1687 — Mort de l'abbé de Coulanges.

1689 — Mᵐᵉ de Sévigné séjourne aux Rochers, puis en Provence, jusqu'à la fin de 1691.

1693 — Mort de Bussy-Rabutin. La même année, mort de Mᵐᵉ de La Fayette.

1694 — Au printemps, Mᵐᵉ de Sévigné décide d'aller demeurer à Grignan. Une autre de ses amies, Mᵐᵉ de Lavardin, meurt.

1695 — Mariages de Louis de Grignan et de Pauline de Grignan.

1696 — Mᵐᵉ de Sévigné **meurt à Grignan le 17 avril.**

Mᵐᵉ de Sévigné avait vingt ans de moins que Corneille; treize ans de moins que La Rochefoucauld; cinq ans de moins que La Fontaine; quatre ans de moins que Molière; trois ans de moins que Pascal; treize ans de plus que Racine.

MADAME DE SÉVIGNÉ ET SON TEMPS

	la vie et l'œuvre de Mme de Sévigné	le mouvement intellectuel et artistique	les événements politiques
1626	Naissance à Paris de Marie de Rabutin-Chantal (5 février).	Philippe de Champaigne : *Portrait de Jansénius*. Ribera : *Saint Jérôme*.	Paix de La Rochelle. Édit sur les duels. Richelieu « grand maître de la navigation et du commerce ».
1627	Mort de son père, tué à l'île de Ré.	J. Callot : *le Siège de Bréda*. F. Bacon : Parution de la *Nouvelle Atlantide*.	Siège de La Rochelle. Guerre franco-anglaise. Fondation de la Compagnie du Saint-Sacrement.
1633	Mort de sa mère. L'orpheline est recueillie par ses grands-parents maternels.	Saint-Cyran, directeur de conscience à Port-Royal. Galilée est forcé par l'Inquisition à abjurer ses théories. Le P. Yves de Paris : *Théologie naturelle*.	Oxenstierne reconstitue la Ligue protestante à Heilbronn.
1636	Ses grands-parents maternels décédés, l'enfant est confiée à son oncle Philippe de Coulanges.	Corneille : *l'Illusion comique, le Cid.* Rotrou : *les Sosies*, comédie. Scudéry : *la Mort de César*, tragédie. Tristan l'Hermite : *Marianne*, tragédie.	Complot de Gaston d'Orléans. Perte et reprise de Corbie.
1644	Marie de Rabutin-Chantal épouse le marquis de Sévigné.	Guez de Balzac : *Œuvres diverses.* Descartes : *Principes de la philosophie.* Torricelli découvre la pesanteur de l'air.	Cromwell prend York. Mort d'Urbain VIII. Rakoczy envahit la Hongrie et conquiert la Slovaquie.
1646	Naissance de Françoise-Marguerite de Sévigné, future Mme de Grignan.	Cyrano de Bergerac : *le Pédant joué.* Saint-Amant : *Poésies.*	Prise de Dunkerque. Français et Suédois ravagent la Bavière. Charles Ier tente de soulever l'Écosse; il est fait prisonnier.
1648	Naissance de Charles de Sévigné (mars).	Pascal : *Récit de la grande expérience sur l'équilibre des liqueurs.* Expériences au puy de Dôme et à la tour Saint-Jacques à Paris. Philippe de Champaigne : *la Mère Angélique.* Rembrandt : *les Pèlerins d'Emmaüs.* Le monastère de Port-Royal est transféré aux Champs.	La Fronde parlementaire. Arrestation de Broussel : révolte parisienne (26 août). Épuration du Parlement anglais par Cromwell. Traités de Westphalie (24 octobre).

1651	Le marquis de Sévigné est tué en duel (4 février).	Corneille : Nicomède; échec de Pertharite. Scarron : le Roman comique. Hobbes : le Léviathan. Ribera : la Communion des apôtres.	Alliance du parlement de Paris et des princes. Exil de Mazarin (février). Libération de Condé; ralliement de Turenne à la cause royale.
1653	Mme de Sévigné vit le plus souvent en Bretagne, aux Rochers, jusqu'en 1663.	Pièces d'orgue, fantaisies, symphonies et pièces de clavecin, de L. Couperin. Lully à la tête des « 24 violons du roy ».	Fouquet, surintendant des Finances. Fin de la Fronde. Cromwell dissout le « Parlement croupion ». Ruine de l'Empire hollandais au Brésil.
1664	Lettres à Pomponne sur le procès de Fouquet.	Corneille : Othon. Racine : la Thébaïde. Molière : le Mariage forcé.	Condamnation de Fouquet après un procès de quatre ans.
1669	Mariage de Françoise-Marguerite avec le comte de Grignan.	Molière : le Tartuffe; Monsieur de Pourceaugnac. Racine : Britannicus. Th. Corneille : la Mort d'Hannibal. Bossuet : Oraison funèbre d'Henriette de France.	Préparation de la guerre de Hollande : agitation du parti orangiste en Hollande. Activité diplomatique de Louis XIV en Allemagne.
1670	Naissance de Marie-Blanche de Grignan.	Corneille : Tite et Bérénice. Racine : Bérénice. Molière : le Bourgeois gentilhomme. Construction des Invalides, sur les plans de L. Bruant.	Mort de Madame. Les états de Hollande nomment Guillaume d'Orange capitaine général.
1671	Naissance de Louis-Provence de Grignan. Mme de Sévigné part pour les Rochers, tandis que sa fille rejoint la Provence.	Molière : les Fourberies de Scapin; la Comtesse d'Escarbagnas; Psyché, comédie-ballet avec Corneille, Quinault, Lully.	Agitation en Hongrie et en Transylvanie. Préparation diplomatique de la guerre de Hollande : Louis XIV signe des traités avec l'empereur (novembre) et l'Espagne (décembre).
1672	Départ de Mme de Sévigné pour Grignan (juillet), où elle reste jusqu'en octobre 1673.	Molière : les Femmes savantes. Racine : Bajazet. P. Corneille : Pulchérie. Th. Corneille : Ariane. Blondel : porte Saint-Denis.	Déclaration de guerre à la Hollande. Passage du Rhin (juin).

MADAME DE SÉVIGNÉ ET SON TEMPS

	la vie et l'œuvre de Mme de Sévigné	le mouvement intellectuel et artistique	les événements politiques
1674	Naissance de Pauline de Grignan.	Corneille : *Suréna*. Racine : *Iphigénie*. Boileau : *Art poétique*. Malebranche : *De la recherche de la vérité*. Construction de la porte Saint-Martin. Alceste de Lully.	Victoires de Turenne à Entzheim (Alsace) sur les Impériaux, et de Condé à Seneffe sur les Hollandais.
1677	Voyage à Vichy. Installation de Mme de Sévigné à l'hôtel Carnavalet.	Racine : *Phèdre*. Spinoza : *Éthique*. Newton découvre le calcul infinitésimal et Leibniz le calcul différentiel. Création de l'observatoire de Paris.	Victoires françaises en Flandre (prise de Valenciennes et de Cambrai). Début des négociations de Nimègue.
1684	Mariage de Charles de Sévigné. Sa mère passe un mois en Bretagne.	Mort de Corneille. La Bruyère nommé précepteur du jeune duc de Bourbon. Bourdaloue : *Oraison funèbre d'Henri de Bourbon*. P. Puget : *Persée délivrant Andromède*.	Trêve de Ratisbonne : l'empereur reconnaît l'annexion de Strasbourg.
1685	Mme de Sévigné revient à Paris.	La Hire : *les Sections coniques*. Naissance de J.-S. Bach, de Haendel et de Scarlatti. Lully : *Roland*, tragédie; *Idylle sur la paix*. L. Grabu : *Albion e Albanius*, sur un livret de Dryden. Création de la place des Victoires.	Traité de paix et de commerce entre la France et Alger (avril). Édit de Fontainebleau révoquant l'édit de Nantes (octobre).
1687	Mort de l'abbé de Coulanges.	Ch. Perrault : *le Siècle de Louis le Grand*. Fontenelle : *Histoire des oracles*. Début de la querelle des Anciens et des Modernes. Bossuet : *Oraison funèbre de Condé*. Lully : *Acis et Galatée*. Construction du Grand Trianon.	Début des déportations de huguenots non convertis. Déclaration d'indulgence de Jacques II, en Angleterre, qui dissout le Parlement.
1688	Départ de Mme de Grignan pour la Provence, après un séjour de huit ans à Paris.	Bossuet : *Histoire des variations des Églises protestantes*. La Bruyère : première édition des *Caractères*. Malebranche : *Entretiens sur la métaphysique*.	Début de la guerre de la ligue d'Augsbourg : invasion de l'Allemagne par Louis XIV. Fin du règne de Jacques II en Angleterre, détrôné par Guillaume d'Orange.

1689	Mme de Sévigné séjourne aux Rochers puis en Provence, où elle restera jusqu'à la fin de 1691.	Racine : Esther. Fénelon précepteur du duc de Bourgogne. Bossuet : Avertissement aux protestants.	Guerre de la ligue d'Augsbourg : campagne du Palatinat. Couronnement de Guillaume III en Angleterre; révolte de l'Irlande.
1693	Mort de Bussy-Rabutin, cousin de Mme de Sévigné, et de Mme de La Fayette.	Boileau : Ode sur la prise de Namur. Querelle de Bossuet et de Fénelon sur le quiétisme. Locke : Quelques pensées sur l'éducation. François Couperin, organiste de la chapelle royale. Marc-Antoine Charpentier : Médée.	Victoire de Neerwinden sur les Hollandais. Louis XIV désavoue la déclaration des Quatre Articles.
1694	Mme de Sévigné s'installe à Grignan.	La Fontaine : Fables (livre XII). La Bruyère : dernière édition des Caractères. Boileau : Réflexions sur Longin. Première édition du Dictionnaire de l'Académie.	Situation de plus en plus tragique de l'économie française. Victoire de Jean Bart sur les Hollandais. Création de la Banque d'Angleterre.
1695	Mariages de Louis de Grignan et de Pauline de Grignan.	Mort de La Fontaine. Fénelon, archevêque de Cambrai.	Institution en France de la capitation. Guillaume d'Orange prend Namur. Les fonctionnaires sont exclus du Parlement anglais.
1696	Mort de Mme de Sévigné (17 avril).	Regnard : le Bal ou le Bourgeois de Falaise; le Joueur. Ch. Perrault : Contes de ma mère l'Oye. Malebranche : Traité de l'amour de Dieu.	Traité de paix entre la France et le duc de Savoie. Pierre le Grand prend Azov.

BIBLIOGRAPHIE SOMMAIRE

Charles Walckenäer — *Mémoires touchant la vie et les écrits de la marquise de Sévigné* (Paris, Didot frères, 1842-1852, 5 vol.); 6ᵉ vol. publié par Adolphe Aubenas (Paris, Didot frères, 1865).

Paul Mesnard — *Notice* (Paris, Hachette, éd. des « Grands Ecrivains de la France », 1861-1867, 14 vol.).

Gaston Boissier — *Mᵐᵉ de Sévigné* (Paris, Hachette, 1887).

Jean Calvet — *les Idées morales de Mᵐᵉ de Sévigné* (Paris, Bloud et Gay, 1907).

Henriette Célarié — *Mᵐᵉ de Sévigné, sa famille et ses amis* (Paris, A. Colin, 1925).

Genès Pradel — *Mᵐᵉ de Sévigné en Provence* (Paris, Figuière, 1932).

Yvonne Pirat — *la Petite-Fille d'une grande sainte : Mᵐᵉ de Sévigné, sa spiritualité* (Avignon, Aubanel, 1936).

Mᵐᵉ Saint-René Taillandier — *Mᵐᵉ de Sévigné et sa fille* (Paris, B. Grasset, 1938).

C. Hanlet — *Introduction aux « Lettres » de Mᵐᵉ de Sévigné* (Bruxelles, Office de publicité, 1945).

Antoine Adam — *Histoire de la littérature française au XVIIᵉ siècle*, tome IV (Paris, Domat, 1954).

A. Bailly — *Mᵐᵉ de Sévigné* (Paris, A. Fayard, 1955).

Gérard-Gailly — *Introduction* (tome Iᵉʳ, pages 7 à 93) à l'édition des *Lettres* (Paris, Gallimard, collect. de la Pléiade, 1956).

Arnaud Chaffanjon — *la Marquise de Sévigné et sa descendance* (Paris, H. Lefebvre, 1962).

Vaugelas — **Remarques sur la langue française** (Paris, Larousse, « Nouveaux Classiques », 1969).

LETTRES DE Mᵐᵉ DE SÉVIGNÉ

NOTICE

LA PERSONNALITÉ DE Mᵐᵉ DE SÉVIGNÉ

Mᵐᵉ de Sévigné naquit à Paris en 1626. Elle fut orpheline de bonne heure, son père, le baron de Chantal, ayant été tué dans l'île de Ré lors d'un combat contre les Anglais, et sa mère, Marie de Coulanges, étant morte en 1633. Elle fut élevée par son oncle, Christophe de Coulanges, abbé de Livry. Il lui donna une éducation particulièrement soignée : elle eut comme maîtres les savants Ménage et Chapelain. Elle apprit l'italien, l'espagnol et un peu de latin. A 16 ans elle fut présentée à la cour d'Anne d'Autriche, et, à 18 ans, elle épousa le marquis de Sévigné, qui appartenait à une très ancienne maison de Bretagne et était parent du coadjuteur Paul de Gondi, le futur cardinal de Retz. A Paris, Mᵐᵉ de Sévigné fréquenta l'hôtel de Rambouillet, cependant que son mari, léger et bretteur, la délaissait et la ruinait ; il fut tué en duel par le chevalier d'Albret en 1652. De ce mariage étaient nés deux enfants, un fils et une fille. Celle-ci épousa en 1668 le comte de Grignan, lieutenant général en Languedoc, puis en Provence. Le fils, Charles de Sévigné, fut guidon, puis sous-lieutenant des gendarmes-Dauphin. Son établissement coûta fort cher ; il était extrêmement prodigue et la fortune de Mᵐᵉ de Sévigné subit de rudes assauts. Ajoutons que les Grignan menaient une vie très fastueuse et qu'ils étaient souvent à court d'argent. Mᵐᵉ de Sévigné les aidait de son mieux.

Quand Mᵐᵉ de Sévigné fut seule, à partir de 1671, elle partagea son temps entre Paris, Livry, les Rochers. Elle voyagea. Les rhumatismes la contraignirent à faire des cures : deux fois à Vichy, une fois à Bourbon. Trois séjours à Grignan : en 1672, 1690, 1694 ; elle y mourut en 1696. Sa vieillesse fut mêlée de grandes joies et de grandes souffrances. Son fils Charles, devenu très bon chrétien, épousa en 1684 la fille du baron de Mauron, conseiller au parlement de Bretagne. Sa petite-fille, Pauline de Grignan, s'unit à Louis de Simiane, marquis d'Esparron. Cependant, elle perdait un à un ses plus chers amis : le cardinal de Retz en 1679, M. de La Rochefoucauld en 1680, Mᵐᵉ de La Fayette et Bussy-Rabutin en 1693.

Est-il besoin de parler longuement de son caractère, quand les *Lettres* nous le révèlent si complètement ? Disons seulement sa gaieté, sa générosité (quoiqu'en ait dit Bussy-Rabutin), son goût des divertissements, de la lecture, son affabilité, son dévouement absolu aux intérêts de ses enfants. Qu'après cela, elle se soit montrée un peu trop sensible « à la gloire et à l'ambition », selon le mot de Mᵐᵉ de La Fayette, nul ne songerait à le lui reprocher. N'a-t-elle pas montré au temps du procès de Fouquet et de la disgrâce de Pomponne qu'elle ne craignait pas de déplaire aux puissances du jour? Cette fidélité dans l'amitié efface ce que Bussy écrivait à son sujet : « Pour avoir de l'esprit et de la qualité, elle se laisse un peu trop éblouir aux grandeurs de la Cour. »

Le duc de Saint-Simon, dans ses *Mémoires,* mentionne la mort de Mᵐᵉ de Sévigné, et il écrit :

« Cette femme, par son aisance, ses grâces naturelles, la douceur de son esprit, en donnait par sa conversation à qui n'en avait pas, extrêmement bonne d'ailleurs, et savait extrêmement de toutes choses, sans vouloir jamais paraître savoir rien. »

Or, il est incontestable que, le plus souvent, les lettres valent ce que valent, intellectuellement, moralement, socialement, ceux qui les écrivent. L'attrait personnel, difficilement définissable, vaut dans la correspondance tout autant que dans la conversation. Le mot *charme* vient toujours sous la plume de ceux qui parlent de la personne de Mᵐᵉ de Sévigné. Ses contemporains ne s'y sont pas trompés, pas même Bussy, malgré sa hargne. Ses *Lettres,* reflet de sa personne, sont, comme elle, spirituelles, aimables, mondaines, mais avec quelque chose de solide, de durable, un fonds de tendresse, de sympathie, de bonté.

LE CONTENU DES *LETTRES*

Ces lettres touchent à tous les sujets. Qui voudrait les faire entrer dans une classification par catégories renoncerait bien vite à une entreprise vouée à l'échec. C'est que la correspondance de Mᵐᵉ de Sévigné relate sa vie et que la vie ne se laisse pas aisément enfermer dans des cadres formels.

La vie de Mᵐᵉ de Sévigné, c'est d'abord, en l'absence de sa fille, une effusion sans fin, un désir passionné d'être près d'elle, de tout savoir d'elle, une tendresse qui s'exalte en s'exprimant : on serait parfois tenté de penser à une exagération du sentiment, si l'on ne savait par ailleurs la sincérité de l'écrivain. On juge parfois sévèrement ces lettres écrites à Mᵐᵉ de Grignan. On oublie trop souvent que les longues séparations avivent l'impatience, et que celle-ci trouve pour s'exprimer des formules hardies, nerveuses, qui sont la traduction exacte du sentiment maternel, que l'absence a exacerbé. La vie de Mᵐᵉ de Sévigné, c'est aussi celle d'une grande dame, étroitement mêlée à l'aristocratie de l'époque. De là, dans les *Lettres,* tant de faits divers, dont certains peuvent nous sembler de maigre importance, alors qu'ils en avaient beaucoup aux yeux de la bonne société. Il faut lire Mᵐᵉ de Sévigné avec un esprit historique. On comprend mieux ainsi les lettres où les grands événements du temps trouvent un écho, par exemple le procès du surintendant Fouquet, l'Affaire des poisons, les guerres, la mort de Turenne, et tant d'autres faits que nous apprenons à mieux connaître, parce que nous trouvons l'impression qu'ils ont laissée dans l'esprit ou le cœur de Mᵐᵉ de Sévigné et de son entourage. Cette société à laquelle appartenait la marquise s'intéressait, étant souvent fort cultivée, à la littérature, aux arts, aux controverses philosophiques ou religieuses. C'était aussi une société de moralistes. Ne nous étonnons donc pas de trouver dans les *Lettres* tant d'anecdotes, de détails parfois piquants, sur les manifestations de la vie intellectuelle de l'époque.

Cependant, ce qu'il y a de remarquable chez Mme de Sévigné et ce qui confère à sa correspondance une partie de son originalité, c'est que chaque événement, important ou futile, triste ou plaisant, devient pour elle une source de réflexions, qui dépassent de beaucoup la cause occasionnelle et qui touchent aux plus grands problèmes de la vie spirituelle ou morale. Combien de fois interrompt-elle le récit poignant de la mort de Turenne, pour méditer sur la Providence! Elle ne se montre d'ailleurs jamais prolixe ni pédante. Si d'aventure sa conviction l'entraîne un peu loin, elle s'arrête court et passe à un autre sujet.

Originales sont encore les impressions de voyage, notées d'un trait sobre et précis, tout au long des routes interminables qui séparent Paris ou les Rochers de Grignan, de Vichy ou de Bourbon. Quant au sentiment de la nature, s'il s'exprime assez souvent avec netteté, il ne s'accompagne jamais de rêverie vague ou exaltée. Mme de Sévigné sait voir une prairie où l'on fane, une belle allée bordée de vieux arbres, un parc dessiné. Elle note les couleurs, pas les nuances. Cependant on sent chez elle un attachement réel au calme et au silence des campagnes. On note même parfois le goût de la solitude.

Les *Lettres* sont donc riches et fluides comme la vie. La même lettre, bien souvent, à côté d'événements importants, contient de menus incidents, des anecdotes, des commérages[1]. Le ton varie d'un paragraphe à l'autre, tour à tour grave et badin, ému ou joyeux. La merveilleuse souplesse de ce style modelé sur les impressions mêmes du moment!

LES CORRESPONDANTS DE Mme DE SÉVIGNÉ

La plupart des *Lettres* sont adressées à **Mme de Grignan.** Nous devons au mariage de Françoise-Marguerite de Sévigné et du comte de Grignan, puis à la nomination de ce dernier au gouvernement de la Provence, la correspondance la plus riche et la plus variée. De 1671, date de la première séparation, à 1694, date de la venue définitive de Mme de Sévigné à Grignan, les courriers ne cessèrent pas d'emporter à Grignan les lettres débordantes d'affection, pleines

---

1. Cela est vrai surtout pour la correspondance avec Mme de Grignan; les lettres de Mme de Sévigné sont alors parfois fort longues et dépassent les limites que les conventions mondaines lui auraient imposées avec d'autres correspondants. Les extraits donnés dans les éditions scolaires ne permettent pas toujours de montrer qu'à côté d'un morceau émouvant ou pittoresque, la même lettre contient des potins de salon sans intérêt pour nous.

de ferveur, dans lesquelles la mère cherchait un apaisement et une joie. Nous ne possédons pas les lettres par lesquelles Mme de Grignan répondait à sa mère. Dans ces conditions, il est imprudent de juger et, par souci peut-être du contraste, d'opposer la sponta- néité de Mme de Sévigné à la réserve raisonnable et glacée de sa fille.

Nombreuses sont aussi les lettres adressées à **Bussy-Rabutin.** Mme de Sévigné se rattachait à la branche aînée des Rabutin, les Rabutin-Chantal, par son père Celse-Bénigne de Rabutin-Chantal, fils de Jeanne de Chantal, future sainte Chantal. Roger de Bussy- Rabutin appartenait à la branche cadette des Rabutin. Il naquit en 1618 et mourut en 1693. Il fut maître de camp général de la cava- lerie légère de France, mais fut surtout connu de son vivant pour avoir écrit une spirituelle *Histoire amoureuse des Gaules* (1665), qui lui valut d'être embastillé, le pouvoir y ayant découvert des allu- sions jugées scandaleuses. Une brouille, entre 1658 et 1665, avait séparé Mme de Sévigné et Rabutin. Pour se venger, celui-ci fit ce portrait de sa cousine dans l'*Histoire amoureuse des Gaules* (nous ne citons que des extraits) :

« Madame de Sévigné a d'ordinaire le plus beau teint du monde, les yeux petits et brillants, la bouche plate mais de belle couleur, le front avancé, le nez seul semblable à soi, ni long ni petit, carré par le bout, la mâchoire comme le bout du nez; et tout cela, qui, en détail, n'est pas beau, est à tout prendre assez agréable. Elle a la taille belle, sans avoir bon air; elle a la jambe bien faite, la gorge, les bras et les mains mal taillés; elle a la voix agréable, elle sait un peu chanter. [...]

« Il n'y a point de femme qui ait plus d'esprit qu'elle et fort peu qui en aient autant. Sa manière est divertissante. Il y en a qui disent que pour une femme de qualité son caractère est un peu trop badin; du temps que je la voyais, je trouvais ce jugement-là ridicule et je sauvais son burlesque sous le nom de gaieté. Aujourd'hui qu'en ne la voyant plus, son grand feu ne m'éblouit plus, je demeure d'accord qu'elle veut être trop plaisante.

« [...] Il y a des gens qui ne mettent que les choses saintes pour bornes à leur amitié et qui feraient tout pour leurs amis à la réserve d'offenser Dieu : ces gens-là s'appellent amis jusqu'aux autels. L'amitié de Mme de Sévigné a d'autres limites : cette belle n'est amie que jusqu'à la bourse [...]. »

On conçoit que de pareils traits indignèrent la victime. Cepen- dant, elle eut pitié de Bussy embastillé, malade, puis exilé dans ses terres. Les échanges de lettres reprirent entre cousins. Mme de Sévi- gné et Bussy vidèrent leur querelle : leur correspondance est des plus intéressantes, car ils avaient tous deux bien de l'esprit. Leurs rela- tions, malgré quelques nuages légers, demeurèrent dès lors amicales.

Un certain nombre de lettres sont adressées à la famille des **Coulanges** : Christophe (1607-1687), abbé de Livry, oncle de

Mᵐᵉ de Sévigné; Charles (1616-1688), seigneur de Saint-Aubin, frère de Christophe; Philippe-Emmanuel (1633-1716), cousin de Mᵐᵉ de Sévigné, maître des requêtes, auteur de chansons, souvent appelé dans les *Lettres* « le Petit Coulanges »; Marie-Angélique du Gué, dame de Coulanges, femme de Philippe-Emmanuel et cousine de Louvois. Le grand-père maternel de Mᵐᵉ de Sévigné, Philippe de Coulanges, possédait la ferme des grandes gabelles, s'étendant sur la moitié de la France; il était puissamment riche. Celse-Bénigne de Rabutin-Chantal épousa en 1623 la fille du financier; aucun Rabutin n'assista au mariage. Le troisième enfant qui naquit de cette union fut Marie, future marquise de Sévigné.

Parmi les correspondants, nous trouvons encore Simon **Arnauld de Pomponne** (1618-1699), fils d'Arnauld d'Andilly et neveu du « grand Arnauld ». Ami de Fouquet, disgracié, exilé dans ses terres, il fut tenu au courant jour par jour des incidents du procès. Ces lettres sont une chronique vivante, enrichie de croquis ingénieux, de dialogues rapides, d'observations perspicaces. Mᵐᵉ de Sévigné est *pour* le surintendant *contre* la justice du roi. Quand approche le jour du verdict, on la sent nerveuse, parfois peu confiante dans l'issue de l'affaire. Cette intervention permanente d'une vive sensibilité, cet attachement fidèle à la fortune d'un homme, que tant d'autres abandonnaient, donnent aux lettres écrites à Pomponne une inestimable valeur.

Mᵐᵉ de Sévigné fut en relations épistolaires avec le comte et la comtesse de **Guitaut**. Guillaume de Pechpeyrou-Comminges (1626-1685), comte de Guitaut, marquis d'Epoisse¹, se trouvait être, à Époisse, voisin de Bourbilly, propriété de Mᵐᵉ de Sévigné. Il était gouverneur des îles de Lérins. Sa seconde femme, Élisabeth Antoinette de Vertamon, aida beaucoup Mᵐᵉ de Sévigné à gérer ses biens proches d'Époisse. Il est notable, d'ailleurs, que Mᵐᵉ de Guitaut était la suzeraine de Mᵐᵉ de Sévigné pour la terre de Bourbilly.

Il faudrait encore citer, parmi les correspondants de Mᵐᵉ de Sévigné, Ménage, Mᵐᵉ de La Fayette, le président de Moulceau, d'autres encore. Nous constatons que les destinataires, pour appartenir tous à la noblesse d'épée ou de robe, se distinguent pourtant les uns des autres par leurs idées, leur culture, leur fortune, leur crédit à la Cour, leur rang. Diversité des sujets, diversité des personnes : Mᵐᵉ de Sévigné, sans la moindre difficulté, se plie à la nécessité d'adapter son style au contenu de ses lettres et à la condition de ses correspondants.

LE STYLE DES *LETTRES*

La première qualité de ce style est une merveilleuse souplesse, une souplesse parfaitement à l'aise dans le mouvement rapide et vif de la phrase. C'est que Mᵐᵉ de Sévigné n'a pas d'idées préconçues

---

1. S'écrit aujourd'hui *Epoisses* (dans le département de la Côte-d'Or, non loin de Montbard).

sur ce que doit être le style; elle ne s'est pas créé un idéal dont elle essaierait en chaque occasion de se rapprocher. On pourrait presque dire qu'elle invente à chaque pas et le ton et le rythme. Le mot « primesautier » caractériserait assez bien ce style, comme il caractérise celui de Montaigne. On pense aussi à La Fontaine. Cependant, Mme de Sévigné a plus de liberté; elle se contraint moins, et la spontanéité de son écriture est inimitable.

L'expression est souvent originale. Elle se présente, neuve ou rajeunie, toujours juste, à l'esprit de l'écrivain. Tantôt elle doit son efficacité à sa brièveté, tantôt à son pittoresque. La préciosité, à l'exception de quelques tournures familières aux gens de l'époque, est rare chez Mme de Sévigné. Il lui arrive de parodier, sans le dire, le langage des précieuses.

Son imagination est telle que son pouvoir de sentir est souvent inférieur à sa capacité de donner une figure aux émotions qu'elle éprouve. C'est quand elle possède tous les détails de l'événement qu'elle est en mesure de l'exprimer dans toute sa réalité. Le premier choc a moins de pouvoir sur elle.

Il y a des pages pathétiques dans les *Lettres*. Si l'on y regarde de près, ce sont toujours les pages où l'événement en lui-même est dépassé et dominé par l'imagination qui retrouve à son propos les idées les plus touchantes concernant la destinée de l'homme ou la Providence divine, idées qui sourdent pour ainsi dire de l'événement d'une façon naturelle et pleine d'évidence.

Pour toutes ces raisons, on peut dire que si Mme de Sévigné n'atteint pas à la perfection des grands prosateurs du XVIIe siècle, elle a le don de plaire, de charmer, souvent d'élever notre pensée bien au-dessus de l'événement, par la vertu d'un style bien à elle, inspiré tout à la fois par sa vivacité d'esprit, son imagination et sa raison.

LES GOÛTS LITTÉRAIRES DE Mme DE SÉVIGNÉ

On sait l'admiration de Mme de Sévigné pour **Corneille**. Sous sa plume, les vers du poète tragique viennent spontanément tout en donnant lieu à des citations qui ne sont parfois qu'approximatives. Ainsi, dans le récit qu'elle fait de l'incendie de la maison de Guitaut (lettre 16) : « On jeta de l'eau sur les restes de l'embrasement, et enfin

> Le combat finit faute de combattants. »

Des Rochers, elle dicte à Charles de Sévigné une lettre destinée à Mme de Grignan :

« J'ai été malade, de bonne foi, pour la première fois de ma vie,

> Et pour mon coup d'essai, j'ai fait un coup de maître. »

Une autre fois : « On peut dire de cette vie [celle de M. d'Evreux], comme de celle du père de don Rodrigue :

> ...En arrêter le cours,
> Ce n'était que hâter la Parque de trois jours. »

Au comte de Guitaut, elle écrit en 1683 : « Je suis précisément comme Chimène, pour cette place des chevau-légers :

> J'en demande la charge et crains de l'obtenir. »

Voici comment Mme de Sévigné adapte à son propos les vers d'*Horace*. Elle écrit à son cousin Bussy : « Pour moi, je fais profession d'être brave, aussi bien que vous : voilà les sentiments dont je veux faire parade. Il se trouverait peut-être quelques dames qui trouveraient ceci un peu romain,

> Et rendraient grâce aux dieux de n'être pas Romaines
> Pour conserver encor quelque chose d'humain. »

Parfois, la parodie va beaucoup plus loin. Ainsi :

> « Je rends grâces aux dieux de n'être pas Créquy,
> Pour conserver le cœur de mon ami Bussy. »

Quelquefois, c'est une analogie ou une opposition de situations, qui rappelle à Mme de Sévigné son cher Corneille :

« Comme dans la scène d'Horace et de Curiace, notre ami prend sur lui, pour ne jamais blesser la gloire; et moi je demande permission à la gloire de prendre un peu sur elle pour me donner de la paix et de la tranquillité. On se trouve fort soulagé quand on a mis sur une feuille de papier tout ce qu'on a sur le cœur. »

On sait que Mme de Sévigné était aussi brillante dans sa conversation que dans ses lettres et qu'elle ne manquait pas d'à-propos. Elle rapporte un entretien qu'elle eut avec Mademoiselle, éprise de Lauzun. « Elle retourna sur la maison et les bonnes qualités de M. de Lauzun. Je lui dis ces vers de Sévère dans *Polyeucte* :

> Du moins ne la peut-on blâmer d'un mauvais choix :
> Polyeucte a du nom, et sort du sang des rois. »

Rappelons enfin ces lignes écrites en 1672 (lettre 30) :

« Vive donc notre vieil ami Corneille! Pardonnons-lui de méchants vers, en faveur des divines et sublimes beautés qui nous transportent : ce sont des traits de maître qui sont inimitables. Despréaux en dit encore plus que moi; et en un mot, c'est le bon goût : tenez-vous-y. »

Les jugements de Mme de Sévigné sur **Racine** sont moins enthousiastes (voir lettres 27, 29). *Bajazet* n'eut pas l'heur de lui plaire : « Le personnage de Bajazet est glacé; les mœurs des Turcs y sont mal observées; ils ne font point tant de façons pour se marier; le dénouement n'est point bien préparé : on n'entre point dans les raisons de cette grande tuerie. Il y a pourtant des choses agréables, et rien de parfaitement beau, rien qui enlève, point de ces tirades de Corneille qui font frissonner. Ma fille, gardons-nous bien de lui comparer Racine, sentons-en la différence. Il y a des endroits froids et faibles, et jamais il n'ira plus loin qu'*Alexandre* et *Andromaque*. *Bajazet* est au-dessous, au sentiment de bien des gens, et au mien, si j'ose me citer. Racine fait des comédies pour la Champmeslé : ce n'est pas pour les siècles à venir. Si jamais il n'est plus jeune, et qu'il cesse d'être amoureux, ce ne sera plus la même chose » (lettre 30).

Esther, effectivement (voir lettre 52), a plu à Mme de Sévigné : « Racine s'est surpassé; il aime Dieu comme il aimait ses maîtresses; il est pour les choses saintes comme il était pour les profanes. La Sainte Ecriture est suivie exactement dans cette pièce; tout est beau, tout est grand, tout est traité avec dignité. » Voici une des raisons pour lesquelles Mme de Sévigné apprécie *Esther* : « Je serai toute ma vie charmée de l'agrément et de la nouveauté du spectacle; j'en suis ravie : j'y trouve mille choses si justes, si bien placées, si importantes à dire à un roi, que j'entrais avec un sentiment extraordinaire, dans le plaisir de pouvoir dire en se divertissant et en chantant des vérités si solides. » Cependant, les vers de Racine ne se sont pas imprimés aussi nettement que les maximes cornéliennes dans la mémoire de Mme de Sévigné. Il est rare qu'elle pense « à travers Racine », comme elle pense « à travers Corneille ».

On ne peut pas dire que **Molière** soit dans les *Lettres* l'objet d'une admiration égale à celle dont jouissent Corneille ou même l'auteur d'*Esther*. Il n'est pas non plus l'objet de critiques. Il tient simplement dans la correspondance, comme sans doute dans la conversation, la place que toute personne cultivée et de bon sens devait lui attribuer tout naturellement. Mme de Sévigné lui sait gré d'avoir fait tomber un certain nombre de masques et aussi d'avoir dénoncé l'ignorance des médecins de l'époque : elle cite surtout *le Médecin malgré lui, le Malade imaginaire* et *le Tartuffe* (voir lettre 27). Il lui arrive souvent, au spectacle de la comédie humaine, de regretter que Molière ne soit plus de ce monde, pour se saisir d'un beau sujet.

Contre sa fille, raisonnablement cartésienne, Mme de Sévigné eut à défendre **La Fontaine**. Non qu'elle eut pour le fabuliste une admiration aveugle : elle a fort bien vu les limites de son art. En 1671, elle écrivait à Mme de Grignan : « Si est-ce que je vous donnerai ces deux livres de La Fontaine, quand vous devriez être en colère. Il y a des endroits jolis et très jolis, et d'autres ennuyeux : on ne veut jamais se contenter d'avoir bien fait; en croyant mieux faire, on fait mal. » A cette date, il s'agit des *Fables nouvelles et autres poésies*, contenant huit fables qui seront reprises dans le second recueil (paru en 1678-1679). Quelques jours après : « Mais n'avez-vous point trouvé jolies les cinq ou six fables de La Fontaine, qui sont dans un des tomes que je vous ai envoyés? » (lettre 22).

Mme de Grignan ne fut pas enthousiaste. Aussi se fit-elle rappeler à l'ordre : « Si je vous avais lu les fables de La Fontaine, je vous réponds que vous les trouveriez jolies. Je n'y trouve point ce que vous appelez « forcé ». Vous avez toujours votre horreur pour les conclusions. Où avez-vous appris que les conclusions de *Cinna*, de *Rodogune*, d'*Œdipe*, et tant d'autres encore dont je ne me souviens pas, fussent ridicules? Voilà, ma bonne, de quoi nous brouiller, moi qui lis jusqu'à l'Approbation. » Il est vraisemblable que Mme de Grignan avait fait quelques réserves sur ce qu'on appelle communément la *moralité* d'une fable.

C'est le terme *joli* qui revient toujours sous la plume de Mme de Sévigné quand il s'agit de La Fontaine. Ainsi, toujours en 1671 : « Ne jetez pas si loin les livres de La Fontaine. Il y a des fables qui vous raviront, et des contes qui vous charmeront : la fin des *Oies de frère Philippe*, *les Remois*, *le Petit Chien*, tout cela est très joli; il n'y a que ce qui n'est point de ce style qui est plat. Je voudrais faire une fable qui lui fît entendre combien cela est misérable de forcer son esprit à sortir de son genre, et combien la folie de vouloir chanter sur tous les tons fait une mauvaise musique. Il ne faut point qu'il sorte du talent qu'il a de conter. »

Que pense Mme de Sévigné des **romans** de son temps ou de ceux qu'on lisait encore en son temps? Elle est aux Rochers un dimanche de juillet 1671 (voir lettre 23), et elle écrit à sa fille : « Je n'ose vous dire que je suis revenue à *Cléopâtre*, et que par le bonheur que j'ai de n'avoir point de mémoire, cette lecture me divertit encore. »

Voici, à ce sujet, quelques lignes qui montrent que la perspicacité de Mme de Sévigné ne s'exerce pas seulement à propos d'autrui, mais aussi à propos d'elle-même : « Je songe quelquefois d'où vient la folie que j'ai pour ces sottises-là; j'ai peine à le comprendre. Vous vous souvenez peut-être assez de moi pour savoir que je suis assez blessée des méchants styles; j'ai quelque lumière pour les bons, et personne n'est plus touchée que moi des charmes de l'éloquence. Le style de La Calprenède est maudit en mille endroits : de grandes périodes de roman, de méchants mots, je sens tout cela. J'écrivis l'autre jour une lettre à mon fils, de ce style, qui était fort plaisante. Je trouve donc qu'il est détestable, et je ne me laisse pas de m'y prendre comme à de la glu. La beauté des sentiments, la violence des passions, la grandeur des événements, et le succès miraculeux de leur redoutable épée, tout cela m'entraîne comme une petite fille; j'entre dans leurs affaires. »

Ajoutons que Mme de Sévigné apprécia hautement *la Princesse de Clèves*, et que l'amitié qu'elle avait pour Mme **de La Fayette** ne fut pas seule à inspirer son jugement (voir lettre 30). Elle sut reconnaître une œuvre solide. Sa joie fut grande de se rencontrer, dans cette appréciation, avec son cousin Bussy. Cette rencontre, d'ailleurs, dans le domaine de l'esprit, ne fut pas unique.

Nicole, ami de Pascal, auteur, entre autres œuvres, des *Essais de morale*, était particulièrement apprécié de Mme de Sévigné, comme on l'entrevoit d'après les lettres 23 et 28. Ailleurs elle écrit : « Je trouve ce livre admirable. Personne n'a écrit sur ce ton que ces Messieurs, car je mets Pascal à moitié à tout ce qui est beau. On aime tant à entendre parler de soi et de ses sentiments, que, quoique ce soit en mal, nous en sommes charmés. J'ai même pardonné l'*enflure du cœur* en faveur du reste, et je maintiens qu'il n'y a point d'autre mot pour expliquer la vanité et l'orgueil, qui sont proprement du vent. » Cette sympathie pour les penseurs jansénistes (voir aussi lettre 48) n'entraîne pas l'adhésion de Mᵐᵉ de Sévigné aux théories de Port-Royal. Elle croit au libre arbitre et prétend même dans une lettre du 28 août 1676 que « les jésuites n'en disent pas encore assez » contre la thèse de la prédestination. Quant au cartésianisme, il lui paraît trop abstrait; l'engouement de Mᵐᵉ de Grignan pour la philosophie de Descartes est un motif de plaisanteries renouvelées, mais peut-être s'y dissimule-t-il un secret chagrin : la prédilection pour l'intellectualisme cartésien pourrait bien être, aux yeux de Mᵐᵉ de Sévigné, une marque de la sécheresse du cœur.

Parmi les moralistes, **Montaigne,** qui est le seul écrivain du XVIᵉ siècle à avoir conservé des lecteurs à cette époque, semble avoir été l'un des auteurs familiers de la marquise; elle associe son admiration pour lui à celle qu'elle voue aux *Provinciales* de Pascal : « J'ai de bons livres, et sur le tout les *Petites Lettres* et Montaigne; que faut-il autre chose quand on ne vous a point? », écrit Mᵐᵉ de Sévigné à sa fille et à son gendre le 25 octobre 1679. Elle avait déjà affirmé, en 1677, à propos des *Provinciales,* que « c'est une chose entièrement divine, et pour le sérieux et pour la parfaite raillerie ». Ce qui, à ses yeux, fait la force des *Petites Lettres,* c'est la « vérité » et la « raison » (voir aussi lettre 53). Ces deux termes expliquent souvent les goûts littéraires de Mᵐᵉ de Sévigné.

En 1690, aux Rochers, Mᵐᵉ de Sévigné relit les oraisons funèbres de **Bossuet** et **Fléchier :** « chefs-d'œuvre d'éloquence qui charment l'esprit ». Elle écrit : « Il ne faut point dire : « Oh! cela est vieux »; non cela n'est point vieux, cela est divin. » Mais, du temps qu'elle était mêlée à la vie parisienne, elle goûtait **Bourdaloue** et **Mascaron** plus que tous les autres orateurs sacrés (lettres 20, 31, 48).

Ce qui est conforme à la vérité et à la raison; ce qui ne vieillit pas, parce que la perfection de la forme et la vigueur de la pensée donnent à une œuvre la force de résister au temps et aux modes passagères; ce qui justifie, en raison, une foi que Mᵐᵉ de Sévigné garde en elle-même par tradition et par sentiment; ce qui satisfait son attachement à ce qui est grand, courageux, même aventureux; ce qui permet à son imagination, naturellement vive, d'aller toujours plus loin, voilà ce qui, d'après son aveu, explique ses goûts littéraires.

L'ORGANISATION DE LA POSTE ET LE RÔLE DE LA CORRESPONDANCE AU XVIIᵉ SIÈCLE

Les courriers (on les appelait les *ordinaires*) partaient à date fixe de Paris pour la province. Ils mettaient cinq jours pour aller en Provence, dix pour apporter une lettre de Provence aux Rochers. Il y avait aussi parfois des *extraordinaires*. Mᵐᵉ de Sévigné, à Paris, donnait ses lettres les mercredis et les vendredis : elle recevait celles de sa fille les lundis et les vendredis.

On prenait donc le temps de méditer une lettre. Sa rareté relative rendait la correspondance précieuse, l'attente douce ou anxieuse : tous sentiments qui trouvaient leur expression nuancée dans le courrier suivant. Quand on recevait une lettre, à condition bien sûr qu'elle ne renfermât pas de confidences personnelles ou d'allusions politiquement dangereuses, on ne se montrait pas avare de son bonheur, et l'on communiquait volontiers sa *dépêche* à des parents, à des amis très sûrs. Il en résultait qu'une certaine coquetterie d'auteur présidait à la rédaction des missives, surtout si le correspondant ou si tel lecteur éventuel avait la réputation de bien dire et de bien écrire. Les lettres de Mme de Sévigné à son illustre cousin Bussy-Rabutin appartiennent vraiment à la littérature.

Ces lettres apportaient dans les provinces un peu de l'air de la Cour ou de Paris. Les journaux étaient rares. *La Gazette de France* était hebdomadaire, *le Mercure galant*, mensuel. Quelle aubaine de connaître par des témoins oculaires des scènes vécues par les privilégiés du Louvre, de Saint-Germain ou de Versailles! On se tenait ainsi au courant des modes aussi bien que de la politique, du théâtre aussi bien que de la littérature. Il y avait même une chronique des indiscrétions et des potins. Aujourd'hui, la presse quotidienne, les magazines apportent régulièrement et très vite ce que la correspondance livrait avec plus de retard et de discrétion.

Cette correspondance était-elle surveillée par le pouvoir? Certes oui, et personne ne l'ignorait. On exerçait donc la sagacité de son correspondant par un petit jeu d'énigmes, de sous-entendus, d'allusions. Les *Lettres* de Mme de Sévigné en contiennent souvent. Cela donne à certaines d'entre elles un intérêt de curiosité, une allure un peu mystérieuse, qui ne leur sied pas mal.

On peut donc dire que le développement de la vie de société au XVIIe siècle, que l'organisation régulière de la poste, que le goût du bien dire et du bien écrire, commun chez les personnes cultivées, expliquent une extraordinaire floraison de lettres parmi lesquelles celles de Mme de Sévigné tiennent la première place.

PUBLICATION DES *LETTRES* DE Mme DE SÉVIGNÉ

En un siècle où l'esprit de conversation est surtout apprécié, et où la lettre est considérée comme œuvre littéraire, les épistoliers gardaient souvent copie de leur correspondance, ou, s'ils ne le faisaient pas eux-mêmes, leurs destinataires veillaient à la conservation de leurs messages. Depuis la publication des lettres de Guez de Balzac et de Voiture, plus d'un écrivain songeait à briller dans le genre épistolaire.

Mme de Sévigné, qui n'avait pas l'intention d'éditer ses lettres (ce qui ne signifie pas qu'elle était inconsciente de leur valeur), n'en avait pas pris copie, mais Bussy-Rabutin, Mme de Grignan et quelques autres de ses correspondants les avaient collectionnées. Sans doute une partie des lettres a été perdue par suite de la négligence des destinataires ou de circonstances diverses; d'autre part, la dispersion des textes a rendu plus difficile leur réunion en vue d'une édition aussi complète que possible. De nombreuses étapes ont été nécessaires avant qu'on parvienne à la présentation des 1 155 lettres aujourd'hui connues.

Les *Lettres* de Bussy-Rabutin (1697) contenaient déjà quelques réponses écrites par sa cousine, mais le public attacha alors peu d'importance à cette révélation.

C'est Mme de Simiane, fille de Mme de Grignan, et l'abbé Celse de Bussy, fils de Bussy-Rabutin, qui prennent l'initiative d'une première édition : un choix de 137 lettres est fait par la petite-fille de Mme de Sévigné et une copie des originaux est envoyée à Celse de Bussy. Mais le projet, conçu dès 1714, traîne en longueur, par suite des tergiversations de Mme de Simiane, qui, entre-temps, s'est décidée à faire établir une copie intégrale des autographes de Mme de Sévigné. Las d'attendre, Bussy confie à son ami Thiériot le manuscrit; mais Thiériot est un familier de Voltaire, qui s'empresse de donner pour son propre compte une petite édition de 37 lettres datant toutes de 1671 à 1676 (*édition de Troyes*, 1726). Immédiatement retirée de la circulation sur les protestations de Thiériot, cette édition ne fut jamais connue du public; mais l'anecdote prouve sinon l'honnêteté, du moins la perspicacité de Voltaire, qui a vu immédiatement l'intérêt d'une telle publication. Cependant, Thiériot publie sa propre édition d'après la copie confiée par Bussy (*édition de Rouen*, 1726, 138 lettres, une des lettres du choix primitif étant tronçonnée en deux). Quant à Bussy, il prépare aussi son édition, en ajoutant au choix primitif quelques dizaines de lettres tirées d'un second lot que lui avait adressé Mme de Simiane (*édition de La Haye*, 1726, 185 lettres). Les textes de ces trois éditions reproduisent fidèlement les originaux.

Mécontente de n'avoir pas été consultée, Mme de Simiane entreprend alors de faire sa propre édition des *Lettres* : elle en confie le soin au chevalier Perrin, en lui donnant ordre de supprimer tout ce qui pouvait heurter la bienséance et le bon goût ou porter ombrage à la réputation d'autrui. La copie intégrale des lettres étant loin d'être terminée, Mme de Simiane communique à Perrin les originaux. C'est de là que sort l'*édition de Paris* (1734), comprenant 402 lettres de Mme de Sévigné à sa fille, 4 volumes qui sont suivis en 1737 de deux autres comportant 212 lettres.

Or, malgré les coupures opérées par Perrin, des protestations parviennent à Mme de Simiane, qui, de plus en plus aigrie, commence par brûler les lettres de sa mère, Mme de Grignan (1734), et aurait sans doute détruit celles de Mme de Sévigné, si Perrin n'avait obstinément refusé de les lui rendre tant que son travail n'était pas fini.

Avant de mourir, Mᵐᵉ de Simiane fait promettre à son gendre de brûler la correspondance de Mᵐᵉ de Sévigné.

La mort de Mᵐᵉ de Simiane (1737) dégage Perrin de ses obligations : il recommence une publication plus complète de la correspondance, rétablit des textes censurés la première fois, mais, en revanche, par souci de purisme, corrige à tout propos les tournures de style qui lui paraissent impropres. La seconde *édition de Paris* (1754), en 8 volumes, contient 772 lettres. Son travail terminé, Perrin remet au gendre de Mᵐᵉ de Simiane les originaux des lettres, que celui-ci brûle en 1784, selon la volonté de sa belle-mère mourante.

Dans la seconde moitié du XVIIIᵉ siècle, grâce à des copies ou d'après les originaux découverts dans des archives familiales, les lettres adressées par Mᵐᵉ de Sévigné à des correspondants autres que Bussy-Rabutin et Mᵐᵉ de Grignan sont successivement publiées : celles écrites à Pomponne, au président de Moulceau, à Guitaut.

En 1818-1819, l'*édition de Monmerqué* rassemble toutes les lettres publiées jusque-là et s'appuie sur les éditions de 1726, 1734, 1754 pour établir un texte aussi authentique que possible. Mais en 1820, la découverte d'un gros in-folio contenant la copie d'un grand nombre des lettres adressées à Mᵐᵉ de Grignan et venu, on ne sait par quel hasard, en la possession du marquis de Grosbois permet un nouvel établissement du texte, plus complet que le précédent. De l'étude de ce manuscrit sort, quarante ans plus tard, l'édition des *Lettres de Mᵐᵉ de Sévigné, de sa famille et de ses amis* dans la collection des Grands Écrivains (1862) : Monmerqué, puis Adolphe Régnier en sont les auteurs.

Mais l'in-folio de Grosbois n'est qu'une copie incomplète du travail qu'avait fait exécuter Mᵐᵉ de Simiane : on s'en aperçut quand on découvrit, par un nouveau hasard, à Dijon, en 1872, six in-quarto manuscrits qui constituent la copie intégrale établie par la petite-fille de Mᵐᵉ de Sévigné; ce manuscrit, appelé « manuscrit *Capmas* », du nom du professeur qui le découvrit, a permis d'abord de donner en 1876 un supplément de deux volumes à l'édition des Grands Écrivains; il a servi de base à l'édition la plus récente, procurée par M. Gérard-Gailly (3 volumes, 1953-1956) dans la collection de « la Pléiade ». Les présents extraits adoptent le texte de cette édition, qui a permis de parvenir, enfin, à une version aussi authentique que possible des *Lettres*.

Les lettres présentées dans notre édition restent clas-
sées dans l'ordre chronologique, comme dans toutes
les éditions traditionnelles. Le chiffre qui précède
chacune d'elles est un numéro d'ordre destiné à faci-
liter les références dans la présente édition, mais il
n'a aucun rapport avec la numérotation utilisée dans
les éditions complètes de la correspondance de Mme de
Sévigné.

LETTRES CHOISIES

LETTRES DE JEUNESSE

1

AU COMTE DE BUSSY-RABUTIN

À Paris, ce 25e novembre 1655.

[...] Le prince d'Harcourt[1] et La Feuillade[2] eurent querelle avant-hier chez Jeannin[3]. Le prince disant que le chevalier de Gramont[4] avait l'autre jour ses poches pleines d'argent, il en prit à témoin La Feuillade, qui dit que cela n'était point,
5 et qu'il n'avait pas un sou. « Je vous dis que si. — Je vous dis que non. — Taisez-vous, La Feuillade. — Je n'en ferai rien. » Là-dessus le prince lui jeta une assiette à la tête, l'autre lui jeta un couteau; ni l'un ni l'autre ne porta. On se met entre-deux, on les fait embrasser; le soir ils se parlent au Louvre,
10 comme si de rien n'était. Si vous avez jamais vu le procédé des académistes[5] qui ont *campos*[6], vous trouverez que cette querelle y ressemble fort [...].

2

À MÉNAGE

Vendredi, 23e juin [1656].

Votre souvenir m'a donné une joie sensible, et m'a réveillé tout l'agrément de notre ancienne amitié[7]! Vos vers m'ont

---

1. *Le prince d'Harcourt* : titre que portait du vivant de son père le futur Charles de Lorraine; 2. *François, duc de La Feuillade* (1625-1691), futur maréchal de France (1675); 3. *Jeannin* : trésorier de l'Épargne; 4. *Le chevalier de Gramont* (1621-1707) : officier qui sera connu plus tard par les *Mémoires* qu'il fit rédiger par son beau-frère Hamilton, alors qu'il était exilé en Angleterre; 5. *Académistes* : jeunes gens qui fréquentaient des *académies*, où ils apprenaient surtout à monter à cheval et à manier les armes; 6. Qui sont en vacances. *Donner « campos »* (les champs) à des écoliers, c'est leur donner des vacances; 7. Ménage, qui avait été, avec Chapelain, un des maîtres de Marie de Chantal, venait de publier en avril sa deuxième édition de ses *Poemata*. Il était un grammairien érudit, auteur des *Origines de la langue française*, mais aussi un poète et un bel esprit de salon, très influencé par la préciosité.

--------- QUESTIONS ---------

Lettre première.

● Le *mouvement* est la qualité essentielle de ce récit. Par quels procédés de style Mme de Sévigné a-t-elle réussi à donner l'impression de vivacité?

fait souvenir de ma jeunesse[1], et je voudrais bien savoir pourquoi le souvenir de la perte d'un bien aussi irréparable ne
5 donne point de tristesse. Au lieu du plaisir que j'ai senti, il me semble qu'on devrait pleurer; mais sans examiner d'où peut venir ce sentiment, je veux m'attacher à celui que me donne la reconnaissance que j'ai de votre présent. Vous ne pouvez douter qu'il ne me soit agréable, puisque mon amour-
10 propre y trouve si bien son compte, et que j'y suis célébrée par le plus bel esprit de mon temps. Il faudrait pour l'honneur de vos vers que j'eusse mieux mérité tout celui que vous me faites. Telle que j'ai été, et telle que je suis, je n'oublierai jamais votre véritable et solide amitié, et je serai toute ma vie la plus
15 reconnaissante comme la plus ancienne de vos très humbles servantes.

LE PROCÈS DU SURINTENDANT FOUQUET

Nicolas Fouquet ou Foucquet (1615-1680), conseiller au parlement de Metz, puis maître des requêtes et intendant en province et aux armées, acheta en 1650 la charge de procureur général au parlement de Paris. Protégé de Mazarin, il devint surintendant des Finances en 1653 avec Servien; il était alors chargé principalement des relations avec les fermiers de l'impôt et les traitants. A partir de 1659, il fut seul à exercer la charge de surintendant des Finances et arriva au faîte de sa puissance quand il fut nommé ministre d'État et membre du Conseil d'en haut. Devenu immensément riche, il se fit construire de 1656 à 1659 le luxueux château de Vaux et y menait une vie fastueuse. La fête que Fouquet offrit à Louis XIV en 1661 dans ce château exaspéra le roi, qui, poussé par Colbert, fit arrêter le surintendant à Nantes le 5 septembre 1661. Poursuivi pour malversations et tentative de rébellion (car on avait découvert un plan de 1657 où Fouquet avait prévu en cas de danger de résister dans sa forteresse

---

1. Mme de Sévigné a trente ans en 1656.

─────── **QUESTIONS** ───────

Lettre 2.

● Montrez comment Mme de Sévigné adapte sa manière d'écrire à la personnalité de son correspondant, tout en exprimant ses propres sentiments.

● La part des convenances mondaines et celle de la sincérité dans cette lettre.

de Belle-Isle-en-Terre, en Bretagne), il fut inculpé devant une Chambre de justice spécialement nommée à cet effet; l'instruction du procès dura plus de trois ans.

Quant au correspondant de Mme de Sévigné, Arnauld de Pomponne (1618-1699), il était fils d'Arnauld d'Andilly et neveu du « grand Arnauld ». Il avait débuté au service du roi comme intendant (1642) et occupé des charges importantes, grâce à la protection de Fouquet. Enveloppé dans la disgrâce du surintendant, Pomponne (qui reviendra en faveur dès 1665 et fera une carrière très brillante avant de connaître une nouvelle disgrâce) est, en 1664, exilé dans ses terres. Mme de Sévigné, qui était à Paris, lui écrivait, jour par jour, les incidents du procès.

3

À M. DE POMPONNE

[Paris, 17 novembre 1664.]

Aujourd'hui lundi 17e novembre, M. Foucquet a été pour la seconde fois[1] sur la sellette[2]. Il s'est assis sans façon comme l'autre fois. M. le Chancelier[3] a recommencé à lui dire de lever la main : il a répondu qu'il avait déjà dit les raisons[4]
5 qui l'empêchaient de prêter le serment; qu'il n'était pas nécessaire de les redire. Là-dessus M. le Chancelier s'est jeté dans de grands discours pour faire voir le pouvoir légitime de la chambre; que le Roi l'avait établie, et que les commissions[5] avaient été vérifiées par les compagnies souveraines[6]. M. Fouc-
10 quet a répondu que souvent on faisait des choses par autorité, que quelquefois on ne trouvait pas justes quand on y avait fait réflexion. M. le Chancelier a interrompu : « Comment ! vous dites donc que le Roi abuse de sa puissance? » M. Foucquet a répondu : « C'est vous qui le dites, Monsieur, et non
15 pas moi : ce n'est point ma pensée, et j'admire[7] qu'en l'état où je suis, vous me vouliez faire une affaire avec le Roi; mais, Monsieur, vous savez bien vous-même qu'on peut être surpris[8]. Quand vous signez un arrêt, vous le croyez juste; le lendemain vous le cassez : vous voyez qu'on peut changer d'avis et

---

1. La première comparution eut lieu le 14 novembre 1664; 2. *Sellette :* siège réservé à l'inculpé face à ses juges; 3. Le chancelier Pierre Séguier (1588-1672), qui avait instruit sous Richelieu le procès de Cinq-Mars (1642), assuré la cassation du testament de Louis XIII au lit de justice de 1643 et soutenu Mazarin lors de la Fronde; 4. Fouquet se refusait à reconnaître la légitimité du pouvoir de la Chambre criminelle, qui le jugeait; 5. *Les commissions* entre lesquelles on avait réparti l'instruction du procès; 6. *Les compagnies souveraines :* le Parlement; 7. *Admirer :* s'étonner; 8. *Surpris :* trompé.

20 d'opinion. — Mais cependant, a dit M. le Chancelier, quoique
vous ne reconnaissiez pas la chambre, vous lui répondez, vous
présentez des requêtes, et vous voilà sur la sellette[1]. — Il est
vrai, Monsieur, a-t-il répondu, j'y suis; mais je n'y suis pas
par ma volonté; on m'y mène; il y a une puissance à laquelle
25 il faut obéir, et c'est une mortification que Dieu me fait souffrir, et que je reçois de sa main. Peut-être pouvait-on bien
me l'épargner, après les services que j'ai rendus, et les charges
que j'ai eu l'honneur d'exercer. » Après cela, M. le Chancelier a continué l'interrogation de la pension des gabelles[2],
30 où M. Foucquet a très-bien répondu. Les interrogations conti-
nueront, et je continuerai à vous les mander fidèlement. Je
voudrais seulement savoir si mes lettres vous sont rendues
sûrement[3].

Madame votre sœur qui est à nos sœurs du faubourg[4] a
35 signé[5]; elle voit à cette heure la communauté, et paraît fort
contente. Madame votre tante[6] ne paraît pas en colère contre
elle. Je ne croyais point que ce fût celle-là qui eût fait le saut[7];
il y en a encore une autre.

Vous savez sans doute notre déroute de Gigeri[8], et comme
40 ceux qui ont donné les conseils[9] veulent jeter la faute sur
ceux qui ont exécuté : on prétend faire le procès à Gadagne
pour ne s'être pas bien défendu. Il y a des gens qui en veulent
à sa tête : tout le public est persuadé pourtant qu'il ne pouvait
pas faire autrement.

45 On parle fort ici de M. d'Aleth[10], qui a excommunié les
officiers subalternes du Roi qui ont voulu contraindre les
ecclésiastiques de signer. Voilà qui le brouillera avec Monsieur
votre père, comme cela le réunira avec le P. Annat[11].

---

1. Fouquet, dès sa première comparution, s'était lui-même placé sur la sellette;
2. Fouquet était accusé d'avoir reçu une pension de 120 000 livres des fermiers de la
gabelle; 3. Des lettres se perdaient; d'autres étaient détournées; 4. Marie-Angélique, sœur de Pomponne, était une des douze religieuses de la communauté de
Port-Royal que l'évêque Hardouin de Péréfixe avait obligé de se retirer dans d'autres
communautés; Marie-Angélique était au couvent des filles de la Visitation du faubourg Saint-Jacques; 5. Il s'agit de *formulaire*, acte dont une bulle du pape
Alexandre VII prescrivit la signature en 1655 à toute personne qui voudrait recevoir
les sacrements. Le parlement de Paris enregistra la bulle, qui devint loi de l'État.
Cet acte impliquait une condamnation formelle des cinq propositions tirées de Jan-
sénius. Bien entendu, les communautés religieuses de Port-Royal et les jansénistes
firent opposition au formulaire; 6. La mère Agnès, sœur d'Arnauld d'Andilly; 7. *Faire
le saut* : prendre une résolution qui coûte, où il y a des risques; d'où succomber;
8. Expédition contre les pirates barbaresques, menée par le duc de Beaufort et par
Gadagne à la tête de 6 000 hommes. *Gigeri*, près d'Alger, fut pris, puis perdu
(30 octobre 1664); 9. Allusion probable à Colbert, que Mme de Sévigné n'aimait
guère; 10. *Nicolas Pavillon*, évêque d'Aleth, défenseur des jansénistes; 11. *Le P. Annat* :
jésuite et confesseur du roi. Toute cette phrase est ironique.

Adieu, je sens que l'envie de causer me prend, je ne veux
50 pas m'y abandonner : il faut que le style des relations soit
court.

4

À M. DE POMPONNE

Mardi au soir [18ᵉ novembre 1664].

J'ai reçu votre lettre qui me fait bien voir que je n'oblige
pas un ingrat : jamais je n'ai rien vu de si agréable et de si
obligeant. Il faudrait être bien exempte d'amour-propre pour
n'être pas sensible à des louanges comme les vôtres. Je vous
5 avoue donc que je suis ravie que vous ayez bonne opinion
de mon cœur, et je vous assure de plus, sans vouloir vous
rendre douceur pour douceur, que j'ai une estime pour vous
infiniment au-dessus des paroles dont on se sert ordinairement
pour expliquer ce que l'on pense, et que j'ai une joie et une
10 consolation sensible de vous pouvoir entretenir d'une affaire
où nous prenons tous deux tant d'intérêt. Je suis bien aise
que notre cher solitaire[1] en ait sa part. Je croyais bien aussi
que vous instruisiez votre incomparable voisine[2]. Vous me
mandez une agréable nouvelle en m'apprenant que je fais
15 un peu de progrès dans son cœur; il n'y en a point où je sois
plus aise de m'avancer; quand je veux avoir un moment de
joie, je pense à elle, et à son palais enchanté[3]. Mais je reviens
à nos affaires : insensiblement je m'amusais à vous parler des
sentiments que j'ai pour vous, et pour votre agréable amie.
20 Aujourd'hui notre cher ami est encore allé sur la sellette.
L'abbé d'Effiat[4] l'a salué en passant. Il lui a dit en lui rendant
son salut : « Monsieur, je suis votre très humble serviteur ».

---

1. *Notre cher solitaire :* Arnauld d'Andilly; 2. Mᵐᵉ de Guénégaud, dont le frère,
enveloppé dans la disgrâce de Fouquet, perdit, par suite des restitutions, une grande
partie de sa fortune; 3. Le château de Fresnes, non loin de Pomponne; 4. *L'abbé*
d'Effiat : frère de Cinq-Mars.

———— **QUESTIONS** ————

Lettre 3.

● Vous étudierez spécialement dans cette lettre le sens dramatique de
Mᵐᵉ de Sévigné.

● Puisqu'elle n'assistait pas elle-même aux interrogatoires, comment
Mᵐᵉ de Sévigné a-t-elle pu donner tant de vie à son récit?

● Sur quels épisodes du procès Fouquet insiste-t-elle? Sur lesquels reste-
t-elle beaucoup plus discrète? Pourquoi? — L'ironie de Mᵐᵉ de Sévigné :
sous quelle forme apparaît-elle? Son esprit « frondeur ».

avec cette mine riante et fine que nous connaissons. L'abbé
d'Effiat en a été si saisi de tendresse qu'il n'en pouvait plus.
25 Aussitôt que M. Foucquet a été dans la chambre, M. le
Chancelier lui a dit de s'asseoir. Il a répondu : « Monsieur,
vous prîtes hier avantage de ce que je m'étais assis : vous
croyez que c'est reconnaître la chambre. Puisque cela est, je
vous supplie de trouver bon que je ne me mette pas sur la
30 sellette. » Sur cela, M. le Chancelier a dit qu'il pouvait donc
se retirer. M. Foucquet a répondu : « Monsieur, je ne prétends point par là faire un incident nouveau. Je veux seulement, si vous le trouvez bon, faire ma protestation ordinaire,
et en prendre acte[1] : après quoi je répondrai. » Il a été fait
35 comme il a souhaité; il s'est assis, et on a continué la pension[2]
des gabelles, où il a parfaitement bien répondu. S'il continue,
ses interrogations lui seront bien avantageuses. On parle fort
à Paris de son admirable esprit et de sa fermeté. Il a demandé
une chose qui me fait frissonner : il conjure une de ses amies
40 de lui faire savoir son arrêt par une certaine voie enchantée,
bon ou mauvais, comme Dieu le lui enverra, sans préambule,
afin qu'il ait le temps de se préparer à en recevoir la nouvelle
par ceux qui viendront lui dire; ajoutant que pourvu qu'il ait
une demi-heure à se préparer, il est capable de recevoir sans
45 émotion tout le pis qu'on lui puisse apprendre. Cet endroit-là
me fait pleurer et je suis assurée qu'il vous serre le cœur.

5

À M. DE POMPONNE

Vendredi 21e novembre [1664].

Aujourd'hui vendredi 21e, on a interrogé M. Foucquet sur
les cires et les sucres[3]. Il s'est impatienté sur certaines objec-
tions qu'on lui faisait, et qui lui ont paru ridicules. Il l'a un

---

1. *Prendre acte* de ce qu'il ne reconnaît pas la légalité de la justice; 2. L'interro-
gatoire sur la pension des gabelles; 3. Autres trafics reprochés à Fouquet : il avait
été le principal directeur de la Compagnie des îles d'Amérique (les Antilles), d'où
on importait le sucre.

——————— **QUESTIONS** ———————

Lettre 4.

● Plusieurs passages de cette lettre font voir clairement différents aspects
de la sensibilité de Mme de Sévigné. Relevez ces passages et, d'après eux,
composez un paragraphe auquel vous donnerez comme titre : la sensibilité de Mme de Sévigné.

● Étudiez le vocabulaire du sentiment dans cette lettre.

peu trop témoigné, a répondu avec un air et une hauteur qui
5 ont déplu. Il se corrigera, car cette manière n'est pas bonne;
mais en vérité la patience échappe : il me semble que je ferais
tout comme lui.

J'ai été à Sainte-Marie[1], où j'ai vu Madame votre tante, qui
m'a paru abîmée en Dieu; elle était à la messe comme en
10 extase. Madame votre sœur m'a paru jolie, de beaux yeux,
une mine spirituelle. La pauvre enfant s'est évanouie ce matin :
elle est très incommodée. Sa tante a toujours la même douceur[2]
pour elle. Monsieur de Paris[3] lui a donné une certaine manière
de contre-lettre[4] qui lui a gagné le cœur : c'est cela qui l'a
15 obligée de signer ce diantre de formulaire : je ne leur ai parlé
ni à l'une ni à l'autre; Monsieur de Paris l'avait défendu.
Mais voici encore une image de la prévention; nos sœurs de
Sainte-Marie m'ont dit : « Enfin Dieu soit loué! Dieu a touché
le cœur de cette pauvre enfant : elle s'est mise dans le chemin
20 de l'obéissance et du salut. » De là je vais à Port-Royal : j'y
trouve un certain grand solitaire[5] que vous connaissez, qui
commence par me dire : « Eh bien! ce pauvre oison a signé;
enfin[6] Dieu l'a abandonnée, elle a fait le saut[7]. » Pour moi,
j'ai pensé mourir de rire en faisant réflexion sur ce que fait
25 la préoccupation[8]. Voilà bien le monde en son naturel. Je crois
que le milieu de ces extrémités est toujours le meilleur.

6

À M. DE POMPONNE

Jeudi 27ᵉ novembre [1664].

On a continué aujourd'hui les interrogations sur les octrois[9].
M. le Chancelier avait bonne intention de pousser M. Foucquet aux extrémités, et de l'embarrasser; mais il n'en est pas

1. Au couvent de la Visitation, faubourg Saint-Jacques (voir lettre 3, ligne 34);
2. Bien que la sœur de Pomponne ait signé le formulaire; 3. *Monsieur de Paris* :
Hardouin de Péréfixe, archevêque de Paris; 4. Une *contre-lettre* est un acte secret
par lequel on déroge aux stipulations d'un acte public; 5. Arnauld d'Andilly; 6. Pour
finir; 7. Voir page 28, note 7; 8. *Préoccupation* : opinion préconçue; 9. *Octrois* :
taxes perçues par les communes sur certaines marchandises entrant dans les villes;
en 1647, le roi s'attribua les octrois, mais en restitua la moitié en 1653.

───── **QUESTIONS** ─────

Lettre 5.

● Quels traits du caractère de Mᵐᵉ de Sévigné cette lettre vous permet-elle
de déceler? — Relisez la première *Provinciale* de Pascal (la troisième
édition française est de 1659). Montrez que la fin de la lettre rappelle
la manière et le style même de Pascal.

LE SURINTENDANT FOUQUET
Portrait par Sébastien Bourdon.
Musée de Versailles.

Phot. Jean Roubier.

En haut, le château de Vaux, vu du parc.

En bas, intérieur du château de Vaux. La rotonde.

Phot. Arch. phot.

venu à bout. M. Foucquet s'est fort bien tiré d'affaire. Il n'est
5 entré qu'à onze heures, parce que M. le Chancelier a fait lire
le rapporteur comme je vous l'ai mandé; et malgré toute cette
belle dévotion[1], il disait toujours tout le pis contre notre pauvre
ami. Le rapporteur prenait toujours son parti, parce que le
Chancelier ne parlait que pour un côté. Enfin il a dit : « Voici
10 un endroit sur quoi l'accusé ne pourra pas répondre. » Le rapporteur a dit : « Ah! monsieur, pour cet endroit-là, voici l'emplâtre qui le guérit », et a dit une très-forte raison, et puis il a
ajouté : « Monsieur, dans la place où je suis, je dirai toujours
la vérité, de quelque manière qu'elle se rencontre. » On a souri
15 de l'*emplâtre*, qui a fait souvenir de celui qui a tant fait de
bruit[2]. Sur cela on a fait entrer l'accusé, qui n'a pas été une
heure dans la chambre, et en sortant plusieurs ont fait compliment à T***[3] de sa fermeté.

Il faut que je vous conte ce que j'ai fait. Imaginez-vous que
20 ces dames m'ont proposé d'aller dans une maison qui regarde
droit dans l'Arsenal[4], pour voir revenir notre pauvre ami.
J'étais masquée[5], et je l'ai vu venir d'assez loin. M. d'Artagnan[6]
était auprès de lui; cinquante mousquetaires derrière, à trente
ou quarante pas. Il paraissait assez rêveur. Pour moi, quand
25 je l'ai aperçu, les jambes m'ont tremblé, et le cœur m'a battu
si fort que je n'en pouvais plus. En s'approchant de nous
pour rentrer dans son trou, M. d'Artagnan l'a poussé, et lui
a fait remarquer que nous étions là. Il nous a donc saluées,
et a pris cette mine riante que vous connaissez. Je ne crois
30 pas qu'il m'ait reconnue; mais je vous avoue que j'ai été étrange-
ment saisie, quand je l'ai vu rentrer dans cette petite porte.
Si vous saviez combien on est malheureuse quand on a le cœur
fait comme je l'ai, je suis assurée que vous auriez pitié de moi;
mais je pense que vous n'en êtes pas quitte à meilleur marché,
35 de la manière dont je vous connais.

1. Dans une lettre à M. de Pomponne, du 24 novembre précédent, Mme de Sévigné raconte une visite de Séguier au couvent de la Visitation de la rue Saint-Antoine;
au cours de cette visite, elle donna les marques de la plus grande ferveur; 2. Allusion
à un emplâtre que Mme Fouquet mère avait fait donner à la reine, emplâtre qui
la guérit (lettre du 24 novembre 1664); 3. *Olivier Lefèvre d'Ormesson* (1617-1686),
intendant d'Amiens, puis de Soissons, dut vendre sa charge de maître des requêtes
après le procès de Fouquet, tant son impartialité avait déplu au pouvoir; 4. *L'Arsenal* : bâtiments militaires situés sur la rive droite de la Seine, près de la Bastille, où
Fouquet était interné pendant le temps de son procès; Louis XIII y avait installé
une chambre criminelle de justice; c'est là aussi que sera jugée l'Affaire des poisons;
5. Les femmes portaient souvent des masques de velours noir, selon la mode italienne;
6. *D'Artagnan* (1611-1673) : officier des mousquetaires; il avait arrêté Fouquet à
Nantes et était commis à sa garde.

J'ai été voir votre chère voisine[1]; je vous plains autant de ne l'avoir plus, que nous nous trouvons heureux de l'avoir. Nous avons bien parlé de notre cher ami; elle avait vu Sapho[2], qui lui a redonné du courage. Pour moi j'irai demain en reprendre
40 chez elle; car de temps en temps je sens que j'ai besoin de réconfort. Ce n'est pas que l'on ne dise mille choses qui doivent donner de l'espérance; mais, mon Dieu! j'ai l'imagination si vive que tout ce qui est incertain me fait mourir.

7

À M. DE POMPONNE

Lundi 1er décembre [1664].

Il y a deux jours que tout le monde croyait que l'on voulait tirer l'affaire de M. Foucquet en longueur; présentement ce n'est plus la même chose, c'est tout le contraire : on presse extraordinairement les interrogations. Ce matin M. le Chan-
5 celier a pris son papier et a lu, comme une liste, dix chefs d'accusation, sur quoi il ne donnait pas le loisir de répondre. M. Foucquet a dit : « Monsieur, je ne prétends point tirer les choses en longueur; mais je vous supplie de me donner loisir de répondre. Vous m'interrogez, et il semble que vous ne vouliez
10 pas écouter ma réponse; il m'est important que je parle. Il y a plusieurs articles qu'il faut que j'éclaircisse, et il est juste que je réponde sur tous ceux qui sont dans mon procès. » Il a donc fallu l'entendre, contre le gré des malintentionnés; car il est certain qu'ils ne sauraient souffrir qu'il se défende si bien.
15 Il a fort bien répondu sur tous les chefs. On continuera de suite, et la chose ira si vite, que je crois que les interrogations finiront cette semaine.

---

1. Mme de Guénégaud (voir lettre 4, ligne 13). Elle était alors à Paris; 2. *Sapho* : Mlle de Scudéry. Elle a fait elle-même son portrait sous ce nom dans le *Grand Cyrus*.

━━━━━━━ **QUESTIONS** ━━━━━━━

Lettre 6.

● Lignes 1-18. Montrez comment Mme de Sévigné sait mettre en valeur les actes ou les paroles des protagonistes de façon à faire *vivre* sa relation du procès.

● Lignes 19-35. L'intérêt de ce petit récit tant au point de vue de la composition et du style qu'au point de vue de la connaissance du caractère de l'auteur.

● Lignes 36-43. Mme de Sévigné est-elle tout à fait victime de son imagination?

Je viens de souper à l'hôtel de Nevers[1]; nous avons bien causé, la maîtresse du logis[2] et moi, sur ce chapitre. Nous
20 sommes dans des inquiétudes qu'il n'y a que vous qui puissiez comprendre; car pour toute la famille du malheureux, la tranquillité et l'espérance y règnent. On dit que M. de Nesmond[3] a témoigné en mourant que son plus grand déplaisir était de n'avoir pas été d'avis de la récusation de ces deux juges[4];
25 que s'il eût été à la fin du procès, il aurait réparé cette faute; qu'il priait Dieu qu'il lui pardonnât celle qu'il avait faite.

Je viens de recevoir votre lettre; elle vaut mieux que tout ce que je puis jamais écrire. Vous mettez ma modestie à une trop grande épreuve, en me mandant de quelle manière je suis
30 avec vous et avec notre cher solitaire[5]. Il me semble que je le vois et que je l'entends dire ce que vous me mandez. Je suis au désespoir que ce ne soit pas moi qui ai dit *la métamorphose de Pierrot*[6] *en Tartuffe*[7]. Cela est si naturellement[8] dit que si j'avais autant d'esprit que vous m'en croyez, je l'aurais trouvé
35 au bout de ma plume.

Il faut que je vous conte une petite historiette, qui est très vraie, et qui vous divertira. Le Roi se mêle depuis peu de faire des vers; MM. de Saint-Aignan[9] et Dangeau[10] lui apprennent comme il faut s'y prendre. Il fit l'autre jour un petit madrigal,
40 que lui-même ne trouva pas trop joli. Un matin il dit au maréchal de Gramont[11] : « Monsieur le maréchal, je vous prie, lisez ce petit madrigal, et voyez si vous en avez jamais vu un

---

1. *L'hôtel de Nevers* était situé près de la porte de Nesle, sur la rive gauche de la Seine, un peu en aval du Pont-Neuf; 2. Mme de Guénégaud (voir lettre 4, ligne 13); 3. *M. de Nesmond* : l'un des juges de Fouquet, mort le 29 novembre 1664; 4. Ces deux juges étaient Voisin et Pussort; Pussort était conseiller au Grand Conseil, et Voisin, maître des requêtes; 5. Arnauld d'Andilly; 6. Sobriquet donné au chancelier Pierre Séguier; 7. Allusion aux marques d'une extrême dévotion montrées par le chancelier lors d'une visite au couvent de la Visitation, rue Saint-Antoine. (Voir une première allusion à ce fait dans la lettre 6, ligne 7.) *Le Tartuffe* avait été joué devant le roi à Versailles le 12 mai 1664, et en privé, le 29 novembre, au Raincy, chez Condé; 8. *Naturellement* : sans aucune recherche; 9. *François-Honorat de Beauvilliers, premier duc de Saint-Aignan* (1610-1687), membre de l'Académie française, protecteur des gens de lettres; 10. *Philippe de Courcillon, marquis de Dangeau* (1638-1720), auteur de *Mémoires* qui font connaître la vie de la Cour sous Louis XIV entre 1684 et 1720; 11. *Antoine, duc de Gramont* (1604-1678), maréchal de France depuis 1641; il avait été nommé duc et pair en 1663.

QUESTIONS

Lettre 7.

● LIGNES 1-26. Comment Mme de Sévigné trompe-t-elle son inquiétude et celle de ses amis?

● LIGNES 27-35. De ce passage pouvez-vous dégager l'un des traits essentiels de ce que nous appelons l'*art classique*?

si impertinent[1]. Parce qu'on sait que depuis peu j'aime les
vers, on m'en apporte de toutes les façons. » Le maréchal
45 après avoir lu dit au Roi : « Sire, Votre Majesté juge divinement bien de toutes choses : il est vrai que voilà le plus sot
et le plus ridicule madrigal que j'aie jamais lu. » Le Roi se
mit à rire et lui dit : « N'est-il pas vrai que celui qui l'a fait est
bien fat ? — Sire, il n'y a pas moyen de lui donner un autre
50 nom. — Oh bien ! dit le Roi, je suis ravi que vous m'en ayez
parlé si bonnement ; c'est moi qui l'ai fait. — Ah ! Sire, quelle
trahison ! Que Votre Majesté me le rende ; je l'ai lu brusquement.
— Non, Monsieur le maréchal : les premiers sentiments sont
toujours les plus naturels. » Le Roi a fort ri de cette folie, et
55 tout le monde trouve que voilà la plus cruelle petite chose que
l'on puisse faire à un vieux courtisan. Pour moi, qui aime
toujours à faire des réflexions, je voudrais que le Roi en fît
là-dessus, et qu'il jugeât par là combien il est loin de connaître
jamais la vérité.

60 Nous sommes sur le point d'en voir une bien cruelle, qui
est le rachat de nos rentes[2] sur un pied qui nous envoie droit
à l'hôpital. L'émotion est grande, mais la dureté l'est encore
plus. Ne trouvez-vous point que c'est entreprendre bien des
choses[3] à la fois ? Celle qui me touche le plus n'est pas celle
65 qui me fait perdre une partie de mon bien.

8

À M. DE POMPONNE

Mardi 9e décembre [1664].

Je vous assure que ces jours-ci sont bien longs à passer, et
que l'incertitude est une épouvantable chose : c'est un mal
que toute la famille du pauvre prisonnier ne connaît point.

---

1. *Impertinent :* qui ne convient pas à son objet ; mal écrit, mal composé ; 2. En 1664,
on supprima un quartier (l'intérêt correspondant à une période de trois mois) des
rentes sur l'hôtel de ville ; on avait justifié cette mesure, en rappelant que ces titres
de rentes avaient été achetés à vil prix par leurs possesseurs ; 3. Allusion à la consti-
tution de la Chambre ardente.

— QUESTIONS —

● LIGNES 36-59. Comment Mme de Sévigné tire-t-elle une grave leçon
d'une simple anecdote ? N'a-t-elle pas fait de même dans une lettre précédente ?

● LIGNES 60-65. Quel sens attribuez-vous à la dernière phrase de la lettre ?

■ SUR L'ENSEMBLE DE LA LETTRE. — La diversité des sujets abordés dans
cette lettre nuit-elle à son unité ? Peut-on découvrir dans quelle intention
Mme de Sévigné est ainsi passée d'un sujet à l'autre ?

Je les ai vus, je les ai admirés. Il semble qu'ils n'aient jamais
5 su ni lu ce qui est arrivé dans les temps passés. Ce qui m'étonne
encore plus, c'est que Sapho[1] est tout de même[2], elle dont
l'esprit et la pénétration n'a point de bornes. Quand je
médite encore là-dessus, je me flatte, et je suis persuadée, ou
du moins je me veux persuader qu'elles en savent plus que
10 moi. D'autre côté, quand je raisonne avec d'autres gens moins
prévenus, dont le sens[3] est admirable, je trouve les mesures
si justes[4], que ce sera un vrai miracle si la chose va comme
nous la souhaitons. On ne perd jamais que d'une voix, et cette
voix fait le tout. Je me souviens de ces récusations[5], dont ces
15 pauvres femmes[6] pensaient être assurées : il est vrai que nous
ne les perdîmes que de cinq à dix-sept[7]. Depuis cela, leur assurance m'a donné de la défiance. Cependant, au fond de mon
cœur, j'ai un petit brin de confiance. Je ne sais d'où il vient
ni où il va, et même il n'est pas assez grand pour faire que
20 je puisse dormir en repos. Je causais hier de toute cette affaire
avec Mme du Plessis[8]; je ne puis voir ni souffrir que les gens
avec qui j'en puis parler, et qui sont dans les mêmes sentiments
que moi. Elle espère comme je fais, sans en savoir la raison.
« Mais pourquoi espérez-vous? — Parce que j'espère. » Voilà
25 nos réponses : ne sont-elles pas bien raisonnables? Je lui disais
avec la plus grande vérité du monde que si nous avions un
arrêt tel que nous le souhaitons, le comble de ma joie était
de penser que je vous enverrais un homme à cheval[9], à toute
bride, qui vous apprendrait cette agréable nouvelle, et que le
30 plaisir d'imaginer celui que je vous ferais, rendrait le mien
entièrement complet. Elle comprit cela comme moi, et notre
imagination nous donna plus d'un quart d'heure de *campos*[10].

Cependant je veux rajuster[11] la dernière journée de l'interro-

---

1. Mlle de Scudéry (voir lettre 6, ligne 38); 2. Exactement dans les mêmes sentiments; 3. *Le sens* : l'esprit, l'intelligence; 4. *Les mesures si justes* : le nombre des
juges qui ne voteront pas la mort est si peu supérieur au nombre des juges qui la
voteront; 5. Les récusations de Pussort et de Voisin (voir à ce sujet la lettre 7); 6. La
mère et la femme de Fouquet; 7. Dix-sept voix contre cinq s'étaient opposées à la
révocation de Pussort et de Voisin; 8. Mme de Guénégaud (voir lettre 4, page 29,
note 2); 9. Ce qui fut fait (voir la lettre 9 du 21 décembre); 10. *Campos* : répit (voir
page 25, note 6); 11. *Rajuster* : compléter et rendre plus conforme à la vérité et à
la précision.

● **QUESTIONS** ─────────────

Lettre 8.

● Lignes 1-32. Étudiez dans cette première partie de la lettre la volonté
d'arriver à un jugement objectif de la situation; dans quelle mesure
Mme de Sévigné fait-elle confiance à l'opinion d'autrui?

gatoire sur le crime d'État[1]. Je vous l'avais mandé comme
35 on me l'avait dit; mais la même personne[2] s'en est mieux
souvenue, et me l'a redit ainsi. Tout le monde en a été instruit
par plusieurs juges. Après que M. Foucquet eut dit que le seul
effet qu'on pouvait tirer du projet, c'était de lui avoir donné
la confusion de l'entendre, M. le Chancelier lui dit : « Vous
40 ne pouvez pas dire que ce ne soit là un crime d'État. » Il répondit : « Je confesse, Monsieur, que c'est une folie et une extra-
vagance, mais non pas un crime d'État. Je supplie ces Messieurs, dit-il en se tournant vers les juges, de trouver bon que
j'explique ce que c'est qu'un crime d'État : ce n'est pas qu'ils
45 ne soient plus habiles que moi, mais j'ai eu plus de loisir qu'eux
pour l'examiner. Un crime d'État, c'est quand on est dans
une charge principale, qu'on a le secret du prince, et que tout
d'un coup on se met à la tête du conseil de ses ennemis; qu'on
engage toute sa famille dans les mêmes intérêts; qu'on fait
50 ouvrir les portes des villes dont on est gouverneur à l'armée
des ennemis, et qu'on les ferme à son véritable maître; qu'on
porte dans le parti tous les secrets de l'État : voilà, Messieurs,
ce qui s'appelle un crime d'État[3]. » M. le Chancelier ne savait
où se mettre, et tous les juges avaient fort envie de rire. Voilà
55 au vrai comme la chose se passa. Vous m'avouerez qu'il n'y
a rien de plus spirituel, de plus délicat, et même de plus plaisant.

Toute la France a su et admiré cette réponse. Ensuite il se
défendit en détail, et dit ce que je vous ai mandé. J'aurais eu
sur le cœur que vous n'eussiez point su cet endroit comme
60 il est : notre cher ami y aurait beaucoup perdu.

Ce matin, M. d'Ormesson[4] a commencé à récapituler toute
l'affaire; il a fort bien parlé et fort nettement. Il dira jeudi son
avis. Son camarade parlera deux jours : on prétend quelques
jours encore pour les autres opinions. Il y a des juges qui pré-
65 tendent bien s'étendre, de sorte que nous avons encore à languir
jusques à la semaine qui vient. En vérité, ce n'est pas vivre
que d'être en l'état où nous sommes.

---

1. Il s'agit du plan de résistance dans la forteresse de Belle-Isle, plan que Fouquet
avait établi quinze ans plus tôt pour se prémunir contre une disgrâce de Mazarin;
2. Probablement d'Ormesson; 3. Tout ce passage est une allusion à la conduite de
Séguier pendant la Fronde : il avait essayé de ménager tous les partis; son gendre,
le duc de Sully, avait, sur ses conseils, livré le passage du pont de Mantes, ville dont
il était gouverneur, à l'armée espagnole; 4. Sur *d'Ormesson*, voir page 34, note 3.

● QUESTIONS

● Montrez que cette lettre est le reflet de l'âme tour à tour inquiète et
confiante de Mme de Sévigné. Quelles sont les expressions qui révèlent
le mieux l'inquiétude et la nervosité de l'auteur?

9

À M. DE POMPONNE

Dimanche au soir 21e décembre [1664].

Je mourais de peur qu'un autre que moi vous eût donné
le plaisir d'apprendre la bonne nouvelle. Mon courrier n'avait
pas fait une grande diligence ; il avait dit en partant qu'il n'irait
coucher qu'à Livry[1]. Enfin il est arrivé le premier, à ce qu'il
5 m'a dit. Mon Dieu, que cette nouvelle vous a été sensible et
douce, et que les moments qui délivrent tout d'un coup le
cœur et l'esprit d'une si terrible peine font sentir un inconcevable plaisir ! De longtemps je ne serai remise de la joie que
j'eus hier ; tout de bon, elle était trop complète ; j'avais peine
10 à la soutenir. Le pauvre homme apprit cette bonne nouvelle
par l'air[2], peu de moments après, et je ne doute point qu'il ne
l'ait sentie dans toute son étendue. Ce matin le Roi a envoyé
le chevalier du guet[3] à Mmes Foucquet, leur commander de
s'en aller toutes deux à Montluçon en Auvergne, le marquis
15 et la marquise de Charost[4] à Ancenis, et le jeune Foucquet[5]
à Joinville en Champagne. La bonne femme[6] a mandé au Roi
qu'elle avait soixante et douze ans, qu'elle suppliait Sa Majesté
de lui donner son dernier fils, pour l'assister sur la fin de sa
vie qui apparemment ne serait pas longue. Pour le prisonnier,
20 il n'a point encore su son arrêt. On dit que demain on le fait
conduire à Pignerol[7], car le Roi change l'exil en une prison.
On lui refuse sa femme, contre toutes les règles. Mais gardez-
vous bien de rien rabattre de votre joie pour tout ce procédé : la mienne en est augmentée s'il se peut, et me fait bien
25 mieux voir la grandeur de notre victoire. Je vous manderai
fidèlement la suite de cette histoire ; elle est curieuse :

Non da vino in convito
Tanto gioia, qual de' nemici il lutto[8].

Voilà ce qui s'est passé aujourd'hui ; à demain le reste.

---

1. *Livry* : au nord-est de Paris, sur la route de Verdun, où était alors exilé Pomponne ; 2. *Par l'air* : par des signaux ; 3. *Le chevalier du guet* : chef de la police royale ;
4. Gendre et fille du surintendant ; 5. Le plus jeune frère de Foucquet ; 6. La mère
de Foucquet ; 7. *Pignerol* : aujourd'hui ville d'Italie (province de Turin) ; la France
l'a occupée de 1630 à 1696 ; c'est là que le Masque de fer et Lauzun furent empri-
sonnés ; 8. En italien : « Le vin dans un festin ne donne pas autant de joie que le
chagrin de nos ennemis. »

QUESTIONS

Lettre 9.

● Expliquez les lignes 24-25. Montrez par quelques exemples le contraste
frappant entre le style de cette lettre et celui de la précédente.

10

À M. DE POMPONNE

Lundi au soir [22e décembre 1664].

Ce matin à dix heures on a mené M. Foucquet à la chapelle
de la Bastille[1]. Foucaut[2] tenait son arrêt à la main. Il lui a
dit : « Monsieur, il faut me dire votre nom, afin que je sache
à qui je parle. » M. Foucquet a répondu : « Vous savez bien
5 qui je suis, et pour mon nom je ne le dirai non plus ici que
je ne l'ai dit à la chambre; et pour suivre le même ordre[3], je
fais mes protestations contre l'arrêt que vous m'allez lire. »
On a écrit ce qu'il disait, et en même temps Foucaut s'est
couvert et a lu l'arrêt. M. Foucquet l'a écouté découvert.
10 Ensuite on a séparé de lui Pecquet[4] et Lavalée[5], et les cris et les
pleurs de ces pauvres gens ont pensé fendre le cœur de ceux
qui ne l'ont pas de fer. Ils faisaient un bruit si étrange que
M. d'Artagnan[6] a été contraint de les aller consoler; car il
semblait que ce fût un arrêt de mort qu'on vînt de lire à leur
15 maître. On les a mis tous deux dans une chambre à la Bastille;
on ne sait ce qu'on en fera.

Cependant M. Foucquet est allé dans la chambre d'Artagnan. Pendant qu'il y était, il a vu par la fenêtre passer M. d'Ormesson[7], qui venait de reprendre quelques papiers qui étaient
20 entre les mains de M. d'Artagnan. M. Foucquet l'a aperçu;
il l'a salué avec un visage ouvert et plein de joie et de reconnaissance. Il lui a même crié qu'il était son très humble serviteur. M. d'Ormesson lui a rendu son salut avec une très grande
civilité, et s'en est venu, le cœur tout serré, me raconter ce
25 qu'il avait vu.

A onze heures, il y avait un carrosse prêt, où M. Foucquet
est entré avec quatre hommes; M. d'Artagnan à cheval avec
cinquante mousquetaires. Il le conduira jusques à Pignerol,
où il le laissera en prison sous la conduite d'un nommé Saint-
30 Mars[8], qui est fort honnête homme, et qui prendra cinquante
soldats pour le garder. Je ne sais si on lui a donné un autre
valet de chambre. Si vous saviez comme cette cruauté paraît[9]

---

1. Le procès avait lieu au Petit Arsenal, non loin de la Bastille (voir page 34,
note 4); 2. *Foucault* : greffier de la Grande Chambre; 3. *Le même ordre* : la même
conduite; 4. *Pecquet* : médecin de Fouquet et de Mme de Sévigné; on lui doit de
grandes découvertes en anatomie; 5. *Lavalée* : valet de chambre de Fouquet; 6. *D'Artagnan* : voir page 34, note 6; 7. *D'Ormesson* : voir page 34, note 3; 8. *Saint-Mars*
fut plus tard gouverneur de la Bastille; 9. Combien cela paraît à tout le monde une
cruauté de lui avoir ôté...

à tout le monde, de lui avoir ôté ces deux hommes, Pecquet
et Lavalée : c'est une chose inconcevable; on en tire même
35 des conséquences fâcheuses[1], dont Dieu le préservera, comme
il a fait jusqu'ici. Il faut mettre sa confiance en lui, et le laisser
sous sa protection, qui lui a été si salutaire. On lui refuse toujours sa femme. On a obtenu que la mère n'ira qu'au Parc[2],
chez sa fille, qui en est abbesse. L'écuyer[3] suivra sa belle-
40 sœur[4]; il a déclaré qu'il n'avait pas de quoi se nourrir ailleurs.
M. et M\ :math:`^{me}` de Charost vont toujours à Ancenis. M. Bailly[5],
avocat général, a été chassé pour avoir dit à Gisaucourt[6],
devant le jugement[7] du procès, qu'il devrait bien remettre la
compagnie du Grand Conseil[8] en honneur, et qu'elle serait bien
45 déshonorée si Chamillard[9], Pussort[10] et lui allaient le même train.
Cela me fâche à cause de vous; voilà une grande rigueur.

Tantaene animis caelestibus irae[11]?

Mais non, ce n'est point de si haut que cela vient. De telles
vengeances rudes et basses ne sauraient partir d'un cœur comme
celui de notre maître. On se sert de son nom, et on le profane,
50 comme vous voyez. Je vous manderai la suite; il y aurait bien
à causer sur tout cela; mais il est impossible par lettre. Adieu,
mon pauvre Monsieur, je ne suis pas si modeste que vous;
et sans me sauver dans la foule, je vous assure que je vous
aime et vous estime très fort.

1. *Fâcheuses :* affligeantes (pour sa santé); 2. Le Parc-aux-Dames, abbaye près
de Senlis; 3. Gilles Fouquet, frère du surintendant; 4. La femme de Fouquet;
5. *M. Bailly :* avocat général du Grand Conseil; 6. *Gisaucourt :* conseiller au Grand
Conseil; 7. Avant le jugement; 8. *Le Grand Conseil :* section judiciaire du Conseil
du roi, dont la compétence s'étendait généralement aux questions que le roi retirait
aux tribunaux ordinaires; 9. *Chamillard :* un des juges de la chambre criminelle,
père du futur ministre de Louis XIV; 10. *Pussort :* voir lettre du 1\ :math:`^{er}` décembre 1664;
11. Virgile (*Enéide,* I, II) : « Y a-t-il de si grands ressentiments dans les âmes des
dieux? »

─────── **QUESTIONS** ───────

Lettre 10.

● Étudiez les sources de l'émotion qui naît même des endroits écrits
avec le plus de sécheresse apparente, dans cette lettre dramatique et souvent pathétique. — Commentez les lignes 50-51.

● Comparez cette lettre à la précédente : pourquoi l'optimisme de la
veille (21 décembre) semble-t-il s'être brusquement évanoui? Des événements nouveaux se sont-ils produits?

● L'indignation de M\ :math:`^{me}` de Sévigné : qui se refuse-t-elle à incriminer
à propos de cette injustice?

55 J'ai vu cette nuit la comète[1] : sa queue est d'une fort
belle longueur; j'y mets une partie de mes espérances.
Mille baisemains à votre chère femme.

LE MARIAGE DE LAUZUN

11

À M. DE COULANGES

À Paris, ce lundi 15e décembre [1670].

Je m'en vais vous mander la chose la plus étonnante, la
plus surprenante, la plus merveilleuse, la plus miraculeuse, la
plus triomphante, la plus étourdissante, la plus inouïe, la plus
singulière, la plus extraordinaire, la plus incroyable, la plus
5 imprévue, la plus grande, la plus petite, la plus rare, la plus commune, la plus éclatante, la plus secrète jusqu'aujourd'hui, la
plus brillante, la plus digne d'envie : enfin une chose dont on
ne trouve qu'un exemple[2] dans les siècles passés, encore cet
exemple n'est-il pas juste; une chose que l'on ne peut pas croire
10 à Paris (comment la pourrait-on croire à Lyon[3]?); une chose
qui fait crier miséricorde à tout le monde, une chose qui comble
de joie Mme de Rohan[4] et Mme d'Hauterive[5]; une chose enfin
qui se fera dimanche, où ceux qui la verront croiront avoir
la berlue; une chose qui se fera dimanche, et qui ne sera peut-
15 être pas faite lundi[6]. Je ne puis me résoudre à la dire; devinez-
la : je vous le donne en trois. Jetez-vous votre langue aux
chiens? Eh bien! il faut donc vous la dire : M. de Lauzun[7]

---

1. Mme de Sévigné en parle longuement dans une autre lettre (17 décembre 1664) :
« Il y a une comète qui paraît depuis quatre jours. Au commencement, elle n'a été
annoncée que par des femmes, on s'en est moqué; mais, présentement, tout le monde
l'a vue. M. d'Artagnan veilla la nuit passée, et la vit fort à son aise. M. de Neuré,
grand astrologue, dit qu'elle est d'une grandeur considérable. » Fouquet fut, sur
sa demande, mené sur la terrasse de la Bastille, afin de voir cette fameuse comète;
2. Mme de Sévigné pense peut-être à Marie d'Angleterre, veuve de Louis XII, qui
se remaria avec le duc de Suffolk; 3. M. de Coulanges et sa femme étaient à Lyon,
chez l'intendant Du Gué-Bagnols, père de Mme de Coulanges; 4. *Mme de Rohan* :
fille unique et héritière du duc de Rohan; elle avait épousé, en 1645, un simple gentilhomme; 5. *Mme d'Hauterive* : fille du duc de Villeroi, mariée en troisièmes noces à
Jean Viguier, marquis d'Hauterive; 6. Mme de Sévigné n'a jamais cru à la réalisation
de ce grand projet; 7. *Antonin de Caumont* (1633-1723), comte, puis duc de *Lauzun*,
cadet de Gascogne, qui fit à la Cour une carrière singulièrement brillante : il était
colonel général des dragons.

épouse dimanche au Louvre, devinez qui? Je vous le donne
en quatre, je vous le donne en dix; je vous le donne en cent.
20 Mᵐᵉ de Coulanges dit : Voilà qui est bien difficile à deviner;
c'est Mᵐᵉ de La Vallière[1]. — Point du tout, Madame. — C'est
donc Mˡˡᵉ de Retz[2]? — Point du tout, vous êtes bien provinciale. — Vraiment nous sommes bien bêtes, dites-vous, c'est
Mˡˡᵉ Colbert. — Encore moins. — C'est assurément Mˡˡᵉ de
25 Créquy. — Vous n'y êtes pas. Il faut donc à la fin vous le dire :
il épouse dimanche, au Louvre, avec la permission du Roi,
Mademoiselle, Mademoiselle de... Mademoiselle... devinez le
nom : il épouse Mademoiselle, ma foi! par ma foi! ma foi
jurée! Mademoiselle[3], la Grande Mademoiselle[4]; Mademoi-
30 selle, fille de feu Monsieur; Mademoiselle, petite-fille de
Henri IV; mademoiselle d'Eu, mademoiselle de Dombes, mademoiselle de Montpensier, mademoiselle d'Orléans; Mademoiselle, cousine germaine du Roi; Mademoiselle, destinée au
trône; Mademoiselle, le seul parti de France qui fût digne de
35 Monsieur[5]. Voilà un beau sujet de discourir. Si vous criez, si
vous êtes hors de vous-même, si vous dites que nous avons
menti, que cela est faux, qu'on se moque de vous, que voilà
une belle raillerie, que cela est bien fade[6] à imaginer; si enfin
vous nous dites des injures : nous trouverons que vous avez
40 raison, nous en avons fait autant que vous.

Adieu; les lettres qui seront portées par cet ordinaire[7] vous
feront voir si nous disons vrai ou non.

---

1. *Louise de La Vallière* (1644-1710), ancienne favorite de Louis XIV, avait été
supplantée par Mᵐᵉ de Montespan en 1667; elle vécut à la Cour jusqu'en 1671,
se réfugia au couvent de Sainte-Marie de Chaillot, puis, après un rappel à la Cour,
se retira définitivement chez les carmélites (1674); 2. Mᵐᵉ de Sévigné va énumérer
trois des plus beaux partis d'alors : *Mˡˡᵉ de Retz*, nièce du cardinal de Retz; *Mˡˡᵉ Colbert*, deuxième fille du ministre; *Mˡˡᵉ de Créquy*, fille unique et héritière du duc
de Créquy; 3. Mˡˡᵉ de Montpensier (1627-1693), fille de Gaston d'Orléans, frère
de Louis XIII; 4. Elle avait obtenu le titre de *Grande Mademoiselle*, qui la distin-
guait de Marie-Louise, fille de Philippe d'Orléans; 5. Philippe d'Orléans, frère
de Louis XIV; 6. Sans esprit; 7. Le courrier ordinaire.

● **QUESTIONS** ●

Lettre 11.

● Comment Mᵐᵉ de Sévigné a-t-elle su ménager les effets de la nouvelle
qu'elle annonce?

● Essayez de caractériser la forme particulière du badinage que nous
trouvons ici.

● Comment le ton des lettres s'adapte-t-il au destinataire?

12

À MONSIEUR DE COULANGES

À Paris, ce vendredi 19ᵉ décembre [1670].

Ce qui s'appelle tomber du haut des nues, c'est ce qui arriva
hier soir aux Tuileries; mais il faut reprendre les choses de
plus loin. Vous en êtes à la joie, aux transports, aux ravisse-
ments de la princesse et de son bienheureux amant. Ce fut donc
5 lundi que la chose fut déclarée, comme vous avez su. Le mardi
se passa à parler, à s'étonner, à complimenter. Le mercredi,
Mademoiselle fit une donation à M. de Lauzun, avec dessein
de lui donner les titres, les noms et les ornements nécessaires
pour être nommés dans le contrat de mariage, qui fut fait le
10 même jour. Elle lui donna donc, en attendant mieux, quatre
duchés : le premier, c'est le comté d'Eu, qui est la première
pairie de France et qui donne le premier rang; le duché
de Montpensier, dont il porta hier le nom toute la journée;
le duché de Saint-Fargeau, le duché de Châtellerault : tout
15 cela estimé vingt-deux millions. Le contrat fut fait ensuite, où
il prit le nom de Montpensier. Le jeudi matin, qui était hier,
Mademoiselle espéra que le roi signerait comme il l'avait dit;
mais sur les sept heures du soir, Sa Majesté étant persuadée
par la Reine, Monsieur[1], et plusieurs barbons, que cette affaire
20 faisait tort à sa réputation, il se résolut de la rompre, et après
avoir fait venir Mademoiselle et M. de Lauzun, il leur déclara
devant Monsieur le Prince[2], qu'il leur défendait de plus songer
à ce mariage. M. de Lauzun reçut cet ordre avec tout le respect,
toute la soumission, toute la fermeté, et tout le désespoir que
25 méritait une si grande chute. Pour Mademoiselle, suivant son
humeur, elle éclata en pleurs, en cris, en douleurs violentes, en
plaintes excessives; et tout le jour elle n'a pas sorti de son lit,

---

1. *Monsieur* : voir page 44, note 5; 2. *Monsieur le Prince* : Louis II de Bourbon,
prince de Condé (1621-1686), vainqueur de Rocroi, gouverneur de Bourgogne.

──────── QUESTIONS ────────

Lettre 12.

● Lignes 1-28. Ce compte rendu, dans sa sécheresse, est cependant fort
dramatique. Par quels moyens Mᵐᵉ de Sévigné parvient-elle à créer
cette atmosphère de drame?

● En opposant les caractères de Mˡˡᵉ de Montpensier et de Lauzun,
Mᵐᵉ de Sévigné a-t-elle voulu seulement établir un parallélisme facile,
ou a-t-elle eu un autre dessein?

sans rien avaler que des bouillons. Voilà un beau songe, voilà
un beau sujet de roman ou de tragédie, mais surtout un beau
30 sujet de raisonner et de parler éternellement : c'est ce que
nous faisons jour et nuit, soir et matin, sans fin, sans cesse.
Nous espérons que vous en ferez autant, *e fra tanto vi bacio
le mani*[1].

13

À MONSIEUR DE COULANGES

À Paris, ce mercredi 31e décembre [1670].

J'ai reçu vos réponses à mes lettres. Je comprends l'étonnement où vous avez été de tout ce qui s'est passé depuis le 15e
jusqu'au 20e de ce mois : le sujet le méritait bien. J'admire
aussi votre bon esprit, et combien vous avez jugé droit, en
5 croyant que cette grande machine ne pourrait point aller depuis
le lundi jusqu'au dimanche. La modestie m'empêche de vous
louer à bride abattue là-dessus, parce que j'ai dit et pensé
toutes les mêmes choses que vous. Je le dis à ma fille le lundi :
« Jamais ceci n'ira à bon port jusqu'à dimanche »; et je voulus
10 parier, quoique tout respirât la noce, qu'elle ne s'achèverait
pas. En effet, le jeudi le temps se brouilla, et la nuée creva le
soir à dix heures, comme je vous l'ai mandé. Ce même jeudi,
j'allai dès neuf heures du matin chez Mademoiselle, ayant eu
avis qu'elle s'en allait se marier à la campagne, et que le
15 coadjuteur de Reims faisait la cérémonie[2]. Cela était ainsi
résolu le mercredi au soir; car, pour le Louvre[3], cela fut changé
dès le mardi. Mademoiselle écrivait; elle me fit entrer, elle
acheva sa lettre, et puis me fit mettre à genoux auprès de son
lit. Elle me dit à qui elle écrivait, et pourquoi, et les beaux

---

1. « Et là-dessus, je vous baise humblement les mains. »; 2. Il était cousin germain
des Coulanges et frère de Louvois; 3. Le mariage devait être célébré au Louvre (lettre
du 15 décembre).

─────── **QUESTIONS** ───────

Lettre 13.

● Lignes 4-12. Mme de Sévigné use du langage de la conversation la
plus familière : quels sont les mots ou les expressions qui contribuent à
donner le ton? — Pourquoi cette causerie serait-elle ridicule (ligne 57)
avec d'autres qu'avec les Coulanges?

20 présents qu'elle avait faits la veille, et le nom qu'elle avait
donné[1]; qu'il n'y avait point de parti pour elle en Europe, et
qu'elle voulait se marier. Elle me conta une conversation mot
à mot qu'elle avait eue avec le Roi; elle me parut transportée
de joie de faire un homme bienheureux; elle me parla avec
25 tendresse du mérite et de la reconnaissance de M. de Lauzun;
et sur tout cela je lui dis : « Mon Dieu, Mademoiselle, vous
voilà bien contente; mais que n'avez-vous donc fini promptement cette affaire dès le lundi? Savez-vous bien qu'un si grand
retardement donne le temps à tout le royaume de parler, et
30 que c'est tenter Dieu et le Roi que de vouloir conduire si loin
une affaire si extraordinaire? » Elle me dit que j'avais raison;
mais elle était si pleine de confiance, que ce discours ne lui fit
alors qu'une légère impression. Elle retourna[2] sur la maison et
sur les bonnes qualités de M. de Lauzun. Je lui dis ces vers
35 de Sévère dans *Polyeucte* :

> Du moins ne la peut-on blâmer d'un mauvais choix :
> Polyeucte a du nom et sort du sang des rois[3].

Elle m'embrassa fort. Cette conversation dura une heure :
il est impossible de la redire toute; mais j'avais été assurément
40 fort agréable durant ce temps, et je le puis dire sans vanité;
car elle était aise de parler à quelqu'un : son cœur était trop
plein. A dix heures, elle se donna au reste de la France, qui
venait lui faire sur cela son compliment. Elle attendait tout le
matin des nouvelles, et n'en eut point. L'après-dînée, elle
45 s'amusa à faire ajuster elle-même l'appartement de M. de
Montpensier. Le soir, vous savez ce qui arriva. Le lendemain,
qui était vendredi, j'allai chez elle; je la trouvai dans son lit;
elle redoubla ses cris en me voyant; elle m'appela, m'embrassa,

---

1. Montpensier; 2. Elle revint sur...; 3. Lauzun se prétendait issu des rois d'Écosse
(note de l'édition Gérard Gailly). Les vers de *Polyeucte*, II, i, 419-420, sont modi-
fiés :

> Je ne la puis du moins blâmer d'un mauvais choix,
> Polyeucte a du nom, et sort du sang des rois.

--- QUESTIONS ---

● Comparez cette lettre à la précédente, celle du 19 décembre : comment
les mêmes événements reparaissent-ils avec des détails nouveaux? Pourquoi, dans sa première lettre, Mme de Sévigné avait-elle passé sous silence
certains détails qui la concernaient elle-même?

● En quoi cette lettre est-elle précieuse pour la connaissance de l'esprit
et du cœur de Mme de Sévigné?

et me mouilla toute de ses larmes. Elle me dit : « Hélas! vous
50 souvient-il de ce que vous me dîtes hier? Ah! quelle cruelle
prudence! ah! la prudence! » Elle me fit pleurer à force de
pleurer. J'y suis encore retournée deux fois; elle est fort affligée,
et m'a toujours traitée comme une personne qui sentait ses
douleurs; elle ne s'est pas trompée. J'ai retrouvé dans cette
55 occasion des sentiments qu'on ne sent guère pour des personnes
d'un tel rang. Ceci entre nous deux et Mme de Coulanges;
car vous jugez bien que cette causerie serait entièrement ridicule
avec d'autres. Adieu.

APRÈS LE DÉPART DE Mme DE GRIGNAN

Le 20 janvier 1669, la fille de Mme de Sévigné avait épousé M. de
Grignan, qui fut peu après nommé lieutenant général de Provence.
Mme de Grignan partit pour rejoindre son mari le 5 février 1671.

14

À MADAME DE GRIGNAN

À Paris, vendredi 6e février [1671].

Ma douleur serait bien médiocre[1] si je pouvais vous la
dépeindre; je ne l'entreprendrai pas aussi[2]. J'ai beau chercher
ma chère fille, je ne la trouve plus, et tous les pas qu'elle fait
l'éloignent de moi. Je m'en allai donc à Sainte-Marie[3], toujours
5 pleurant et toujours mourant : il me semblait qu'on m'arra-
chait le cœur et l'âme; et en effet, quelle rude séparation!
Je demandai la liberté d'être seule; on me mena dans la chambre
de Mme du Housset, on me fit du feu; Agnès me regardait
sans me parler, c'était notre marché; j'y passai jusqu'à cinq
10 heures sans cesser de sangloter : toutes mes pensées me faisaient
mourir. J'écrivis à M. de Grignan, vous pouvez penser sur
quel ton. J'allai ensuite chez Mme de La Fayette[4], qui redoubla mes douleurs par la part qu'elle y prit. Elle était seule,

---

1. *Médiocre :* de moyenne grandeur; 2. C'est pourquoi je n'entreprendrai pas...;
3. Le couvent de la Visitation, faubourg Saint-Jacques, dont il a déjà été question
dans les lettres du 17 novembre 1664 (page 28, ligne 34) et du 21 novembre 1664
(page 31, ligne 8); 4. *Mme de La Fayette* (1634-1693) : auteur de *la Princesse de Clèves*
(1678) et amie de Mme de Sévigné.

et malade, et triste de la mort d'une sœur religieuse : elle
15 était comme je la pouvais désirer. M. de La Rochefoucauld[1]
y vint; on ne parla que de vous, de la raison que j'avais d'être
touchée, et du dessein de parler comme il faut à *Merlusine*[2].
Je vous réponds qu'elle sera bien relancée[3]. D'Hacqueville[4]
vous rendra un bon compte de cette affaire. Je revins enfin
20 à huit heures de chez Mme de La Fayette; mais en entrant ici,
bon Dieu! comprenez-vous bien ce que je sentis en montant
ce degré[5]? Cette chambre où j'entrais toujours, hélas! j'en
trouvai les portes ouvertes; mais je vis tout démeublé, tout
dérangé, et votre pauvre petite fille qui me représentait la
25 mienne[6]. Comprenez-vous bien tout ce que je souffris? Les
réveils de la nuit ont été noirs, et le matin je n'étais point
avancée d'un pas pour le repos de mon esprit. L'après-dînée
se passa avec Mme de La Troche[7] à l'Arsenal[8]. Le soir, je reçus
votre lettre, qui me remit dans les premiers transports[9], et
30 ce soir j'achèverai celle-ci chez M. de Coulanges[10], où j'appren-
drai des nouvelles[11]; car pour moi, voilà ce que je sais, avec
les douleurs de tous ceux que vous avez laissés ici. Toute ma
lettre serait pleine de compliments si je voulais.

15

À MADAME DE GRIGNAN

À Paris, le mercredi 18e février [1671].

Je vous conjure, ma chère bonne, de conserver vos yeux;
pour les miens, vous savez qu'ils doivent finir à votre service.
Vous comprenez bien, ma belle, que de la manière dont vous

---

1. *La Rochefoucauld* (1613-1680) : l'auteur des *Maximes* (1665), habitué du salon
de Mme de La Fayette; 2. Surnom de Mme de Mazans, connue pour ses médisances;
elle avait tenu des propos désobligeants sur Mme de Grignan; 3. *Relancer :* gour-
mander, réprimander; 4. *D'Hacqueville :* conseiller du roi et abbé, ami du cardinal
de Retz; il était tout dévoué à Mme de Sévigné; 5. *Ce degré :* cet escalier; 6. La fille
de Mme de Grignan (née en 1670) était restée à Paris sous la garde de sa grand-mère;
7. *Mme de La Troche :* une amie de Mme de Sévigné; 8. *L'Arsenal :* le jardin de l'Arsenal, près de la Bastille (voir page 34, note 4); 9. La même émotion violente qu'à
votre départ; 10. *M. de Coulanges :* cousin de Mme de Sévigné; 11. Des nouvelles
de Paris ou de la Cour.

QUESTIONS

Lettre 14.

● Quels sont les détails qui peignent le mieux la douleur de Mme de
Sévigné? Comment se manifeste surtout son désarroi?

● LIGNE 15. Pourquoi Mme de Sévigné dit-elle, en parlant de Mme de
La Fayette : *elle était comme je la pouvais désirer?*

m'écrivez[1], il faut bien que je pleure en lisant vos lettres. Pour
5 comprendre quelque chose de l'état où je suis pour vous,
joignez, ma bonne, à la tendresse et à l'inclination naturelle
que j'ai pour votre personne, la petite circonstance d'être
persuadée que vous m'aimez, et jugez de l'excès de mes sentiments. Méchante! pourquoi me cachez-vous quelquefois de
10 si précieux trésors? Vous avez peur que je ne meure de joie;
mais ne craignez-vous point aussi que je meure du déplaisir
de croire voir le contraire? Je prends d'Hacqueville[2] à témoin
de l'état où il m'a vue autrefois. Mais quittons ces tristes
souvenirs, et laissez-moi jouir d'un bien sans lequel la vie
15 m'est dure et fâcheuse[3] : ce ne sont point des paroles, ce sont
des vérités. Mme de Guénégaud[4] m'a mandé de quelle manière
elle vous a vue pour moi : je vous conjure, ma bonne,
d'en conserver le fond[5]; mais plus de larmes, je vous en
conjure : elles ne vous sont pas si saines qu'à moi. Je suis pré-
20 sentement assez raisonnable; je me soutiens au besoin, et quelquefois je suis quatre ou cinq heures tout comme une autre;
mais peu de chose me remet à mon premier état : un souvenir,
un lieu, une parole, une pensée un peu trop arrêtée, vos lettres
surtout, les miennes même en les écrivant, quelqu'un qui me
25 parle de vous, voilà des écueils[6] à ma constance, et ces écueils
se rencontrent souvent. [...]

   Ah! ma bonne, que je voudrais bien vous voir un peu, vous
entendre, vous embrasser, vous voir passer, si c'est trop que
le reste! Eh bien, par exemple, voilà de ces pensées à quoi

---

   1. Étant donné la manière dont vous m'écrivez; **2.** *D'Hacqueville* : voir lettre du
6 février 1671 et la note 4 de la page 49; **3.** *Fâcheuse :* pleine de chagrins; **4.** Voir
page 27, note 2; **5.** *Le fond :* les idées, les intentions; **6.** Des obstacles contre lesquels
viennent se briser mes résolutions de demeurer ferme.

■ **QUESTIONS** ──────────────────

Lettre 15.

● LIGNES 1-16. Montrez comment l'expression simple de sentiments
simples se trouve de temps à autre variée par une certaine recherche de
la forme et un certain maniérisme.

● LIGNE 14. Quel est ce *bien* sans lequel, pour Mme de Sévigné, la vie
serait *dure et fâcheuse?*

■ SUR L'ENSEMBLE DE LA LETTRE. — Dans quelle mesure Mme de Sévigné
semble-t-elle craindre d'importuner sa fille par sa tendresse? Pourquoi
tant de remerciements pour les lettres qu'elle lui a écrites? — L'analyse
du sentiment : comment Mme de Sévigné prend-elle conscience des
manifestations de son chagrin?

30 je ne résiste pas. Je sens qu'il m'ennuie de ne vous plus avoir : cette séparation me fait une douleur au cœur et à l'âme, que je sens comme un mal du corps. Je ne puis assez vous remercier de toutes les lettres que vous m'avez écrites sur le chemin : ces soins[1] sont trop aimables, et font bien leur effet aussi;

35 rien n'est perdu avec moi. Vous m'avez écrit partout; j'ai admiré votre bonté; cela ne se fait point sans beaucoup d'amitié[2]; sans cela on serait plus aise de se reposer et de se coucher; ce m'a été une consolation grande. L'impatience que j'ai d'en avoir encore et de Roanne et de Lyon et de votre embarque-

40 ment[3], n'est pas médiocre; et si vous avez descendu au Pont[4], et de votre arrivée à Arles, et comme vous avez trouvé ce furieux Rhône en comparaison de notre pauvre Loire à qui vous avez tant fait de civilités. Que vous êtes honnête de vous en être souvenue comme d'une de vos anciennes amies! Hélas!

45 de quoi ne me souviens-je point? Les moindres choses me sont chères; j'ai mille dragons[5]. Quelle différence! je ne revenais jamais ici[6] sans impatience et sans plaisir : présentement j'ai beau chercher, je ne vous trouve plus; mais comment peut-on vivre quand on sait que quoi qu'on fasse, on ne retrouvera

50 plus une si chère enfant? Je vous ferai bien voir si je la souhaite par le chemin que je ferai pour la retrouver[7]. [...]

16

À MADAME DE GRIGNAN

Vendredi 20e février [1671].

Je vous avoue que j'ai une extraordinaire envie de savoir de vos nouvelles; songez, ma chère bonne, que je n'en ai point eu depuis la Palice[8]. Je ne sais rien du reste de votre voyage jusqu'à Lyon, ni de votre route jusqu'en Provence : je me

5 dévore, en un mot, j'ai une impatience qui trouble mon repos. Je suis bien assurée qu'il me viendra des lettres; je ne doute point que vous n'ayez écrit; mais je les attends, et je ne les ai pas : il faut se consoler, et s'amuser en vous écrivant.

Vous saurez, ma petite, qu'avant-hier, mercredi, après être

1. Ce souci que vous avez d'apaiser une douleur que vous devinez; 2. *Amitié* : affection, amour; 3. *Votre embarquement* : pour la traversée du Rhône; 4. *Au Pont* : à Pont-Saint-Esprit, sur le Rhône, dans la région de Nîmes; 5. J'ai mille soucis; 6. A Paris; 7. Ce voyage si souvent projeté n'eut lieu qu'au mois de juillet 1672; 8. *La Palice* (auj. Lapalisse) : localité située non loin de Vichy.

10 revenue de chez M. de Coulanges, où nous faisons nos paquets[1]
les jours d'ordinaire[2], je revins me coucher. Cela n'est pas
extraordinaire; mais ce qui l'est beaucoup, c'est qu'à trois
heures après minuit j'entendis crier au voleur, au feu, et ces
cris si près de moi et si redoublés, que je ne doutai point que
15 ce ne fût ici; je crus même entendre qu'on parlait de ma petite-
fille[3]; je ne doutai pas qu'elle ne fût brûlée. Je me levai dans
cette crainte, sans lumière, avec un tremblement qui m'empê-
chait quasi de me soutenir. Je courus à son appartement,
qui est le vôtre : je trouvai tout dans une grande tranquillité;
20 mais je vis la maison de Guitaut[4] toute en feu; les flammes
passaient par-dessus la maison de Mme de Vauvineux[5]. On
voyait dans nos cours, et surtout chez M. de Guitaut, une
clarté qui faisait horreur : c'étaient des cris, c'était une confusion, c'étaient des bruits épouvantables des poutres et des
25 solives qui tombaient. Je fis ouvrir ma porte, j'envoyai mes
gens au secours. M. de Guitaut m'envoya une cassette de ce
qu'il a de plus précieux; je la mis dans mon cabinet, et puis
je voulus aller dans la rue[6] pour bayer comme les autres; j'y
trouvai M. et Mme de Guitaut quasi nus, Mme de Vauvineux,
30 l'ambassadeur de Venise[7], tous ses gens, la petite Vauvineux
qu'on portait toute endormie chez l'ambassadeur, plusieurs
meubles et vaisselles d'argent qu'on sauvait chez lui. Mme de
Vauvineux faisait déménubler. Pour moi, j'étais comme dans
une île, mais j'avais grand'pitié de mes pauvres voisins.
35 Mme Guéton et son frère[8] donnaient de très bons conseils;
nous étions tous dans la consternation : le feu était si allumé
qu'on n'osait en approcher, et l'on n'espérait la fin de cet
embrasement qu'avec la fin de la maison de ce pauvre Guitaut.
Il faisait pitié; il voulait aller sauver sa mère qui brûlait au
40 troisième étage; sa femme s'attachait à lui, qui le retenait
avec violence; il était entre la douleur de ne pas secourir sa
mère et la crainte de blesser sa femme, grosse de cinq mois :

---

1. Les lettres étaient attachées ensemble avant d'être remises au courrier; 2. Les
jours de courrier ordinaire; 3. Marie-Blanche de Grignan, née le 15 novembre 1670,
qui était restée à Paris sous la garde de sa grand-mère; 4. Le comte de Guitaut possédait, en Bourgogne, le marquisat d'Epoisse, d'où relevait le domaine de Bourbilly, appartenant à Mme de Sévigné. Le comte de Guitaut et Mme de Sévigné res-
tèrent toujours en relations épistolaires; 5. *Françoise-Angélique Aubry, comtesse
de Vauvineux,* surnommée « la Vauvinette », une des voisines de Mme de Sévigné
à Paris; 6. Rue de Thorigny, non loin de l'hôtel Carnavalet, que Mme de Sévigné
louera plus tard, en 1677; 7. Zuanne Morosini, dont il sera aussi question dans une
lettre du 22 avril 1671, non reproduite dans ces extraits; 8. L'*abbé Guéton*, ami du
poète Santeul, à qui l'on doit un recueil d'odes religieuses en latin.

il faisait pitié. Enfin il me pria de tenir sa femme, je le fis :
il trouva que sa mère avait passé au travers de la flamme et
45 qu'elle était sauvée. Il voulut aller retirer quelques papiers;
il ne put approcher du lieu où ils étaient. Enfin il revint à
nous dans cette rue où j'avais fait asseoir sa femme. Des capucins[1], pleins de charité et d'adresse, travaillèrent si bien, qu'ils
coupèrent le feu. On jeta de l'eau sur les restes de l'embrase-
50 ment, et enfin

Le combat finit faute de combattants[2];

c'est-à-dire, après que le premier et le second étage de l'anti-
chambre et de la petite chambre et du cabinet, qui sont à
main droite du salon, eurent été entièrement consommés[3].
On appela bonheur ce qui restait de la maison, quoiqu'il y
55 ait pour le pauvre Guitaut pour plus de dix mille écus[4] de
perte; car on compte de faire rebâtir cet appartement, qui
était peint et doré. [...]

Vous m'allez demander comment le feu s'était mis à cette
maison : on n'en sait rien; il n'y en avait point dans l'appar-
60 tement où il a pris. Mais si on avait pu rire dans une si triste
occasion, quels portraits n'aurait-on point faits de l'état où
nous étions tous? Guitaut était nu en chemise, avec des chausses;
Mme de Guitaut était nu-jambes, et avait perdu une de ses
mules de chambre; Mme de Vauvineux était en petite jupe[5],
65 sans robe de chambre; tous les valets, tous les voisins, en
bonnets de nuit. L'ambassadeur était en robe de chambre
et en perruque, et conserva fort bien la gravité de la Sérénissime[6]. [...]

---

1. Il n'y avait pas encore de pompiers; une ordonnance de 1363, toujours en
vigueur, obligeait les religieux des ordres mendiants à apporter leur aide en cas
d'incendie; 2. Citation inexacte de Corneille (*le Cid*, IV, III, vers 1328) :

Et le combat *cessa* faute de combattants;

3. *Consommés* : totalement anéantis par le feu; 4. *Dix mille écus* : trente mille francs
d'alors; 5. *Petite jupe* : jupon qui se portait sous la robe; 6. *La Sérénissime* : la république de Venise.

──────── **QUESTIONS** ────────

Lettre 16.

● Le pittoresque et l'observation malicieuse. Dans quelle mesure servent-ils
à rendre vivante la description de la scène?

● La citation de Corneille n'est-elle pas préparée par une situation
« cornélienne »?

● Quels pouvaient être les sentiments de Mme de Grignan à la lecture
d'une telle lettre?

17

À MADAME DE GRIGNAN

[Mardi 3e mars 1671.]

Si vous étiez ici, ma chère bonne, vous vous moqueriez
de moi; j'écris de provision[1], mais c'est une raison bien différente de celle que je vous donnais pour m'excuser : c'était
parce que je ne me souciais guère de ces gens-là, et que dans
5 deux jours je n'aurais pas autre chose à leur dire. Voici tout
le contraire; c'est que je me soucie beaucoup de vous, que
j'aime à vous entretenir à toute heure, et que c'est la seule
consolation que je puisse avoir présentement. Je suis aujour-
d'hui toute seule dans ma chambre par l'excès de ma mau-
10 vaise humeur[2]. Je suis lasse de tout; je me suis fait un plaisir
de dîner ici, et je m'en fais un de vous écrire hors de propos :
mais, hélas! vous n'avez pas de ces loisirs-là. J'écris tranquillement, et je ne comprends pas que vous puissiez lire de même :
je ne vois pas un moment où vous soyez à vous. Je vois un
15 mari qui vous adore, qui ne peut se lasser d'être auprès de vous,
et qui peut à peine comprendre son bonheur. Je vois des
harangues, des infinités de compliments, de civilités, des visites[3];
on vous fait des honneurs extrêmes, il faut répondre à tout
cela, vous êtes accablée; moi-même, sur ma petite bonté, je
20 n'y suffirais pas. Que fait votre paresse pendant tout ce tracas?
Elle souffre, elle se retire dans quelque petit cabinet, elle meurt
de peur de ne plus retrouver sa place : elle vous attend dans
quelque moment perdu pour vous faire au moins souvenir
d'elle, et vous dire un mot en passant. « Hélas! dit-elle, mais
25 vous m'oubliez : songez que je suis votre plus ancienne amie;
celle qui ne vous ai jamais abandonnée, la fidèle compagne
de vos plus beaux jours; celle qui vous consolais de tous les
plaisirs, et qui même quelquefois vous les faisais haïr; celle
qui vous ai empêchée de mourir d'ennui et en Bretagne et
30 dans votre grossesse. Quelquefois votre mère troublait nos
plaisirs[4], mais je savais bien où vous reprendre, et elle avait
des égards pour moi; présentement je ne sais plus où j'en suis;
la dignité[5] et l'éclat de votre mari me fera périr, si vous n'avez

---

1. *De provision* : à l'avance; 2. *Mauvaise humeur* : tristesse; 3. Allusion à l'arrivée
de Mᵐᵉ de Grignan et de son mari dans le gouvernement de Provence, où M. de
Grignan va occuper la plus haute situation; 4. Allusion à la tendresse de Mᵐᵉ de
Sévigné pour sa fille, tendresse que pouvait seule satisfaire une continuelle
présence; 5. *Dignité* : rang, situation.

soin de moi. » Il me semble que vous lui dites en passant un
35 petit mot d'amitié, vous lui donnez quelque espérance de la
posséder à Grignan; mais vous passez vite, et vous n'avez
pas le loisir d'en dire davantage. Le devoir et la raison sont
autour de vous, qui ne vous donnent pas un moment de repos.
Moi-même, qui les ai toujours tant honorées, je leur suis
40 contraire, et elles me le sont; le moyen qu'elles vous donnent
le temps de lire de telles lanterneries[1]?

Je vous assure, ma chère bonne, que je songe à vous conti-
nuellement, et je sens tout le jour ce que vous me dîtes une
fois, qu'il ne fallait point appuyer sur ces pensées. Si l'on
45 ne glissait pas dessus, on serait toujours en larmes, c'est-à-
dire moi. Il n'y a lieu dans cette maison qui ne me blesse le
cœur. Toute votre chambre me tue; j'y ai fait mettre un para-
vent tout au milieu, pour rompre un peu la vue d'une fenêtre
sur ce degré[2] par où je vous vis monter dans le carrosse de
50 d'Hacqueville[3], et par où je vous rappelai. Je me fais peur
quand je pense combien alors j'étais capable de me jeter par
la fenêtre, car je suis folle quelquefois; ce cabinet, où je vous
embrassai sans savoir ce que je faisais; ces Capucins[4], où
j'allai entendre la messe; ces larmes qui tombaient de mes yeux
55 à terre, comme si c'eût été de l'eau qu'on eût répandue; Sainte-
Marie[5], Mme de La Fayette, mon retour dans cette maison,
votre appartement, la nuit et le lendemain, et votre première
lettre, et toutes les autres, et encore tous les jours, et tous
les entretiens de ceux qui entrent dans mes sentiments : ce
60 pauvre d'Hacqueville est le premier; je n'oublierai jamais
la pitié qu'il eut de moi. Voilà donc où j'en reviens : il faut

---

1. *Lanterneries* : propos futiles, fadaises; 2. *Ce degré* : cet escalier (voir lettre
du 6 février 1671, page 49, ligne 22); 3. *D'Hacqueville* : voir lettre du 6 février, page 49,
ligne 18 et la note; 4. Le couvent de la rue d'Orléans, dans le quartier du Marais;
5. Pour cette allusion et pour les suivantes, voir la lettre du 6 février 1671.

――――― QUESTIONS ―――――

Lettre 17.

● LIGNES 1-41. Ne trouvez-vous pas dans cette lettre — plaisamment
noté par Mme de Sévigné — l'un des traits marquants du caractère de
Mme de Grignan? La prosopopée de la *Paresse* (lignes 24-34) : étudiez
ce procédé de rhétorique. Comment cette prosopopée s'insère-t-elle dans
le courant de la lettre?

● LIGNES 42-72. De quels éléments est constitué l'état d'âme de Mme de
Sévigné? Analysez-les. — Le rôle de l'imagination dans la sensibilité
de Mme de Sévigné.

glisser sur tout cela, et se bien garder de s'abandonner à ses
pensées et aux mouvements de son cœur. J'aime mieux m'occuper de la vie que vous faites présentement; cela me fait une
65 diversion, sans m'éloigner pourtant de mon sujet et de mon
objet, qui est ce qui s'appelle poétiquement l'objet aimé. Je
songe donc à vous, et je souhaite toujours de vos lettres; quand
je viens d'en recevoir, j'en voudrais bien encore. J'en attends
présentement, et reprendrai ma lettre quand j'en aurai reçu.
70 J'abuse de vous, ma chère bonne : j'ai voulu aujourd'hui me
permettre cette lettre d'avance; mon cœur en avait besoin, je
n'en ferai pas une coutume.

18

À MADAME DE GRIGNAN

Mercredi [4e mars 1671].

Ah! ma bonne, quelle lettre! quelle peinture de l'état[1] où
vous avez été! et que je vous aurais mal tenu ma parole, si je
vous avais promis de n'être point effrayée d'un si grand péril!
Je sais bien qu'il est passé. Mais il est impossible de se repré-
5 senter votre vie si proche de sa fin, sans frémir d'horreur.
Et M. de Grignan vous laisse conduire la barque; et quand
vous êtes téméraire, il trouve plaisant de l'être encore plus
que vous; au lieu de vous faire attendre que l'orage fût passé,
il veut bien vous exposer, et vogue la galère! Ah mon Dieu!
10 qu'il eût été bien mieux d'être timide, et de vous dire que
si vous n'aviez point de peur, il en avait lui, et de ne point
souffrir que vous traversassiez le Rhône par un temps comme
celui qu'il faisait! Que j'ai de la peine à comprendre sa tendresse en cette occasion! Ce Rhône qui fait peur à tout le
15 monde! Ce pont d'Avignon où l'on aurait tort de passer en
prenant de loin toutes ses mesures! Un tourbillon de vent
vous jette violemment sous une arche! Et quel miracle que vous
n'ayez pas été brisée et noyée dans un moment[2]! Ma bonne,
je ne soutiens pas cette pensée, j'en frissonne, et m'en suis
20 réveillée avec des sursauts dont je ne suis pas la maîtresse.
Trouvez-vous toujours que le Rhône ne soit que de l'eau?

---

1. *L'état :* la situation; 2. *Dans un moment :* en un instant.

De bonne foi, n'avez-vous point été effrayée d'une mort si
proche et si inévitable? avez-vous trouvé ce péril d'un bon goût?
une autre fois ne serez-vous point un peu moins hasardeuse?
25 une aventure comme celle-là ne vous fera-t-elle point voir
les dangers aussi terribles qu'ils sont? Je vous prie de m'avouer
ce qui vous en est resté; je crois du moins que vous avez rendu
grâce à Dieu de vous avoir sauvée. Pour moi, je suis persuadée
que les messes que j'ai fait dire tous les jours pour vous ont
30 fait ce miracle. [...]

Cette lettre vous paraîtra bien ridicule; vous la recevrez
dans un temps où vous ne songerez plus au pont d'Avignon.
Mais j'y pense, moi, présentement! C'est le malheur des
commerces¹ si éloignés : toutes les réponses paraissent ren-
35 trées de pique noire²; il faut s'y résoudre, et ne pas même se
révolter contre cette coutume : cela est naturel, et la contrainte
serait trop grande d'étouffer toutes ses pensées. Il faut entrer
dans l'état naturel où l'on est, en répondant à une chose qui
vous tient au cœur : résolvez-vous donc à m'excuser souvent.
40 J'attends des relations de votre séjour à Arles; je sais que
vous y aurez trouvé bien du monde; à moins que les honneurs,
comme vous m'en menacez, changent les mœurs, je prétends
de plus grands détails. Ne m'aimez-vous point de vous avoir
appris l'italien? Voyez comme vous vous en êtes bien trouvée
45 avec ce vice-légat³ : ce que vous dites de cette scène est excel-
lent; mais que j'ai peu goûté le reste de votre lettre! Je vous
épargne mes éternels recommencements sur ce pont d'Avignon : je ne l'oublierai de ma vie et suis plus obligée à Dieu
de vous avoir conservée dans cette occasion que de m'avoir
50 fait naître, sans comparaison.

---

1. *Des commerces* : des relations par lettres à de telles distances; 2. Une *rentrée
de pique noire* n'est guère favorable dans un jeu de cartes; au sens figuré, l'expression peut se dire de choses qui s'accordent mal aux circonstances; 3. Le vice-légat
du pape, qui gouvernait Avignon.

──────── **QUESTIONS** ────────

Lettre 18.

● Lignes 1-30. Quels sont les sentiments de Mme de Sévigné qui vient
d'apprendre le danger couru par sa fille? — Bien que nous n'ayons pas
la lettre de Mme de Grignan, à laquelle celle-ci donne réponse, peut-on
aisément la réconstituer? — Comment expliquer cette rédaction « en
écho »?

● Lignes 31-39. Est-ce seulement la lenteur des courriers qui fait craindre
à Mme de Sévigné de paraître ridicule à sa fille?

LA SEMAINE SAINTE DE 1671

19

À MADAME DE GRIGNAN

À Livry, ce [mardi saint] 24ᵉ mars [1671].

Voici une terrible causerie, ma pauvre bonne; il y a trois
heures que je suis ici, ma chère bonne. Je suis partie de Paris
avec l'abbé[1], Hélène[2], Hébert[3] et Marphise[4], dans le dessein
de me retirer pour jusqu'à jeudi au soir du monde et du bruit[5].
5 Je prétends être en solitude; je fais de ceci une petite Trappe[6];
je veux y prier Dieu, y faire mille réflexions. J'ai dessein d'y
jeûner beaucoup par toutes sortes de raisons; marcher pour
tout le temps que j'ai été dans ma chambre, et sur le tout
m'ennuyer pour l'amour de Dieu. Mais, ma pauvre bonne,
10 ce que je ferai beaucoup mieux que tout cela, c'est de penser
à vous. Je n'ai pas encore cessé depuis que je suis arrivée,
et ne pouvant tenir tous mes sentiments, je me suis mise à
vous écrire au bout de cette petite allée sombre que vous
aimez, assise sur ce siège de mousse où je vous ai vue quel-
15 quefois couchée. Mais, mon Dieu, où ne vous ai-je point vue
ici? et de quelle façon toutes ces pensées me traversent-elles
le cœur? Il n'y a point d'endroit, point de lieu, ni dans la
maison, ni dans l'église, ni dans le pays, ni dans le jardin,
où je ne vous aie vue; il n'y en a point qui ne me fasse souve-
20 nir de quelque chose de quelque manière que ce soit; et de
quelque façon que ce soit aussi, cela me perce le cœur. Je
vous vois, vous m'êtes présente; je pense et repense à tout;
ma tête et mon esprit se creusent : mais j'ai beau tourner,
j'ai beau chercher; cette chère enfant que j'aime avec tant
25 de passion est à deux cents lieues de moi, je ne l'ai plus. Sur
cela je pleure sans pouvoir m'en empêcher; je n'en puis plus,
ma chère bonne : voilà qui est bien faible, mais pour moi,
je ne sais point être forte contre une tendresse si juste et si
naturelle. Je ne sais en quelle disposition vous serez en lisant
30 cette lettre. Le hasard peut faire qu'elle viendra mal à propos,

---

1. Christophe de Coulanges, abbé de Livry; 2. *Hélène* : femme de chambre de
Mᵐᵉ de Sévigné; 3. *Hébert* : domestique de Mᵐᵉ de Sévigné; 4. *Marphise* : la chienne
de Mᵐᵉ de Sévigné; 5. C'est la semaine sainte; 6. *La Trappe* : ordre monastique,
dont les règles d'austérité (silence, travail manuel, sobriété de la table) venaient d'être
restaurées par l'abbé de Rancé (1664).

et qu'elle ne sera peut-être pas lue de la manière qu'elle est
écrite. A cela je ne sais point de remède; elle sert toujours
à me soulager présentement; c'est tout ce que je lui demande.
L'état où ce lieu ici m'a mise est une chose incroyable. Je
35 vous prie de ne me point parler de mes faiblesses; mais vous
devez les aimer et respecter mes larmes qui viennent d'un
cœur tout à vous.

20

À MADAME DE GRIGNAN

[À Livry], jeudi saint 26e mars [1671].

Si j'avais autant pleuré mes péchés que j'ai pleuré pour vous
depuis que je suis ici, je serais fort bien disposée pour faire
mes pâques et mon jubilé[1]. J'ai passé ici le temps que j'avais
résolu, de la manière dont je l'avais imaginé, à la réserve de
5 votre souvenir, qui m'a plus tourmentée que je ne l'avais
prévu. C'est une chose étrange qu'une imagination vive, qui
représente toutes choses comme si elles étaient encore : sur cela
on songe au présent, et quand on a le cœur comme je l'ai, on se
meurt. Je ne sais où me sauver de vous : notre maison de Paris
10 m'assomme encore tous les jours, et Livry m'achève. Pour vous,
c'est par un effort de mémoire que vous pensez à moi : la Provence n'est point obligée de me rendre à vous, comme ces
lieux-ci doivent vous rendre à moi. J'ai trouvé de la douceur
dans la tristesse que j'ai eue ici : une grande solitude, un grand
15 silence, un office triste, des ténèbres[2] chantées avec dévotion
(je n'avais jamais été à Livry la semaine sainte), un jeûne cano-
nique, et une beauté dans ces jardins, dont vous seriez charmée :
tout cela m'a plu. Hélas ! que je vous y ai souhaitée ! Quelque
difficile que vous soyez sur les solitudes, vous auriez été contente

---

1. *Jubilé* : ensemble de pratiques par lesquelles des indulgences peuvent être
obtenues; 2. *Ténèbres* : office qui a lieu l'après-midi du mercredi, du jeudi et du
vendredi de la semaine sainte.

QUESTIONS ────────────────

Lettre 19.

■ Sur l'ensemble de la lettre. — Montrez la part de l'imagination,
des souvenirs et de la tendresse maternelle dans le chagrin que ressent
Mme de Sévigné quand elle est séparée de sa fille. Comment le séjour
de Livry renouvelle-t-il son chagrin?

— Quel sentiment peut-on découvrir dans les lignes 29-33? Comparez
à l'idée exprimée déjà page 57, lignes 31-39.

20 de celle-ci; mais je m'en retourne à Paris par nécessité; j'y
trouverai de vos lettres, et je veux aller demain à la Passion[1]
du P. Bourdaloue ou du P. Mascaron[2]; j'ai toujours honoré
les belles Passions. Adieu, ma chère Comtesse : voilà ce que
vous aurez de Livry; j'achèverai cette lettre à Paris. Si j'avais
25 eu la force de ne vous point écrire d'ici, et de faire un sacrifice à Dieu de tout ce que j'y ai senti, cela vaudrait mieux
que toutes les pénitences du monde; mais au lieu d'en faire
un bon usage, j'ai cherché de la consolation à vous en parler :
ah! ma bonne, que cela est faible et misérable!

(Suite). À Paris, ce vendredi saint.

30 [...] J'ai entendu la Passion du Mascaron, qui, en vérité,
a été très-belle et très-touchante. J'avais grande envie de me jeter
dans le Bourdaloue; mais l'impossibilité m'en a ôté le goût :
les laquais y étaient dès mercredi[3], et la presse[4] était à mourir.
Je savais qu'il devait redire celle que M. de Grignan et moi nous
35 entendîmes l'année passée aux Jésuites; et c'était pour cela
que j'en avais envie : elle était parfaitement belle, et je ne
m'en souviens que comme d'un songe. Que je vous plains
d'avoir eu un méchant[5] prédicateur! Mais pourquoi cela vous
fait-il rire? J'ai envie de vous dire encore ce que je vous dis
40 une fois : « Ennuyez-vous, cela est si méchant. »

Je n'ai jamais pensé que vous ne fussiez pas très-bien avec
M. de Grignan; je ne crois pas avoir témoigné que j'en dou-

---

1. *Passion* : sermon prononcé le vendredi saint; 2. *Bourdaloue* (1632-1704), père
jésuite, commença à prêcher en 1666; il eut tout de suite un vif succès, et, à partir
de 1669, fut à Paris l'orateur sacré le plus goûté; *Mascaron* (1634-1703) avait prononcé l'oraison funèbre d'Anne d'Autriche et prêché plusieurs fois l'avent et le
carême. Il fut sacré évêque de Tulle en 1671. Son éloquence était plus colorée que
celle de Bourdaloue; 3. Pour retenir les places qu'occuperaient leurs maîtres; 4. *Presse*:
affluence; 5. *Méchant* : mauvais (sens fréquent lorsque cet adjectif est placé devant
le nom).

─────── **QUESTIONS** ───────

Lettre 20.

● LIGNES 1-40. Dans cette lettre le sacré et le profane sont étroitement
mêlés : déterminez la part de chacun de ces éléments. Quel souvenir
littéraire évoque en vous l'expression *mais au lieu d'en faire un bon
usage?* Vous vous documenterez sur l'éloquence religieuse au temps de
Mme de Sévigné et vous rechercherez en particulier les caractères principaux de l'éloquence de Mascaron et de Bourdaloue.

● LIGNE 40. Comment comprenez-vous l'expression *Ennuyez-vous, cela
est si méchant?* Quel trait du caractère de Mme de Sévigné apparaît ici?

● LIGNES 50-54. Peut-on lire entre les lignes le sentiment de Mme de
Sévigné sur le procès gagné par le maréchal d'Albret?

tasse. Tout au plus je souhaitais d'en entendre un mot de lui
ou de vous, non point par manière de nouvelle, mais pour me
45 confirmer une chose que je souhaite avec tant de passion. La
Provence ne serait pas supportable sans cela, et je comprends
bien aisément les craintes qu'il a de vous y voir languir et mourir d'ennui. Nous avons, lui et moi, les mêmes symptômes. [...]
    Le maréchal d'Albret[1] a gagné un procès de quarante mille
50 livres de rente en fonds de terre. Il rentre dans tout le bien
de ses grands-pères, et ruine tout le Béarn. Vingt familles avaient
acheté et revendu; il faut rendre tout cela avec tous les fruits
depuis cent ans : c'est une épouvantable affaire pour les conséquences. [...]

LA MORT DE VATEL

21

À MADAME DE GRIGNAN

À Paris, ce [dimanche] 26e avril [1671].

Il est dimanche 26e avril; cette lettre ne partira que mercredi; mais ceci n'est pas une lettre, c'est une relation que
vient de me faire Moreuil[2], à votre intention, de ce qui s'est
passé à Chantilly[3] touchant Vatel. Je vous écrivis vendredi
5 qu'il s'était poignardé : voici l'affaire en détail.
    Le Roi arriva jeudi au soir; la chasse, les lanternes, le clair
de la lune, la promenade, la collation[4] dans un lieu tapissé de
jonquilles, tout cela fut à souhait. On soupa; il y eut quelques
tables où le rôti manqua, à cause de plusieurs dîners où[5] l'on
10 ne s'était point attendu. Cela saisit Vatel; il dit plusieurs fois :
« Je suis perdu d'honneur; voici un affront que je ne suppor-

---

1. *César Phoebus d'Albret*, maréchal de France depuis 1653, gouverneur de Guyenne;
2. *Moreuil* : premier gentilhomme de la Chambre du prince de Condé; 3. Le prince
de Condé recevait Louis XIV : ce fut (lettre à Mme de Grignan du 24 avril 1671)
« une fête de cinquante mille écus »; 4. La *collation* se plaçait entre le dîner, repas
de midi, et le souper, repas du soir; 5. *Où* remplace le relatif précédé d'une prépo-
sition : *auxquels*.

―――― **QUESTIONS** ――――

Lettre 21.

● LIGNE 2. Quelle différence de sens Mme de Sévigné établit-elle entre
une *lettre* et une *relation*?

● LIGNES 6-8. Quel est l'effet produit par cette énumération?

● LIGNE 9. Importance de ce détail.

terai pas. » Il dit à Gourville[1] : « La tête me tourne, il y a
douze nuits que je n'ai dormi; aidez-moi à donner des ordres. »
Gourville le soulagea en ce qu'il put. Ce rôti qui avait manqué,
15 non pas à la table du Roi, mais aux vingt-cinquièmes, lui revenait toujours à la tête. Gourville le dit à Monsieur le Prince.
Monsieur le Prince alla jusque dans sa chambre, et lui dit :
« Vatel, tout va bien, rien n'était si beau que le souper du
Roi. » Il lui dit : « Monseigneur, votre bonté m'achève; je
20 sais que le rôti a manqué à deux tables. — Point du tout, dit
Monsieur le Prince, ne vous fâchez[2] point, tout va bien. »
La nuit vient : le feu d'artifice ne réussit pas, il fut couvert
d'un nuage; il coûtait seize mille francs. A quatre heures
du matin, Vatel s'en va partout, il trouve tout endormi; il
25 rencontre un petit pourvoyeur qui lui apportait seulement
deux charges de marée[3]; il lui demande : « Est-ce là tout? »
Il lui dit : « Oui, Monsieur. » Il ne savait pas que Vatel avait
envoyé à tous les ports de mer. Il attend quelque temps; les
autres pourvoyeurs ne viennent point; sa tête s'échauffait,
30 il croit qu'il n'aura point d'autre marée; il trouve Gourville,
et lui dit : « Monsieur, je ne survivrai pas à cet affront-ci;
j'ai de l'honneur et de la réputation à perdre. » Gourville se
moqua de lui. Vatel monte à sa chambre, met son épée contre
la porte, et se la passe au travers du cœur; mais ce ne fut qu'au
35 troisième coup, car il s'en donna deux qui n'étaient pas mor-
tels : il tombe mort. La marée cependant arrive de tous côtés;
on cherche Vatel pour la distribuer; on va à sa chambre;
on heurte, on enfonce la porte; on le trouve noyé dans son
sang; on court à Monsieur le Prince, qui fut au désespoir.
40 Monsieur le Duc[4] pleura : c'était sur Vatel que roulait tout
son voyage de Bourgogne. Monsieur le Prince le dit au Roi
fort tristement : on dit que c'était à force d'avoir de l'honneur
en sa manière; on le loua fort, on loua et blâma son courage.
Le Roi dit qu'il y avait cinq ans qu'il retardait de venir à

---

1. *Gourville* : intendant du prince de Condé; **2.** *Se fâcher* : s'affliger; **3.** C'est
le vendredi matin, jour maigre; **4.** Fils aîné du prince de Condé.

──────── **QUESTIONS** ────────

● Lignes 25-27. Montrez, en partant de ce nouveau détail, comment
tout concourt à désespérer le pauvre Vatel.

● Lignes 32-33. Comment comprenez-vous cette attitude de Gourville?

● Ligne 43. Pourquoi, après avoir dit *on le loua fort*, Mme de Sévigné
ajoute-t-elle *on loua et blâma son courage?*

⁴⁵ Chantilly, parce qu'il comprenait l'excès de cet embarras. Il
dit à Monsieur le Prince qu'il ne devait avoir que deux tables
et ne se point charger de tout le reste. Il jura qu'il ne souffri-
rait plus que Monsieur le Prince en usât ainsi ; mais c'était
trop tard pour le pauvre Vatel. Cependant Gourville tâche
⁵⁰ de réparer la perte de Vatel ; elle le fut : on dîna très-bien,
on fit collation, on soupa, on se promena, on joua, on fut
à la chasse ; tout était parfumé de jonquilles, tout était enchanté.
Hier, qui était samedi, on fit encore de même ; et le soir, le
Roi alla à Liancourt¹, où il avait commandé un *medianoche*² ;
⁵⁵ il y doit demeurer aujourd'hui.

Voilà ce que m'a dit Moreuil, pour vous mander. Je jette
mon bonnet par-dessus le moulin³, et je ne sais rien du reste.
M. d'Hacqueville⁴ qui était à tout cela, vous fera des relations
sans doute ; mais comme son écriture n'est pas si lisible que
⁶⁰ la mienne, j'écris toujours⁵. Voilà bien des détails, mais parce
que je les aimerais en pareille occasion, je vous les mande.

UNE JOURNÉE À LIVRY

22

À MADAME DE GRIGNAN

À Livry, ce mercredi 29ᵉ avril [1671].

Depuis que j'ai écrit ce commencement de lettre⁶, j'ai fait
hier, ma chère bonne, un fort joli voyage. Je partis assez matin
de Paris ; j'allai dîner à Pomponne⁷ ; j'y trouvai notre bon-
homme⁸ qui m'attendait ; je n'aurais pas voulu manquer à
⁵ lui dire adieu. Je le trouvai dans une augmentation de sainteté
qui m'étonna : plus il approche de la mort, et plus il s'épure.

---

1. Chez le duc et la duchesse de Liancourt, non loin de Clermont (dans l'Oise) ;
2. *Medianoche* : souper avec viande qui se fait après minuit, après un jour maigre ;
3. Phrase par laquelle on terminait les contes que l'on fait aux enfants ; 4. *D'Hacqueville* : voir page 49, note 4 ; 5. *Toujours* : malgré tout ; 6. La lettre du 27 avril, qui
fut envoyée dans le même paquet ; 7. *Pomponne* : près de Lagny-sur-Marne, propriété du marquis de Pomponne, ami de Mᵐᵉ de Sévigné (voir l'introduction à la
lettre 3, page 27) ; 8. Arnauld d'Andilly, alors âgé de 82 ans ; *bonhomme* : vieil homme,
sans aucune nuance péjorative ou ironique.

━━ QUESTIONS ━━

● LIGNE 52. Quelle impression produit sur vous cette notation : *tout
était parfumé de jonquilles, tout était enchanté?*

■ SUR L'ENSEMBLE DE LA LETTRE. — Quels sont les éléments qui font de
cette page l'une des plus dramatiques parmi les pages de narration écrites
par Mᵐᵉ de Sévigné?

Il me gronda très-sérieusement; et transporté de zèle et d'amitié pour moi, il me dit que j'étais folle de ne point songer à me convertir; que j'étais une jolie païenne; que je faisais de vous
10 une idole dans mon cœur; que cette sorte d'idolâtrie était aussi dangereuse qu'une autre, quoiqu'elle me parût moins criminelle; qu'enfin je songeasse à moi. Il me dit tout cela si fortement que je n'avais pas le mot à dire. Enfin, après six heures de conversation très agréable, quoique très sérieuse,
15 je le quittai, et vins ici, où je trouvai tout le triomphe du mois de mai. Le rossignol, le coucou, la fauvette,

> Dans nos forêts ont ouvert le printemps.

Je m'y suis promenée tout le soir toute seule; j'y ai trouvé toutes mes tristes pensées; mais je ne veux plus vous en parler. Ce matin on m'a apporté vos lettres du 4ᵉ de ce mois : qu'elles
20 viennent de loin quand elles arrivent à Paris! J'ai destiné une partie de cet après-dîner[1] à vous écrire dans ce jardin, où je suis étourdie de trois ou quatre rossignols qui chantent sur ma tête. Ce soir je m'en retourne à Paris pour faire mon paquet[2] et vous l'envoyer. [...]
25 Vous souhaitez, ma bonne, que le temps marche pour nous revoir; vous ne savez ce que vous faites, vous y serez attrapée : il vous obéira trop exactement; et quand vous voudrez le retenir, vous n'en serez plus la maîtresse. J'ai fait autrefois les mêmes fautes que vous, je m'en suis repentie; et quoiqu'il
30 ne m'ait pas fait tout le mal qu'il fait aux autres, il ne laisse pas de m'avoir ôté mille petits agréments, qui ne laissent que trop de marques de son passage.

Vous trouvez donc que vos comédiens ont bien de l'esprit de dire des vers de Corneille? En vérité, il y en a de bien trans-

---

1. *Après-dîner* : après-midi; 2. Le paquet de lettres qui sera confié à l'*ordinaire*.

──────── **QUESTIONS** ────────

Lettre 22.

● LIGNES 1-13. Les reproches faits par Arnauld d'Andilly à Mᵐᵉ de Sévigné ne sont pas sans fondement; vous le montrerez en vous reportant aux lettres qui précèdent. — Les lignes 7-8 sont-elles ironiques? Et pensez-vous que l'affection de Mᵐᵉ de Sévigné pour Arnauld d'Andilly ait eu à souffrir de ce « sermon »?

● LIGNES 16-32. Le sentiment de la nature et la fuite du temps : mélancolie et réalisme dans les conseils que Mᵐᵉ de Sévigné donne à sa fille.

● LIGNES 33-43. Peut-on deviner le jugement que Mᵐᵉ de Grignan avait porté sur Corneille? Satisfait-il pleinement Mᵐᵉ de Sévigné? Montrez l'importance pour l'histoire littéraire de ce qu'elle dit sur La Fontaine.

35 portants[1]. J'en ai apporté ici un tome qui m'amusa[2] fort hier
au soir. Mais n'avez-vous point trouvé jolies les cinq ou six
fables de La Fontaine[3], qui sont dans un des tomes que je
vous ai envoyés? Nous en étions l'autre jour ravis chez M. de
La Rochefoucauld. Nous apprîmes par cœur celle du *Singe*
40 *et du Chat* :

> D'animaux malfaisants c'était un très bon plat;
> Ils n'y craignaient tous deux aucun, tel qu'il pût être.
> Trouvait-on quelque chose au logis de gâté,
> On ne s'en prenait point à ceux du voisinage :
> Bertrand dérobait tout; Raton, de son côté,
> Était moins attentif aux souris qu'au fromage.

Et le reste. Cela est peint; et *la Citrouille*, et *le Rossignol*,
cela est digne du premier tome. Je suis bien folle de vous écrire
de telles bagatelles; c'est le loisir de Livry qui vous[4] tue.

Vous avez écrit un billet admirable à Brancas[5]; il vous écrivit
45 l'autre jour une main[6] tout entière de papier : c'était une
rapsodie assez bonne; il nous la lut à Mme de Coulanges et
à moi. Je lui dis : « Envoyez-le-moi donc tout achevé pour
mercredi. » Il me dit qu'il n'en ferait rien, qu'il ne voulait
pas que vous le vissiez, que cela était trop sot et misérable.
50 « Pour qui nous prenez-vous? Vous nous l'avez bien lu. —
Tant y a que je ne veux pas[7] qu'elle le lise. » Jamais il ne fut
si fou. Il sollicita l'autre jour un procès à la première des
enquêtes[8]; c'était à la seconde qu'on le jugeait : cette folie
a fort réjoui les sénateurs; je crois qu'elle lui a fait gagner
55 son procès. [...]

---

1. Des vers qui agitent l'âme d'une violente émotion; 2. *Amuser* : distraire; 3. Les
six premiers livres des *Fables* avaient paru en 1668. Mais il s'agit ici de quelques
fables publiées avec d'autres poèmes en 1671, et qui devaient prendre place dans
le second recueil (livres VII à XI) en 1678. Elles sont toutes trois au livre IX : *le*
Singe et le Chat (fable XVI), *le Gland et la Citrouille* (fable IV), *le Milan et le Rossignol*
(fable XVII); 4. *Vous* est employé ici avec un sens général; 5. *Charles de Villars, comte*
de Brancas, connu pour sa distraction; 6. *Une main* : un ensemble de vingt-cinq
feuilles de papier (terme traditionnel de l'industrie de la papeterie); 7. Quoi qu'il
en soit, je ne veux pas...; 8. La première chambre des enquêtes; ce sont les magis-
trats de cette chambre que Mme de Sévigné appelle *sénateurs*, d'un terme qui semble
ici un peu ironique.

QUESTIONS

● LIGNES 44-55. L'art du portrait dans les anecdotes sur Brancas. Comment Mme de Sévigné tend-elle à faire un type de ce personnage?

■ SUR L'ENSEMBLE DE LA LETTRE. — Quels traits de la sensibilité et du
goût littéraire de Mme de Sévigné pouvons-nous relever dans cette lettre?

LE SÉJOUR AUX ROCHERS EN 1671

23

À MADAME DE GRIGNAN

Aux Rochers, ce 15ᵉ juillet [1671].

Si je vous écrivais toutes mes rêveries[1], je vous écrirais toujours les plus grandes lettres du monde; mais cela n'est pas bien aisé; ainsi je me contente de ce qui se peut écrire, et je rêve tout ce qui se doit rêver : j'en ai le temps et le lieu.
5 La Mousse[2] a une petite fluxion sur les dents, et l'abbé[3] une petite fluxion sur le genou, qui me laissent le champ libre dans mon mail[4], pour y faire tout ce qui me plaît. Il me plaît de m'y promener le soir jusqu'à huit heures; mon fils n'y est plus; cela fait un silence, une tranquillité et une solitude
10 que je ne crois pas qu'il soit aisé de rencontrer ailleurs.

> Oh! que j'aime la solitude!
> Que ces lieux sacrés à la nuit,
> Éloignés du monde et du bruit,
> Plaisent à mon inquiétude[5]!

Je ne vous dis point, ma bonne, à qui je pense, ni avec quelle tendresse : à qui devine, il n'est point besoin de parler. [...]
Nous lisons toujours Le Tasse avec plaisir; je suis assurée que vous le souffririez, si vous étiez en tiers : il y a bien de
15 la différence entre lire un livre toute seule, ou avec des gens qui entendent et relèvent les beaux endroits et qui par là réveillent l'attention. Cette *Morale* de Nicole[6] est admirable,

---

1. *Rêverie* : fantaisie de l'imagination; 2. *La Mousse* : abbé qui accompagnait souvent Mᵐᵉ de Sévigné dans ses voyages; 3. Christophe de Coulanges, abbé de Livry, oncle maternel de Mᵐᵉ de Sévigné, surnommé « le Bien Bon »; 4. Le mot *mail* peut désigner tout lieu où l'on peut jouer au jeu qui porte ce nom. Il s'agit ici d'une allée : « Mes allées sont d'une beauté extrême; je vous les souhaite quelquefois pour servir de promenade à votre grand château » (à Mᵐᵉ de Grignan, le 24 juin); 5. Premiers vers de l'*Ode à la solitude* de Saint-Amant (1594-1661); 6. *Pierre Nicole* (1625-1695), un des « messieurs de Port-Royal ». Le premier volume des *Essais de morale* venait de paraître.

─────── **QUESTIONS** ───────

Lettre 23.
● LIGNES 1-13. Quand Mᵐᵉ de Sévigné écrit *j'en ai le temps et le lieu*, à quel autre mode d'existence pense-t-elle? — Quel trait de caractère de Mᵐᵉ de Sévigné pouvons-nous relever ici? — Quelle est l'importance de cette courte phrase : *mon fils n'y est plus?*

et *Cléopâtre*[1] va son train, sans empressement toutefois, c'est aux heures perdues. C'est ordinairement sur cette lecture
20 que je m'endors; le caractère[2] m'en plaît beaucoup plus que le style. Pour les sentiments, j'avoue qu'ils me plaisent aussi, et qu'ils sont d'une perfection qui remplit mon idée sur les belles âmes[3]. Vous savez aussi que je ne hais pas les grands coups d'épée, tellement que voilà qui va bien, pourvu qu'on
25 m'en garde le secret.

Mlle du Plessis[4] nous honore souvent de sa présence; elle disait hier qu'en basse Bretagne[5] on faisait une chère admirable, et qu'aux noces de sa belle-sœur on avait mangé pour un jour douze cents pièces de rôti : à cette exagération, nous
30 demeurâmes tous comme des gens de pierre. Je pris courage, et lui dis : « Mademoiselle, pensez-y bien; n'est-ce point douze pièces de rôti que vous voulez dire? On se trompe quelquefois.

— Non, madame, c'est douze cents pièces ou onze cents; je ne veux pas vous assurer si c'est onze ou douze, de peur
35 de mentir, mais enfin je sais bien que c'est l'un ou l'autre », et le répéta vingt fois, et n'en voulut jamais rabattre un seul poulet. Nous trouvâmes qu'il fallait qu'ils fussent du moins trois cents piqueurs pour piquer menu, et que le lieu fût une grande prairie, où l'on eût tendu des tentes; et que, s'ils n'eussent
40 été que cinquante, il eût fallu qu'ils eussent commencé un mois devant[6]. Ce propos de table était bon; vous en auriez été contente. N'avez-vous point quelque exagéreuse[7] comme celle-là? [...]

---

1. *Cléopâtre*, roman-fleuve de La Calprenède, publié en 1647. Mme de Sévigné le lisait : « Je songe quelquefois d'où vient la folie que j'ai pour ces sottises-là. [...] Le style de La Calprenède est maudit en mille endroits : de grandes périodes de roman, de méchants mots, je sens tout cela » (lettre du 12 juillet à Mme de Grignan); 2. Le caractère romanesque; 3. Qui est tout à fait conforme à l'idée que je me fais des belles âmes; 4. Une voisine que Mme de Sévigné n'aimait guère. Elle l'avait surnommée *Kerlouche*, par jeu sur certains noms bretons (voir lettre du 22 juillet, page 68, note 7; 5. Les pays bretons de langue celtique; 6. *Devant :* auparavant; 7. Le mot semble bien être de l'invention de Mme de Sévigné.

─────── **QUESTIONS** ───────

● Lignes 13-25. Intérêt de ce passage pour la connaissance des goûts littéraires de Mme de Sévigné.

● Lignes 26-43. La gaieté et l'ironie de Mme de Sévigné d'après cette anecdote. — Mlle du Plessis est, dans les lettres de cet été 1671, la cible des moqueries de Mme de Sévigné : dans quel état d'esprit la marquise aborde-t-elle la société de la petite noblesse provinciale?

24

À M. DE COULANGES

Aux Rochers, 22e juillet 1671.

Ce mot sur la semaine[1] est par-dessus le marché de vous
écrire seulement tous les quinze jours, et pour vous donner
avis, mon cher cousin, que vous aurez bientôt l'honneur de
voir Picard; et comme il est frère du laquais de Mme de Cou-
5 langes, je suis bien aise de vous rendre compte de mon procédé[2].

Vous savez que Mme la duchesse de Chaulnes[3] est à Vitré[4];
elle y attend le duc, son mari, dans dix ou douze jours, avec
les états de Bretagne[5] : vous croyez que j'extravague[6]? Elle
attend donc son mari avec tous les états; et en attendant,
10 elle est à Vitré toute seule, mourant d'ennui. Vous ne comprenez pas que cela puisse jamais revenir à Picard? Elle meurt
donc d'ennui; je suis sa seule consolation, et vous croyez bien
que je l'emporte d'une grande hauteur sur Mlles de Kerbone
et de Kerqueoison[7]. Voici un grand circuit, mais pourtant nous
15 arriverons au but. Comme je suis donc sa seule consolation,
après l'avoir été voir, elle viendra ici, et je veux qu'elle trouve
mon parterre net et mes allées nettes, ces grandes allées que
vous aimez. Vous ne comprenez pas encore où cela peut aller?
Voici une autre petite proposition incidente : vous savez
20 qu'on fait les foins; je n'avais pas d'ouvriers; j'envoie dans
cette prairie, que les poètes ont célébrée, prendre tous ceux
qui travaillaient, pour venir nettoyer ici : vous n'y voyez encore
goutte? Et, en leur place, j'envoie tous mes gens faner. Savez-
vous ce que c'est que faner? Il faut que je vous l'explique :
25 faner est la plus jolie chose du monde, c'est retourner du foin

---

1. *Sur la semaine* : écrit au cours de la semaine; 2. Un *procédé* est la manière
d'agir d'une personne à l'égard d'une autre; 3. *Mme la duchesse de Chaulnes* : épouse
du gouverneur de Bretagne; 4. *Vitré* : siège des états de Bretagne (juin 1671); 5. La
France était divisée en pays d'états et pays d'élections : dans les pays d'états (Bretagne, Provence, Languedoc), une assemblée discutait le chiffre des impôts demandés
par le roi; 6. *Extravaguer* : dire (ou faire) des choses folles ou dépourvues de raison
7. Ce sont les dames de la haute société de Vitré. Mme de Sévigné les appelle mali-
cieusement dans une autre lettre (19 juillet 1672) : Mlle de Kerborgne, Mlle de
Croque-Oison.

━━━━━ **QUESTIONS** ━━━━━

Lettre 24.

● Lignes 12-14. Quel trait du caractère de Mme de Sévigné apparaît ici?

en batifolant dans une prairie; dès qu'on en sait tant, on sait faner. Tous mes gens y allèrent gaiement; le seul Picard me vint dire qu'il n'irait pas, qu'il n'était pas entré à mon service pour cela, que ce n'était pas son métier, et qu'il aimait mieux
30 s'en aller à Paris. Ma foi! la colère me monte à la tête. Je songeai que c'était la centième sottise qu'il m'avait faite; qu'il n'avait ni cœur, ni affection; en un mot la mesure était comble. Je l'ai pris au mot, et quoi qu'on m'ait pu dire pour lui, je suis demeurée ferme comme un rocher, et il est parti. C'est une justice
35 de traiter les gens selon leurs bons ou mauvais services. Si vous le revoyez, ne le recevez point, ne le protégez point, ne me blâmez point, et songez que c'est le garçon du monde qui aime le moins à faner, et qui est le plus indigne qu'on le traite bien.

Voilà l'histoire en peu de mots. Pour moi, j'aime les narra-
40 tions où l'on ne dit que ce qui est nécessaire, où l'on ne s'écarte point ni à droite, ni à gauche, où l'on ne reprend point les choses de si loin; enfin je crois que c'est ici, sans vanité, le modèle des narrations agréables.

25

À MADAME DE GRIGNAN

Aux Rochers, ce [mercredi] 29e juillet [1671].

Il sera le mois de juillet tant qu'il plaira à Dieu : je crois que le mois d'août sera encore plus long, puisque ce sera le mois des états[1]. N'en déplaise à la compagnie, c'est toujours une sujétion pour moi d'aller les trouver à Vitré, ou de craindre
5 qu'ils ne viennent ici : c'est un embarras, comme dit Mme de La Fayette. Mon esprit n'est plus monté sur ce ton-là; mais

---

1. Voir page 68, note 5.

━━━━ **QUESTIONS** ━━━━

● Lignes 23-26. La fenaison vue par Mme de Sévigné : peut-elle croire réellement qu'il s'agit d'un jeu?

● Lignes 30-38. Cette fermeté ne « tient-elle pas un peu du barbare »? La trouvez-vous justifiée? — Comment peut-on apprécier cette attitude de Mme de Sévigné, et sa plaisanterie est-elle de bon aloi?

● Lignes 39-43. L'ironie de Mme de Sévigné.

■ Sur l'ensemble de la lettre. — Pourquoi Mme de Sévigné abandonne-t-elle ici ce style naturel qu'elle recommande si souvent? Écrirait-elle sur le même ton à Mme de Grignan?

— Ne faut-il pas reprocher à Mme de Sévigné d'user tant d'esprit pour une démarche dont l'intention est au fond assez mesquine?

il faut avaler et passer ce temps comme les autres. Mme de
Chaulnes[1] fut ravie d'être deux jours ici. Ce qui lui paraissait
de plus charmant, c'était mon absence : c'était aussi le régal
10 que je lui avais promis. Elle se promenait dès sept heures du
matin toute seule dans ces bois. L'après-dînée il y eut un bal
de paysans devant cette porte qui nous réjouit extrêmement. [...]

Vous me parlez, dans votre lettre, ma bonne, qu'il faudra
songer aux moyens de vous envoyer votre fille; je vous prie
15 de n'en point chercher d'autre que moi, qui vous la mènerai
assurément, si sa nourrice le veut bien. Toute autre voiture
me donnerait beaucoup de chagrin. Je compte comme un
amusement tendre et agréable de l'avoir cet hiver au coin de
mon feu. Je vous conjure, ma bonne, de me laisser prendre
20 ce petit plaisir. J'aurai d'ailleurs de si vives inquiétudes pour
vous[2], qu'il est juste que, dans les jours où j'aurai quelque
repos, je trouve cette espèce de petite consolation. Voilà donc
qui est fait : nous parlerons de son voyage quand je serai en
état de faire le mien. Je viens d'en faire un dans mon petit
25 galimatias, c'est-à-dire mon labyrinthe[3], où votre aimable et
chère idée m'a tenu fidèle compagnie. Je vous avoue que c'est
un de mes plaisirs que de me promener toute seule; je trouve
quelques labyrinthes de pensées dont on a peine à sortir; mais
on a du moins la liberté de penser à ce que l'on veut. Si vous
30 étiez, ma bonne, aussi heureuse en toutes choses que je le
souhaite, votre état serait bien digne d'envie. Adieu, ma chère
petite. Ah! qu'il m'ennuie de ne vous point voir! et que cette
pensée me fait souvent rougir mes petits yeux! J'embrasse
votre époux.

---

1. Voir page 68, note 3; 2. Mme de Grignan attendait alors un autre enfant; sa
première fille (née en 1670) était toujours à Paris sous la garde de Mme de Sévigné;
3. *Labyrinthe* de verdure, comme il était de mode d'en placer dans les jardins. Mme de
Sévigné écrivait le 26 juillet : « Pour mon labyrinthe, il est net, il y a des tapis verts,
et les palissades sont à hauteur d'appui : c'est un aimable lieu; mais hélas! ma chère
enfant, il n'y a guère d'apparence que je vous y voie jamais. »

─────────── QUESTIONS ───────────

Lettre 25.

● LIGNES 1-12. Précisez l'état d'esprit de Mme de Sévigné pendant son
séjour aux Rochers. — Que signifie l'expression *Mon esprit n'est plus
monté sur ce ton-là* (ligne 6)?

● LIGNES 13-24. L'attachement de Mme de Sévigné à sa petite-fille semble-
t-il très profond? La grand-mère est-elle très sensible même au désir
qu'éprouve Mme de Grignan de revoir sa fille?

● LIGNES 24-29. Comment Mme de Sévigné joue-t-elle sur le mot *labyrinthe*?

Les obsèques du chancelier Séguier
dans l'église de l'Oratoire du Louvre. (Voir page 85.)

Gravure de Sébastien Leclerc, d'après Charles Le Brun.

MADAME DE SÉVIGNÉ
Portrait par Pierre Mignard.

MADAME DE GRIGNAN

École de Mignard.

LE CHÂTEAU DE GRIGNAN, VU DE LA TERRASSE

26

À MADAME DE GRIGNAN

Aux Rochers, ce [mercredi] 5e août [1671].

[...] Il faut un peu que je vous dise des nouvelles de nos états pour votre peine d'être Bretonne[1]. M. de Chaulnes[2] arriva dimanche au soir, au bruit de tout ce qu'on en peut faire à Vitré[3]. Le lundi matin il m'écrivit une lettre, et me l'envoya
5 par un gentilhomme. J'y fis réponse par aller dîner avec lui. On mangea à deux tables dans le même lieu. Cela fait une assez grande mangerie; il y a quatorze couverts à chaque table; Monsieur en tient une, Madame l'autre. La bonne chère est excessive; on remporte les plats de rôti comme si on n'y
10 avait point touché; mais pour les pyramides du fruit, il faut faire hausser les portes. Nos pères ne prévoyaient pas ces sortes de machines, puisque même ils n'imaginaient pas qu'il fallût qu'une porte fût plus haute qu'eux. Une pyramide veut entrer (ces pyramides qui font qu'on est obligé de s'écrire
15 d'un côté de la table à l'autre; mais ce n'est pas ici qu'on en a du chagrin : au contraire on est fort aise de ne plus voir ce qu'elles cachent) : cette pyramide avec vingt porcelaines, fut si parfaitement renversée à la porte, que le bruit en fit taire les violons, les hautbois, les trompettes. Après le dîner, MM. de
20 Locmaria et de Coëtlogon[4], avec deux Bretonnes, dansèrent des passe-pieds[5] merveilleux, et des menuets, d'un air que nos bons danseurs n'ont pas à beaucoup près : ils y font des pas de Bohémiens et de bas Bretons, avec une délicatesse et une justesse qui charment. Je pense toujours à vous, et j'avais un
25 souvenir si tendre de votre danse et de ce que je vous avais vue danser, que ce plaisir me devint une douleur. On parla fort de vous. Je suis assurée que vous auriez été ravie de voir

---

1. Henri de Sévigné, le père de Mme de Grignan, était breton. Elle-même était née à Paris; 2. *M. de Chaulnes :* gouverneur de la Bretagne jusqu'en 1695; 3. A 36 kilomètres de Rennes et à 6 kilomètres des Rochers; 4. Le *marquis de Locmaria*, gentilhomme breton; le *marquis de Coëtlogon*, lieutenant du roi en Haute-Bretagne et gouverneur de Rennes; 5. *Passe-pied :* danse à trois temps, d'un rythme plus rapide que le menuet.

─────── QUESTIONS ───────

Lettre 26.

● LIGNES 1-19. Dans ce début de lettre vous étudierez l'ironie de Mme de Sévigné.

● LIGNES 24-26. La sensibilité de Mme de Sévigné.

danser Locmaria : les violons et les passe-pieds de la cour font
mal au cœur au prix de ceux-là; c'est quelque chose d'extraordi-
30 naire : ils font cent pas différents, mais toujours cette cadence
courte et juste; je n'ai point vu d'homme danser comme lui
cette sorte de danse. Après ce petit bal, on vit entrer tous ceux
qui arrivaient en foule pour ouvrir les états. Le lendemain,
M. le premier Président[1], MM. les procureurs et avocats géné-
35 raux du Parlement, huit évêques, MM. de Molac, La Coste
et Coëtlogon le père, M. Boucherat[2], qui vient de Paris, cinquante bas Bretons dorés jusqu'aux yeux, cent communautés.
Le soir devait venir Mᵐᵉ de Rohan d'un côté, et son fils
de l'autre, et M. de Lavardin[3], dont je suis étonnée[4]. Je ne vis
40 point ces derniers; car je voulus venir coucher ici, après avoir
été à la Tour de Sévigné[5] voir M. d'Harouys[6] et MM. Four-
ché et Chésières[7], qui arrivaient. M. d'Harouys vous écrira;
il est comblé de vos honnêtetés : il a reçu deux de vos lettres à
Nantes, dont je vous suis encore plus obligée que lui. Sa mai-
45 son va être le Louvre des états : c'est un jeu, une chère, une
liberté jour et nuit qui attire tout le monde.

Je n'avais jamais vu les états; c'est une assez belle chose.
Je ne crois pas qu'il y en ait qui aient un plus grand air que
ceux-ci. Cette province est pleine de noblesse : il n'y en a pas
50 un[8] à la guerre ni à la cour; il n'y a que votre frère, qui peut-
être y reviendra un jour comme les autres. J'irai tantôt voir
Mᵐᵉ de Rohan; il viendrait bien du monde ici, si je n'allais
à Vitré. C'était une grande joie de me voir aux états; je n'ai
pas voulu en voir l'ouverture, c'était trop matin. Les états ne
55 doivent pas être longs; il n'y a qu'à demander ce que veut le
Roi[9]; on ne dit pas mot : voilà qui est fait. Pour le gouver-

---

1. Le premier président du parlement de Rennes; 2. *M. Boucherat* devait être
en 1685 chancelier de France et garde des Sceaux. Pour lors, il était commissaire
du roi aux états de Bretagne; 3. *M. de Lavardin* : lieutenant général du roi en Bretagne et commissaire aux états; 4. Ce dont je suis étonnée, dont l'arrivée m'étonne.
Le lieutenant général n'assistait pas d'habitude aux états; 5. *La Tour de Sévigné* :
maison appartenant à Mᵐᵉ de Sévigné et située sur les remparts de Vitré;
6. *M. d'Harouys* : Guillaume d'Harouys, trésorier des états de Bretagne; 7. *Four-
ché* : député aux états de Bretagne; *Chésières* : oncle maternel de Mᵐᵉ de Sévigné
(Louis de Coulanges, seigneur de Chésières); 8. Pas un noble; 9. Colbert venait de
supprimer le marchandage du don gratuit. Les états votaient la somme demandée
par l'Intendant au nom du roi. C'est seulement après qu'on discutait les conditions.

■ QUESTIONS

● LIGNE 37. Quel sentiment trahissent ces mots : *dorés jusqu'aux yeux?*
● LIGNES 49-50. Pourquoi, après avoir écrit *Cette province est pleine
de noblesse,* Mᵐᵉ de Sévigné croit-elle devoir ajouter *il n'y en a pas
un à la guerre ni à la cour?*

neur, il y trouve, je ne sais comment, plus de quarante mille
écus qui lui reviennent. Une infinité d'autres présents, de pensions, de réparations de chemins et de villes, quinze ou vingt
60 grandes tables, un jeu continuel, des bals éternels, des comédies trois fois la semaine, une grande braverie[1] : voilà les états.
J'oublie quatre cents pipes[2] de vin qu'on y boit : mais si j'oubliais ce petit article, les autres ne l'oublieraient pas, et c'est
le premier. Voilà ce qui s'appelle, ma bonne, des contes à dormir
65 debout; mais ils viennent au bout de la plume, quand on est
en Bretagne et qu'on n'a pas autre chose à dire. J'ai mille
baisemains à vous faire de M. et de Mme de Chaulnes. Je suis
toujours toute à vous, et j'attends le vendredi, où je reçois vos
lettres avec une impatience digne de l'extrême amitié que j'ai
70 pour vous. Notre abbé[3] vous embrasse, et moi mon cher Grignan, et ce que vous voudrez.

27

À MADAME DE GRIGNAN

À Vitré, mercredi 12e août [1671].

Enfin, ma bonne, me voilà en pleins états; sans cela les états
seraient en pleins Rochers. Dimanche dernier, aussitôt que j'eus
cacheté mes lettres, je vis entrer quatre carrosses à six chevaux
dans ma cour, avec cinquante gardes à cheval, plusieurs che-
5 vaux de main et plusieurs pages à cheval. C'étaient M. de
Chaulnes, M. de Rohan, M. de Lavardin, MM. de Coëtlogon,
de Locmaria, les barons de Guais, les évêques de Rennes, de
Saint-Malo, les MM. d'Argouges[4] et huit ou dix que je ne

---

1. *Braverie :* toilette, beaux habits; 2. Une *pipe* est une grande futaille qui contient
un muid et demi, soit environ 400 litres; 3. L'abbé de Coulanges (voir page 66, note 3);
4. *M. d'Argouges* était premier président du parlement de Bretagne.

──────── QUESTIONS ────────

● Lignes 56-58. Pourquoi ce riche don, fait à un *gouverneur*, intéresse-t-il
Mme de Sévigné?

■ Sur l'ensemble de la lettre. — Relevez les expressions qui trahissent
le dédain de Mme de Sévigné pour ce qui est provincial. Quel autre sentiment un peu contradictoire se mêle à celui-ci? Essayez d'analyser l'impression d'ensemble qui en résulte.

Lettre 27.

● Lignes 1-2. Expliquez cette plaisanterie de Mme de Sévigné. Quel
sentiment peut-on entrevoir à travers ce badinage?

connais point; j'oublie M. d'Harouys, qui ne vaut pas la peine
10 d'être nommé[1]. Je reçois tout cela. On dit et on répondit beaucoup de choses. Enfin, après une promenade dont ils furent
fort contents, il sortit d'un des bouts du mail[2] une collation[3]
très-bonne et très-galante, et surtout du vin de Bourgogne qui
passa comme de l'eau de Forges[4]. On fut persuadé que tout
15 cela s'était fait avec un coup de baguette. M. de Chaulnes me
pria instamment d'aller à Vitré. J'y vins donc lundi au soir.
Mᵐᵉ de Chaulnes me donna à souper, avec la comédie de
Tartuffe, point trop mal jouée, et un bal où le passe-pied[5] et
le menuet me pensèrent faire pleurer[6]. Cela me fait souvenir
20 de vous si vivement que je n'y puis résister : il faut promptement que je me dissipe[7]. On me parle de vous très-souvent, et
je ne cherche pas longtemps mes réponses, car j'y pense à l'instant même, et je crois toujours que c'est qu'on voit mes pensées
au travers de mon corps-de-jupe[8].

25 Hier je reçus toute la Bretagne à ma Tour de Sévigné[9]. Je
fus encore à la comédie[10] : ce fut *Andromaque*, qui me fit pleurer plus de six larmes; c'est assez pour une troupe de campagne.
Le soir on soupa, et puis le bal. Je voudrais que vous eussiez
vu l'air de M. de Locmaria, et de quelle manière il ôte et remet
30 son chapeau : quelle légèreté! quelle justesse! Il peut défier
tous les courtisans, et les confondre, sur ma parole. Il a
soixante mille livres de rente, et sort de l'académie[11]. Il
ressemble à tout ce qu'il y a de plus joli, et voudrait bien vous
épouser. [...]

1. Mᵐᵉ de Sévigné plaisante : elle était très attachée à M. d'Harouys, son cousin;
2. *Mail* : voir page 66, note 4; 3. *Collation* : voir page 61, note 4; 4. *Forges-les-Eaux* :
station thermale de la région de Dieppe; les sources en avaient été découvertes à la
fin du XVIᵉ siècle et étaient recommandées contre l'anémie; 5. *Passe-pied* : voir page 75,
note 5; 6. Faillirent me faire pleurer; 7. *Se dissiper* : se distraire, penser à autre chose;
8. *Corps de jupe*. Le mot *corps* désignait le corsage, le corset et, en général, toute
pièce du vêtement couvrant le corps du cou à la ceinture; 9. *La Tour de Sévigné* : voir
page 76, note 5; 10. *Comédie* : ici, au sens général de pièce de théâtre; 11. *Académie* :
école où les jeunes nobles apprenaient la danse, l'équitation.

———————————— QUESTIONS ————————————

● Lignes 2-15. Sur quel ton Mᵐᵉ de Sévigné raconte-t-elle la réception
qu'elle a donnée aux Rochers?

● Lignes 15-33. Quels sont les détails, déjà racontés dans la lettre du
5 août, qui reparaissent ici? D'où vient cette insistance? — Quelles sont
les scènes d'*Andromaque* qui ont pu émouvoir particulièrement Mᵐᵉ de
Sévigné?

28

À MADAME DE GRIGNAN

Aux Rochers, mercredi 19ᵉ août [1671].

[...] Si vous me demandez comme je me trouve ici après tout ce bruit, je vous dirai que j'y suis transportée de joie. J'y serai pour le moins huit jours, quelque façon¹ qu'on me fasse pour me faire retourner. J'ai un besoin de repos qui ne se
5 peut dire, j'ai besoin de dormir, j'ai besoin de manger (car je meurs de faim à ces festins), j'ai besoin de me rafraîchir, j'ai besoin de me taire : tout le monde m'attaquait², et mon poumon était usé. Enfin, ma bonne, j'ai trouvé mon abbé, ma Mousse³, ma chienne, mon mail, Pilois⁴, mes maçons :
10 tout cela m'est uniquement bon, en l'état où je suis. Quand je commencerai à m'ennuyer, je m'en retournerai. Il y a dans cette immensité de Bretons des gens qui ont de l'esprit; il y en a qui sont dignes de me parler de vous. [...]

J'ai été blessée, comme vous, de l'*enflure du cœur*⁵ : ce mot
15 d'*enflure* me déplaît; et pour le reste ne vous avais-je pas dit que c'était de la même étoffe que Pascal? Mais cette étoffe est si belle qu'elle me plaît toujours. Jamais le cœur humain n'a mieux été anatomisé que par ces Messieurs-là⁶ [...]

Voilà tout présentement le laquais de l'abbé qui, se jouant
20 comme un jeune chien avec l'aimable Jacquine⁷, l'a jetée par terre, lui a rompu le bras, et démis le poignet. Les cris qu'elle fait sont épouvantables; c'est comme si une Furie s'était rompu

---

1. *Façon* : invitation cérémonieuse. On disait de quelqu'un qu'il était *façonnier ;* 2. *Attaquer quelqu'un* : lui adresser la parole pour l'exciter à parler ; 3. Il s'agit toujours de l'abbé de Coulanges et de l'abbé de La Mousse ; 4. *Pilois* : le jardinier en chef des Rochers ; 5. Nicole définissait l'orgueil « une enflure du cœur par laquelle l'homme s'étend et se grossit en quelque sorte en lui-même » *(Essais de morale) ;* 6. *Ces Messieurs-là :* les solitaires de Port-Royal ; 7. *Jacquine :* servante de Mᵐᵉ de Sévigné aux Rochers.

─── **QUESTIONS** ───

Lettre 28.

● Lignes 1-13. Si on compare ce début de lettre aux deux précédentes, quelle impression a finalement laissée à Mᵐᵉ de Sévigné cette assistance aux états de Bretagne, qu'elle n'avait encore jamais vus? Sa lassitude ne cache-t-elle pas une certaine satisfaction? — Quel rapport y a-t-il entre les deux parties de la phrase, *Il y a dans cette immensité de Bretons* [...] *me parler de vous* (lignes 11-13)?

● Lignes 14-18. Quel intérêt présente le passage *J'ai été blessée* [...] *ces Messieurs-là* pour la connaissance des goûts littéraires de Mᵐᵉ de Sévigné?

le bras en enfer. On envoie quérir cet homme qui vint pour
Saint-Aubin[1]. J'admire[2] comme les accidents viennent, et vous
25 ne voulez pas que j'aie peur de verser? C'est cela que je crains;
et si quelqu'un m'assurait que je ne me ferais point de mal,
je ne haïrais pas à rouler quelquefois cinq ou six tours dans
un carrosse; cette nouveauté me divertirait : mais un bras
rompu me fera toujours peur après ce que je viens de voir.

30   Adieu, ma très-chère et très-aimable bonne; vous savez bien
comme je suis à vous, et que l'amour[3] maternelle y a moins
de part que l'inclination.

LA VIE À PARIS EN 1672

29

À MADAME DE GRIGNAN

À Paris, mercredi 13e janvier [1672].

Eh! mon Dieu! ma bonne, que dites-vous? Quel plaisir
prenez-vous à dire du mal de votre personne, de votre esprit;
à rabaisser votre bonne conduite; à trouver qu'il faut avoir
bien de la bonté pour songer à vous? Quoique assurément
5 vous ne pensiez point tout cela, j'en suis blessée, vous me
fâchez; et quoique je ne dusse peut-être pas répondre à des
choses que vous dites en badinant, je ne puis m'empêcher de
vous en gronder, préférablement à tout ce que j'ai à vous mander. Vous êtes bonne encore quand vous dites que vous avez
10 peur des beaux esprits. Hélas! ma chère, si vous saviez qu'ils
sont petits de près, et combien ils sont quelquefois empêchés[4]
de leur personne, vous les remettriez bientôt à hauteur d'appui[5].
Vous souvient-il combien vous en étiez quelquefois lasse? Pre-
nez garde que l'éloignement ne vous grossisse les objets : c'est
15 un effet ordinaire.

---

1. *Charles de Coulanges, seigneur de Saint-Aubin*, frère du *Bien Bon*, oncle maternel
de Mme de Sévigné; 2. *Admirer* : s'étonner; 3. *Amour* est tantôt masculin, tantôt
féminin dans la langue du XVIIe siècle; 4. *Empêché* : embarrassé; 5. *A hauteur
d'appui* : à leur véritable place.

● **QUESTIONS** ●

● LIGNES 30-32. Commentez la dernière phrase de la lettre en définissant
exactement les deux termes : *amour maternelle* et *inclination*.

Lettre 29.

● LIGNES 1-15. Vous étudierez la psychologie de Mme de Sévigné dans
ce passage. Peut-on imaginer ce que lui avait écrit Mme de Grignan?

Nous soupons tous les soirs avec Mme Scarron[1]. Elle a
l'esprit aimable et merveilleusement droit : c'est un plaisir
que de l'entendre raisonner sur les horribles agitations d'un
certain pays qu'elle connaît bien[2], et le désespoir qu'avait
20 cette d'Heudicourt[3] dans le temps que sa place paraissait si
miraculeuse, les rages continuelles de Lauzun[4], les noirs chagrins ou les tristes ennuis des dames de Saint-Germain[5]; et
peut-être que la plus enviée[6] n'en est pas toujours exempte.
C'est une plaisante chose que de l'entendre causer sur tout
25 cela. Ces discours nous mènent quelquefois bien loin de moralité en moralité, tantôt chrétienne, et tantôt politique. Nous
parlons très-souvent de vous; elle aime votre esprit et vos
manières; et, quand vous vous retrouverez ici, ne craignez
point, ma bonne, de n'être pas à la mode.

30 Je vous trouve un peu fatiguée de vos Provençaux. Voulez-
vous que nous fassions une chanson contre eux? Enfin ils ont
obéi; mais ç'a été de mauvaise grâce. S'ils avaient cru d'abord
M. de Grignan, il ne leur en aurait pas coûté davantage, et
ils auraient contenté la cour. Ce sont des manières charmantes :
35 à quoi vous avez raison de dire que ce n'est pas votre faute et
que vous n'y sauriez que faire; cet endroit est plaisant.

Mais écoutez la bonté du Roi, et le plaisir de servir un si
aimable maître. Il a fait appeler le maréchal de Bellefonds[7]
dans son cabinet, et lui a dit : « Monsieur le maréchal, je veux
40 savoir pourquoi vous me voulez quitter. Est-ce dévotion?
est-ce envie de vous retirer? est-ce l'accablement de vos dettes?
Si c'est le dernier, j'y veux donner ordre et entrer dans le détail

---

1. *Mme Scarron :* Françoise d'Aubigné (1635-1719), veuve de l'écrivain Scarron,
alors attachée à la maison de Mme de Montespan, favorite du roi; elle deviendra
duchesse de Maintenon et épouse de Louis XIV; 2. *C'est-à-dire la Cour*; 3. *Bonne
de Pons, marquise d'Heudicourt*, célèbre à la fois par sa méchanceté et par sa beauté;
4. *Lauzun :* voir les lettres 11-13, pages 43-48; 5. Le château de Saint-Germain est
la résidence la plus fréquentée par le roi et la Cour; Versailles n'est pas encore amé-
nagé complètement; 6. Mme de Montespan; 7. *Bernardin Gigault, marquis de Bellefonds*, maréchal de France, premier maître d'hôtel du roi; il voulait vendre cette charge.

━━━━━ ● **QUESTIONS** ━━━━━

● Lignes 16-29. Le portrait de la future Mme de Maintenon : les qualités
que lui prête Mme de Sévigné sont-elles confirmées par d'autres témoignages? — Comment expliquez-vous la phrase des lignes 28-29? — A
quelle inquiétude de Mme de Grignan semble répondre encore ici
Mme de Sévigné?

● Lignes 30-36. L'allusion contenue dans ce paragraphe est assez obscure,
puisque nous ignorons le texte de la lettre de Mme de Grignan. Peut-on
deviner cependant de quel genre d'incident il s'agit? — Que veut dire
Mme de Sévigné par ces mots : *Ce sont des manières charmantes?*

de vos affaires. » Le maréchal fut sensiblement touché de cette
bonté. « Sire, dit-il, ce sont mes dettes : je suis abîmé[1]; je ne
45 puis voir souffrir quelques-uns de mes amis qui m'ont assisté,
à qui je ne puis satisfaire. — Eh bien, dit le Roi, il faut assurer[2]
leur dette. Je vous donne cent mille francs de votre maison de
Versailles, et un brevet de retenue[3] de quatre cent mille francs,
qui servira d'assurance, si vous veniez à mourir. Vous payerez
50 les arrérages[4] avec les cent mille francs; cela étant, vous demeu-
rerez à mon service. » En vérité, il faudrait avoir le cœur bien
dur pour ne pas obéir à un maître qui entre dans les intérêts
d'un de ses domestiques[5] avec tant de bonté : aussi le maréchal
ne résista pas; et le voilà remis à sa place et surchargé d'obli-
55 gations. Tout ce détail est vrai.

Il y a tous les soirs des bals, des comédies et des mascarades
à Saint-Germain. Le Roi a une application à divertir Madame[6],
qu'il n'a jamais eue pour l'autre.

Racine a fait une comédie[7] qui s'appelle *Bajazet*[8] et qui
60 enlève la paille[9]; vraiment elle ne va pas en *empirando*[10] comme
les autres[11]. M. de Tallard[12] dit qu'elle est autant au-dessus
de celles de Corneille, que celles de Corneille sont au-dessus
de celles de Boyer[13] : voilà ce qui s'appelle bien louer; il ne
faut point tenir les vérités cachées. Nous en jugerons par nos
65 yeux et par nos oreilles.

Du bruit de *Bajazet* mon âme importunée[14]
fait que je veux aller à la comédie.

1. *Abîmé* : perdu et ruiné entièrement; 2. *Assurer* : mettre en sûreté; 3. *Brevet
de retenue* : ce qu'on retient en vertu d'une stipulation sur un traitement, une pension. Ici : sur une charge non héréditaire, le roi assurait au titulaire une somme
payable par celui qui lui succéderait; 4. *Les arrérages* : les intérêts; 5. *Domestique* :
officier attaché à la maison d'un souverain ou d'un noble; 6. *Madame* : la princesse
palatine, épousée en 1671 par Monsieur, frère de Louis XIV, après la mort d'Henriette d'Angleterre en 1670; 7. *Comédie* : au sens général de « pièce de théâtre »;
8. *Bajazet* : tragédie jouée en janvier 1672 à l'Hôtel de Bourgogne; 9. *Qui enlève la
paille* : qui est extraordinaire; d'après Furetière, par analogie avec l'ambre, « qui
a la vertu de lever la paille »; 10. Elle n'est pas inférieure à la précédente; 11. Comme
Britannicus (décembre 1669) et *Bérénice* (novembre 1670); 12. *Tallard* (1652-1728) :
futur maréchal de France (1703); 13. L'abbé *Claude Boyer* (1618-1698), prédicateur
et poète tragique, raillé par Boileau en 1662; Chapelain le considérait comme le
meilleur poète tragique après Corneille; 14. Parodie d'un vers de l'*Alexandre* de
Racine : « Du bruit de ses exploits mon âme importunée. »

─────────── **QUESTIONS** ───────────

● Lignes 37-55. Y a-t-il un rapport entre cette anecdote et ce qui précède
immédiatement?

● Lignes 59-67. L'opinion de Mme de Sévigné sur Racine.

J'ai été à Livry. Hélas! ma bonne, que je vous ai bien tenu parole, et que j'ai songé tendrement à vous! Il y faisait très
70 beau, quoique très froid; mais le soleil brillait; tous les arbres étaient parés de perles et de cristaux : cette diversité ne déplaît point. Je me promenai fort. [...]

30

À MADAME DE GRIGNAN

À Paris, mercredi 16e mars [1672].

Vous me parlez de mon départ[1] : ah! ma chère fille! je languis[2] dans cet espoir charmant. Rien ne m'arrête que ma tante[3], qui se meurt de douleur et d'hydropisie. Elle me brise le cœur par l'état où elle est, et par tout ce qu'elle dit de tendre et de
5 bon sens. Son courage, sa patience, sa résignation, tout cela est admirable. M. d'Hacqueville et moi, nous suivons son mal jour à jour : il voit mon cœur, et la douleur que j'ai de n'être pas libre tout présentement[4]. Je me conduis par ses avis; nous verrons entre ci et Pâques. Si son mal augmente, comme il a
10 fait depuis que je suis ici, elle mourra entre nos bras; si elle reçoit quelque soulagement, et qu'elle prenne le train de languir[5], je partirai dès que M. de Coulanges sera revenu. Notre pauvre abbé est au désespoir, aussi bien que moi; nous verrons donc comme cet excès de mal se tournera dans le mois d'avril.
15 Je n'ai que cela dans la tête; vous ne sauriez avoir tant d'envie de me voir que j'en ai de vous embrasser; bornez votre ambition, et ne croyez pas me pouvoir jamais égaler là-dessus.

Mon fils me mande qu'ils sont misérables en Allemagne[6], et ne savent ce qu'ils font. Il a été très affligé de la mort du
20 chevalier de Grignan[7].

Vous me demandez, ma chère enfant, si j'aime toujours bien la vie. Je vous avoue que j'y trouve des chagrins cuisants; mais je suis encore plus dégoûtée de la mort : je me trouve si malheureuse d'avoir à finir tout ceci par elle, que si je pouvais
25 retourner en arrière, je ne demanderais pas mieux. Je me trouve

---

1. Mme de Sévigné parlait toujours d'aller à Grignan; 2. *Languir :* souffrir de quelque mal autre que la maladie; 3. Mme de La Trousse, sœur de la mère de Mme de Sévigné; 4. *Présentement :* dès maintenant; 5. Que sa maladie se mette à traîner en longueur; 6. Guerre de Hollande; 7. *Le chevalier de Grignan :* frère de M. de Grignan, mort le 6 février.

dans un engagement[1] qui m'embarrasse[2] : je suis embarquée
dans la vie sans mon consentement; il faut que j'en sorte, cela
m'assomme[3]; et comment en sortirai-je? Par où? Par quelle
porte? Quand sera-ce? En quelle disposition? Souffrirai-je mille
30 et mille douleurs, qui me feront mourir désespérée? Aurai-je
un transport au cerveau? Mourrai-je d'un accident? Comment
serai-je avec Dieu[4]? Qu'aurai-je à lui présenter? La crainte, la
nécessité feront-elles mon retour vers lui? N'aurai-je aucun
autre sentiment que celui de la peur? Que puis-je espérer? Que
35 suis-je digne du paradis? suis-je digne de l'enfer? Quelle alter-
native! Quel embarras! Rien n'est si fou que de mettre son
salut dans l'incertitude; mais rien n'est si naturel, et la sotte
vie que je mène est la chose du monde la plus aisée à comprendre.
Je m'abîme[5] dans ces pensées, et je trouve la mort si terrible,
40 que je hais plus la vie parce qu'elle m'y mène, que par les
épines[6] qui s'y rencontrent. Vous me direz que je veux vivre
éternellement. Point du tout; mais si on m'avait demandé
mon avis, j'aurais bien aimé à mourir entre les bras de ma
nourrice : cela m'aurait ôté bien des ennuis, et m'aurait donné le
45 ciel bien sûrement et bien aisément; mais parlons d'autre chose.

   Je suis au désespoir que vous ayez eu *Bajazet* par d'autres
que par moi. C'est ce chien de Barbin[7] qui me hait, parce
que je ne fais pas des *Princesses de Montpensier*[8]. Vous en
avez jugé très juste et très bien, et vous aurez vu[9] que je
50 suis de votre avis. Je voulais[10] vous envoyer la Champmeslé[11]

   1. *Engagement* : « Obligation qui est cause que l'on n'est plus en liberté de faire
ce qu'on veut » (*Dictionnaire de l'Académie*, 1694); 2. Qui me cause des tracas
dont j'ai peine à sortir; 3. *Assommer* : abattre l'esprit; 4. Comment serai-je reçue
par Dieu?; 5. *S'abîmer* : se plonger profondément; 6. Les difficultés, les choses désagréables; 7. *Barbin* : libraire célèbre qui a édité la plupart des écrivains du XVIIᵉ siècle;
8. *La Princesse de Montpensier* (1661) est une des premières œuvres de Mᵐᵉ de La
Fayette, amie de Mᵐᵉ de Sévigné; *la Princesse de Clèves* ne sera publiée que plus
tard (1678); 9. *Vous aurez vu*, par mes lettres, et spécialement par celle du 15 janvier :
« *Bajazet* est beau; j'y trouve quelques embarras sur la fin; il y a bien de la passion
et de la passion moins folle que celle de *Bérénice*; je trouve cependant, à mon petit
sens, qu'elle ne surpasse pas *Andromaque* [...], et croyez que jamais rien n'appro-
chera (je ne dis pas « surpassera ») les divins endroits de Corneille »; 10. *Je voulais* :
je voudrais; 11. Bérénice fut le premier rôle confié par Racine à cette actrice, qui
jouait dans *Bajazet* le rôle d'Atalide.

─────── **QUESTIONS** ───────

Lettre 30.

● LIGNES 1-45. Mᵐᵉ de Sévigné devant la souffrance et la mort. —
Étudiez en particulier le paragraphe constitué par les lignes 21-46 : de
quelle qualité est la foi chrétienne de Mᵐᵉ de Sévigné? Sa pensée a-t-elle
été marquée par le jansénisme? Quelle réponse donne-t-elle en fin de
compte à la question que lui avait posée Mᵐᵉ de Grignan (ligne 21)?

pour vous réchauffer la pièce. Le personnage de Bajazet est
glacé; les mœurs des Turcs y sont mal observées; ils ne font
point tant de façons pour se marier; le dénouement n'est point
bien préparé : on n'entre point dans les raisons[1] de cette grande
55 tuerie. Il y a pourtant des choses agréables, et rien de parfaitement beau, rien qui enlève, point de ces tirades de Corneille
qui font frissonner. Ma fille, gardons-nous bien de lui comparer Racine, sentons-en la différence. Il y a des endroits froids
et faibles, et jamais il n'ira plus loin qu'*Alexandre* et qu'*Andro-*
60 *maque*. *Bajazet* est au-dessous, au sentiment de bien des gens,
et au mien, si j'ose me citer. Racine fait des comédies pour la
Champmeslé : ce n'est pas pour les siècles à venir. Si jamais il
n'est plus jeune, et qu'il cesse d'être amoureux, ce ne sera plus
la même chose. Vive donc notre vieil ami Corneille ! Pardon-
65 nons-lui de méchants vers, en faveur des divines et sublimes
beautés qui nous transportent : ce sont des traits de maître
qui sont inimitables. Despréaux[2] en dit encore plus que moi;
et en un mot, c'est le bon goût : tenez-vous-y. [...]

UN BEAU SERVICE FUNÈBRE

31

À MADAME DE GRIGNAN

À Paris, vendredi 6e mai [1672].

Je fus hier à un service[3] de Monsieur le Chancelier[4] à l'Oratoire[5]. Ce sont les peintres, les sculpteurs, les musiciens et les
orateurs qui en ont fait la dépense : en un mot les quatre arts

---

1. *On n'entre point dans les raisons :* on ne comprend pas bien les raisons;
2. C'est-à-dire Boileau; 3. Service funèbre; 4. *Le Chancelier* Séguier (né en 1588); il
était mort à Saint-Germain-en-Laye. La cérémonie racontée ici n'est pas celle des
obsèques, mais celle d'un service à la mémoire du défunt (voir le jugement peu favorable que Mme de Sévigné exprime sur lui dans les lettres sur le procès de Fouquet);
5. *L'Oratoire :* église située rue Saint-Honoré, non loin du palais du Louvre; cons-
truite pour les prêtres de l'Oratoire, elle a été plus tard transformée en temple réformé.

QUESTIONS

● LIGNES 46-68. Croyez-vous, comme Mme de Sévigné, que *le personnage
de Bajazet* soit *glacé*? Étudiez de près le dénouement et voyez s'il n'est pas
préparé. D'où viennent les préventions de Mme de Sévigné contre le
théâtre de Racine? Comparez le jugement porté ici à ceux des pages 82
(lignes 59-67) et 84 (note 9). Peut-on imaginer, d'après ce passage, ce
que Mme de Sévigné demande à la tragédie?

libéraux. C'était la plus belle décoration qu'on puisse imaginer.
5 Le Brun[1] avait fait le dessin[2]. Le mausolée touchait à la voûte,
orné de mille lumières et de plusieurs figures convenables[3] à
celui qu'on voulait louer. Quatre squelettes en bas étaient
chargés des marques de sa dignité, comme lui ôtant les honneurs avec la vie. L'un portait son mortier[4], l'autre sa couronne
10 de duc, l'autre son ordre[5], l'autre ses masses[6] de chancelier.
Les quatre Arts étaient éplorés et désolés d'avoir perdu leur
protecteur : la Peinture, la Musique, l'Éloquence et la Sculpture. Quatre Vertus soutenaient la première représentation :
la Force, la Justice, la Tempérance et la Religion. Quatre
15 anges ou quatre génies recevaient au-dessus cette belle âme. Le
mausolée était encore orné de plusieurs anges qui soutenaient
une chapelle ardente[7], qui tenait à la voûte. Jamais il ne s'est
rien vu de si magnifique, ni de si bien imaginé, c'est le chef-
d'œuvre de Le Brun. Toute l'église était parée de tableaux,
20 de devises, d'emblèmes qui avaient rapport à la vie ou aux
armes du Chancelier. Plusieurs actions principales y étaient
peintes. Madame de Verneuil[8] voulait acheter toute cette décoration à un prix excessif. Ils ont tous en corps résolu d'en parer
une galerie, et de laisser cette marque de leur reconnaissance
25 et de leur magnificence à l'éternité.

L'assemblée était grande et belle, mais sans confusion[9].
J'étais auprès de M. de Tulle[10], de M. Colbert[11], de
M. de Monmouth[12], beau comme du temps du Palais-Royal[13],
qui, par parenthèse, s'en va à l'armée[14] trouver le Roi.
30 Il est venu un jeune Père de l'Oratoire pour faire l'oraison

---

1. *Le Brun* (1614-1690) : fondateur de l'académie de peinture et de sculpture;
2. *Le dessin :* le plan de la décoration; 3. *Convenable à :* approprié à; 4. *Mortier :*
bonnet de velours noir que portaient les plus hauts dignitaires du parlement; 5. Le
cordon bleu de l'ordre du Saint-Esprit; 6. *Masses :* bâtons à tête d'or ou d'argent,
portés dans les cérémonies devant certains dignitaires; 7. *Chapelle ardente :* lumi-
naire éclairé de nombreux cierges; 8. *Mme de Verneuil :* fille de Séguier; 9. *Sans
confusion :* sans désordre; 10. *M. de Tulle :* Mascaron, évêque de Tulle depuis 1671;
11. *Colbert :* ministre et secrétaire d'État, contrôleur des Finances depuis 1661;
12. *Jacques de Monmouth* (1649-1685), gentilhomme anglais, fils naturel de Charles II;
il joua plus tard un rôle politique important en conspirant contre Jacques II et fut
décapité; 13. Le *Palais-Royal* était la résidence de Philippe d'Orléans; Mme de
Sévigné fait sans doute allusion à l'époque où Henriette d'Angleterre (morte en 1670),
femme de Philippe, donnait des réceptions au Palais-Royal; 14. La campagne de
Hollande commence.

QUESTIONS

Lettre 31.

● LIGNES 1-25. Pouvons-nous, d'après cette description, préciser au
moins l'un des aspects du goût de Mme de Sévigné?

funèbre. J'ai dit à M. de Tulle de le faire descendre, et de monter à sa place, et que rien ne pouvait soutenir la beauté du
spectacle et la perfection de la musique, que la force de son
éloquence. Ma bonne, ce jeune homme a commencé en trem-
35 blant; tout le monde tremblait aussi. Il a débuté par un accent
provençal; il est de Marseille; il s'appelle Laisné; mais en sortant de son trouble, il est entré dans un chemin lumineux. Il a
si bien établi son discours; il a donné au défunt des louanges
si mesurées; il a passé par tous les endroits délicats avec tant
40 d'adresse; il a si bien mis dans son jour tout ce qui pouvait
être admiré; il a fait des traits d'éloquence et des coups de
maître si à propos et de si bonne grâce, que tout le monde,
je dis tout le monde, sans exception, s'en est écrié[1], et chacun
était charmé d'une action[2] si parfaite et si achevée. C'est
45 un homme de vingt-huit ans, intime ami de M. de Tulle, qui
s'en va avec lui. Nous le voulions nommer le chevalier Mascaron; mais je crois qu'il surpassera son aîné.

Pour la musique, c'est une chose qu'on ne peut expliquer.
Baptiste[3] avait fait un dernier effort de toute la musique du
50 Roi. Ce beau *Miserere* y était encore augmenté; il y a eu un
Libera[4] où tous les yeux étaient pleins de larmes. Je ne crois
point qu'il y ait une autre musique dans le ciel.

Il y avait beaucoup de prélats; j'ai dit à Guitaut[5] : « Cher-
chons un peu notre ami Marseille[6] »; nous ne l'avons point

---

1. *S'écrier* : témoigner son admiration; 2. *Action* : débit et gestes d'un orateur
(terme traditionnel de rhétorique); 3. *Baptiste* : façon familière d'appeler Jean-
Baptiste Lully (1633-1687); 4. *Miserere* et *Libera* sont deux psaumes de l'office
des morts; 5. *Guitaut*, comte d'Époisse : ami de Mme de Sévigné, son voisin à Paris
(voir lettre 16) et à la campagne, puisque son domaine d'Époisse en Bourgogne était
proche de celui que possédait Mme de Sévigné à Bourbilly; 6. *Marseille*, c'est-à-dire
M. de Marseille : Forbin-Janson, évêque de Marseille.

■ **QUESTIONS** ■

● LIGNES 30-47. Quelles sont les qualités que Mme de Sévigné admire
surtout chez un orateur chrétien? Comparez à ce qu'elle dit, dans la
lettre 20, de l'éloquence de Bourdaloue et de celle de Mascaron.

● LIGNES 48-52. Mme de Sévigné et la musique : quelles impressions
déterminent son jugement?

● LIGNES 53-57. En vous appuyant sur ce passage et sur ceux qui, dans
les lettres précédentes, lui sont comparables, précisez ce qu'on pourrait
appeler la malignité de Mme de Sévigné.

■ SUR L'ENSEMBLE DE LA LETTRE. — Relevez tous les termes qui
expriment la désinvolture et l'ironie de Mme de Sévigné : l'effet humo-
ristique qui en résulte dans un sujet comme celui-ci. — Pourquoi tant
d'irrévérence? Est-ce à cause des sentiments d'antipathie que Mme de
Sévigné nourrissait à l'égard de Séguier?

55 vu. Je lui ai dit tout bas : « Si c'était l'oraison funèbre de
quelqu'un qui fût vivant, il n'y manquerait pas. » Cette folie
l'a fait rire, sans aucun respect de la pompe funèbre.

Ma bonne, quelle espèce de lettre est-ce ici? Je pense que
je suis folle. A quoi peut servir une si grande narration? Vrai-
60 ment, j'ai bien contenté le désir que j'avais de conter. [...]

LE PASSAGE DU RHIN

32

À MADAME DE GRIGNAN

À Paris, vendredi 17e juin, à 11 heures du soir [1672].

Aussitôt que j'ai eu envoyé mon paquet, j'ai appris, ma
bonne, une triste nouvelle, dont je ne vous dirai pas le détail,
parce que je ne le sais pas; mais je sais qu'au passage de l'Yssel[1],
sous les ordres de Monsieur le Prince[2], M. de Longueville[3]
5 a été tué : cette nouvelle accable. Nous étions chez Mme de
La Fayette avec M. de La Rochefoucauld, quand on nous
l'a apprise, et en même temps la blessure de M. de Marsillac[4]
et la mort du chevalier de Marsillac[5] qui est mort de sa blessure.
Enfin cette grêle est tombée sur lui[6] en ma présence. Il a été
10 très-vivement affligé. Ses larmes ont coulé du fond du cœur,
et sa fermeté l'a empêché d'éclater.

Après ces nouvelles, je ne me suis pas donné la patience
de rien demander. J'ai couru chez Mme de Pomponne, qui
m'a fait souvenir que mon fils est dans l'armée du Roi, laquelle
15 n'a eu nulle part à l'action. Elle était réservée à Monsieur le
Prince : on dit qu'il est blessé; on dit qu'il a passé la rivière
dans un petit bateau; on dit que Nogent[7] a été noyé; on dit
que Guitry[8] est tué; on dit que M. de Roquelaure[9] et M. de
La Feuillade[10] sont blessés, qu'il y en a une infinité qui ont

---

1. *L'Yssel* : rivière des Pays-Bas qui se jette dans le Zuyderzee; c'est l'un des
bras du Rhin. L'armée française l'avait traversé le 12 juin; 2. *Monsieur le Prince* :
Louis II, prince de Condé (1621-1686); 3. *M. de Longueville* : neveu du Grand Condé
et fils de la duchesse de Longueville, amie de La Rochefoucauld; 4. *M. de Marsillac* : fils aîné de l'auteur des *Maximes*; 5. *Le chevalier de Marsillac* : quatrième
fils de La Rochefoucauld; 6. *Sur lui* : sur La Rochefoucauld; 7. *Nogent* : Armand
de Bautru, comte de Nogent, maréchal de camp; 8. *Guitry* : Guy de Guitry, grand
maître de la Garde-Robe; 9. *Gaston de Roquelaure*, plus tard gouverneur de la
Guyenne; 10. *François, duc de la Feuillade* (1625-1691), alors colonel des gardes
françaises.

20 péri en cette rude occasion. Quand je saurai le détail de cette nouvelle, je vous le manderai.

Voilà Guitaut[1] qui m'envoie un gentilhomme qui vient de l'hôtel de Condé : il me dit que Monsieur le Prince a été blessé à la main. M. de Longueville avait forcé la barrière, où il 25 s'était présenté le premier; il a été aussi le premier tué sur-le-champ; tout le reste est assez pareil : M. de Guitry noyé, et M. de Nogent aussi; M. de Marsillac blessé, comme j'ai dit, et une grande quantité d'autres qu'on ne sait pas encore. Mais enfin l'Yssel est passé. Monsieur le Prince l'a passé 30 trois ou quatre fois en bateau, tout paisiblement, donnant ses ordres partout avec ce sang-froid et cette valeur divine que vous connaissez. On assure qu'après cette première difficulté on ne trouve plus d'ennemis : ils sont retirés dans leurs places. La blessure de M. de Marsillac est un coup de mousquet dans 35 l'épaule, et dans la mâchoire, qui n'offense[2] pas l'os. Adieu, ma chère enfant; j'ai l'esprit un peu hors de sa place, quoique mon fils soit dans l'armée du Roi; il y aura tant d'occasions[3] que cela fait mourir.

33

À MADAME DE GRIGNAN

À Paris, 20e juin [1672].

[...]Vous n'avez jamais vu Paris comme il est. Tout le monde pleure, ou craint de pleurer. L'esprit tourne à la pauvre Mme de Nogent[4]. Mme de Longueville fait fendre le cœur, à ce qu'on dit : je ne l'ai point vue, mais voici ce que je sais. Mlle de Vertus[5]

---

1. *Guitaut* : voir page 87, note 5; **2.** *Offenser* : produire une lésion; **3.** *Occasions* : engagement de guerre, rencontre, combat ; **4.** *Mme de Nogent* : sœur de Lauzun (Diane-Charlotte de Caumont) ; **5.** *Catherine de Bretagne de Vertus*, sœur de la duchesse de Montbazon.

──────── **QUESTIONS** ────────

Lettre 32.

● LIGNES 9-11. Commentez ce passage en vous appuyant sur ce que vous savez de l'auteur des *Maximes* et en étudiant de près le style de Mme de Sévigné.

● LIGNES 12-21. Comment Mme de Sévigné a-t-elle réussi à donner l'impression d'affolement, d'inquiétude, de désarroi? En quoi consiste ici la spontanéité de son style?

● LIGNES 22-38. Comparez ce dernier paragraphe aux précédents : quelles informations nouvelles apporte-t-il? Le style est-il le même? Quelles images plus précises de l'événement commencent à s'imposer à notre esprit?

5 était retournée depuis deux jours au Port-Royal, où elle est
presque toujours. On est allé la quérir avec M. Arnauld, pour
dire cette terrible nouvelle. Mlle de Vertus n'avait qu'à se
montrer : ce retour si précipité marquait bien quelque chose
de funeste. En effet, dès qu'elle parut : « Ah ! mademoiselle !
10 comment se porte Monsieur mon frère[1] ? » Sa pensée n'osa pas
aller plus loin. « Madame, il se porte bien de sa blessure. — Il
y a eu un combat. Et mon fils ? » On ne lui répondit rien. « Ah !
mademoiselle, mon fils, mon cher enfant, répondez-moi, est-il
mort ? — Madame, je n'ai point de paroles pour vous répondre.
15 — Ah ! mon cher fils ! est-il mort sur-le-champ ? N'a-t-il pas
eu un seul moment ? Ah mon Dieu ! quel sacrifice ! » Et là-dessus
elle tombe sur son lit, et tout ce que la plus vive douleur put
faire, et par des convulsions, et par des évanouissements, et
par un silence mortel, et par des cris étouffés, et par des larmes
20 amères, et par des élans vers le ciel, et par des plaintes tendres
et pitoyables, elle a tout éprouvé. Elle voit certaines gens.
Elle prend des bouillons parce que Dieu le veut. Elle n'a aucun
repos. Sa santé, déjà très-mauvaise, est visiblement altérée.
Pour moi, je lui souhaite la mort, ne comprenant pas qu'elle
25 puisse vivre une telle perte.

Il y a un homme dans le monde[2] qui n'est guère moins touché ; j'ai dans la tête que s'ils s'étaient rencontrés tous deux
dans ces premiers moments, et qu'il n'y eût eu que le chat avec
eux, je crois que tous les autres sentiments auraient fait place
30 à des cris et à des larmes, qu'on aurait redoublés de bon cœur :
c'est une vision[3]. [...]

Un courrier d'hier au soir apporte la mort du comte du
Plessis[4], qui faisait faire un pont : un coup de canon l'a emporté.
On assiège Arnheim : on n'a pas attaqué le fort de Schenk[5],
35 parce qu'il y a huit mille hommes dedans. Ah ! que ces beaux

1. *Monsieur mon frère* : le Grand Condé ; 2. La Rochefoucauld, ami de Mme de
Longueville ; 3. *Vision* : représentation imaginaire, vue de l'esprit ; 4. *Le comte du
Plessis* : Alexandre de Choiseul, fils du maréchal de France ; 5. *Le fort de Schenk* :
fort au confluent du Wahal et du Rhin.

─────── QUESTIONS ───────

Lettre 33.

● LIGNES 1-25. Quels sont les traits qui rendent si émouvant le tableau
du désespoir de Mme de Longueville ? Dégagez les éléments tragiques et
pathétiques de cet épisode. Ce récit est-il impersonnel et ne lisons-nous
pas entre les lignes les sentiments de Mme de Sévigné ?

● LIGNE 31. Quelle est la raison profonde qui a conduit Mme de Sévigné
à écrire ces mots : *c'est une vision*, à propos de la scène qu'elle imagine ?

commencements seront suivis d'une fin tragique pour bien
des gens! Dieu conserve mon pauvre fils! Il n'a pas été de ce
passage. [...]

Les nouvelles que je vous mande sont d'original : c'est de
40 Gourville[1] qui était avec Mme de Longueville, quand elle a
reçu la nouvelle. Tous les courriers viennent droit à lui. M. de
Longueville avait fait son testament avant que de partir. Il
laisse une grande partie de son bien à un fils[2] qu'il a, qui, à
mon avis, paraîtra sous le nom de chevalier d'Orléans, sans
45 rien coûter à ses parents, quoiqu'ils ne soient pas gueux. Savez-
vous où l'on mit le corps de M. de Longueville? Dans le même
bateau où il avait passé tout vivant. Deux heures après, Monsieur
le Prince le fit mettre près de lui, couvert d'un manteau, dans
une douleur sensible. Il était blessé aussi, et plusieurs autres,
50 de sorte que ce retour est la plus triste chose du monde. Ils
sont dans une ville au-deçà du Rhin, qu'ils ont passé pour se
faire panser. On dit que le chevalier de Montchevreuil[3], qui
était à M. de Longueville, ne veut pas qu'on le panse d'une
blessure qu'il a eue auprès de lui. [...]

À dix heures du soir.

55 Il y a deux heures que j'ai fait mon paquet, et, en revenant
de la ville, je trouve la paix faite, selon une lettre qu'on m'a
envoyée. Il est aisé de croire que toute la Hollande est en
alarme[4] et soumise : le bonheur du Roi est au-dessus de tout
ce qu'on a jamais vu. On va commencer à respirer; mais quel
60 redoublement de douleur à Mme de Longueville et à ceux
qui ont perdu leurs chers enfants! J'ai vu le maréchal du

---

1. *Gourville* : secrétaire du duc de La Rochefoucauld; 2. Fils du duc de Longueville et de la maréchale de La Ferté; 3. *Le chevalier de Montchevreuil* : Philippe de
Mornay. Il devait mourir de sa blessure; 4. *Alarme* : « Se dit aussi de toute sorte
d'effroi, d'épouvante » (*Dictionnaire de l'Académie*, 1694). En fait, la soumission de
la Hollande était loin d'être définitive; les Hollandais se révoltèrent contre le gouvernement des frères de Witt, partisans de la conciliation, qui furent assassinés. Guillaume d'Orange, devenu stathouder, poursuivit la guerre.

──────── **QUESTIONS** ────────

● Lignes 45-54. Que nous révèlent ces deux détails (le retour du corps
de M. de Longueville, l'attitude du chevalier de Montchevreuil) sur
la sensibilité de Mme de Sévigné?

● Lignes 55-66. Étudiez dans le passage l'acuité de l'observation psychologique de Mme de Sévigné. Quels sont ses sentiments sur la guerre et
la gloire militaire?

Plessis, il est très-affligé, mais en grand capitaine. La maréchale pleure amèrement, et la Comtesse est fâchée de n'être
point duchesse; et puis c'est tout. Ah! ma fille, sans l'empor-
tement de M. de Longueville, songez que nous aurions la
Hollande, sans qu'il nous en eût rien coûté.

34

À MADAME DE GRIGNAN

À Livry, ce dimanche au soir [3e juillet 1672].

[...] Vous devez avoir reçu des relations fort exactes, qui
vous auront fait voir que l'Yssel était mal défendu; le grand
miracle, c'est de l'avoir passé à la nage[1]. Monsieur le Prince
et ses Argonautes[2] étaient dans un bateau, et l'escadron qu'ils
attaquèrent demandait quartier, lorsque le malheur voulut
que M. de Longueville, qui sans doute ne l'entendit pas, poussé
d'une bouillante ardeur, monte sur son cheval qu'il avait
traîné après lui, et voulant être le premier, ouvre la barricade
derrière quoi[3] ils étaient retranchés, et tue le premier qui se
trouve sous sa main : en même temps on le perce de cinq ou
six coups. Monsieur le Duc le suit, Monsieur le Prince suit
son fils, et tous les autres suivent Monsieur le Prince : voilà
où se fit la tuerie, qu'on aurait, comme vous voyez, bien évi-
tée, si l'on eût su l'envie que ces gens-là avaient de se rendre;
mais tout était marqué dans l'ordre de la Providence.

M. le comte de Guiche[4] a fait une action dont le succès
le couvre de gloire; car, si elle eût tourné autrement, il eût
été criminel. On l'envoie reconnaître si la rivière est guéable;
il dit qu'oui : elle ne l'est pas; des escadrons entiers passent
à la nage sans se déranger; il est vrai qu'il est le premier :

---

1. Le passage de l'Yssel eut lieu au gué de Tolhuys le 12 juin 1672; 2. Le prince
de Condé est comparé à Jason, ses officiers aux marins du navire *Argo*, parti à la
conquête de la Toison d'or; 3. Derrière laquelle. L'emploi de *quoi* après un nom
de chose était très répandu dans l'ancienne langue; 4. *M. le comte de Guiche* : Armand
de Gramont, fils du maréchal de Gramont; il devait mourir, l'année suivante, à
Kreutznach.

━━━ QUESTIONS ━━━

Lettre 34.

● LIGNES 1-15. Étudiez ce « passage de l'Yssel » en montrant que les
actes sont justifiés par le caractère des acteurs et que, comme toujours,
Mme de Sévigné raisonne sur les événements qu'elle rapporte.

cela ne s'est jamais hasardé[1]; cela réussit, il enveloppe des
escadrons, et les force à se rendre : vous voyez bien que son
bonheur et sa valeur ne se sont point séparés; mais vous devez
avoir de grandes relations de tout cela.

25   Un chevalier de Nantouillet[2] était tombé de cheval : il va
au fond de l'eau, il revient, il retourne, il revient encore; enfin
il trouve la queue d'un cheval, s'y attache; ce cheval le mène
à bord, il monte sur le cheval, se trouve à la mêlée, reçoit
deux coups dans son chapeau, et revient gaillard : voilà qui
30 est d'un sang-froid qui me fait souvenir d'Oronte, prince des
Massagètes[3].

   Au reste, il n'est rien de plus vrai que M. de Longueville
avait été à confesse avant que de partir. Comme il ne se vantait
jamais de rien, il n'en avait pas même fait sa cour à Madame
35 sa mère; mais ce fut une confession conduite par nos amis[4],
dont l'absolution fut différée de près de deux mois. Cela s'est
trouvé si vrai, que Mme de Longueville n'en peut pas douter :
vous pouvez penser quelle consolation. Il faisait une infinité
de libéralités et de charités que personne ne savait, et qu'il
40 ne faisait qu'à condition qu'on n'en parlât point. Jamais un
homme n'a eu tant de solides vertus; il ne lui manquait que
des vices, c'est-à-dire un peu d'orgueil, de vanité, de hauteur;
mais, du reste, jamais on n'a été si près de la perfection : *Pago
lui, pago il mondo*[5]; il était au-dessus des louanges; pourvu
45 qu'il fût content de lui, c'était assez. Je vois souvent des gens
qui sont encore fort éloignés de se consoler de cette perte;
mais, pour tout le gros du monde, ma pauvre enfant, cela est
passé; cette triste nouvelle n'a assommé que trois ou quatre
jours; la mort de Madame dura bien plus longtemps. Les
50 intérêts particuliers de chacun pour ce qui se passe à l'armée
empêchent la grande application pour les malheurs d'autrui.
Depuis ce premier combat, il n'a été question que de villes

---

   1. *Hasardé* : risqué; 2. François du Prat, chevalier de Nantouillet. Il est cité dans
l'*Épître au roi*, de Boileau; 3. *Oronte* : personnage du Grand Cyrus; 4. *Nos amis* :
les Messieurs de Port-Royal; 5. Citation empruntée à *Il Pastor Fido*, de Guarini :
« Lui content, tout le monde devait être content. »

━━━━━━━ **QUESTIONS** ━━━━━━━

● Lignes 16-24. Quel trait du caractère de Mme de Sévigné révèle la
première phrase de sa relation du haut fait du comte de Guiche?

● Lignes 25-31. L'art de conduire avec brio une narration d'après l'épisode du chevalier de Nantouillet.

rendues, de députés qui viennent demander la grâce d'être
reçus au nombre des sujets nouvellement conquis de Sa
55 Majesté. [...]

NOUVELLE SÉPARATION

35

À MADAME DE GRIGNAN

À Montélimar[1], jeudi 5e octobre [1673].

Voici un terrible jour, ma chère fille, je vous avoue que
je n'en puis plus. Je vous ai quittée dans un état qui augmente
ma douleur. Je songe à tous les pas que vous faites[2] et à tous
ceux que je fais, et combien il s'en faut qu'en marchant tou-
5 jours de cette sorte nous puissions jamais nous rencontrer.
Mon cœur est en repos quand il est auprès de vous : c'est
son état naturel et le seul qui peut lui plaire. Ce qui s'est passé
ce matin me donne une douleur sensible[3] et me fait un déchi-
rement dont votre philosophie[4] sait les raisons : je les ai senties
10 et les sentirai longtemps. J'ai le cœur et l'imagination tout
remplis de vous; je n'y puis penser sans pleurer, et j'y pense

---

1. *Montélimar :* première étape du voyage de retour. Mme de Sévigné venait de
passer quatorze mois à Grignan; 2. Mme de Grignan se dirige vers Aix-en-Provence;
3. *Sensible :* « Signifie aussi [...] qui se fait sentir » (*Dictionnaire de l'Académie*, 1694);
4. La philosophie de Descartes.

■ QUESTIONS

● LIGNES 32-55. Étudiez, dans ce passage relatif à la mort de M. de Longueville, la richesse et la netteté de l'analyse psychologique. Quels sont
les traits de mœurs et de caractère qu'elle apprécie dans M. de Longueville? Peut-on y distinguer ce qui tient à l'idéal personnel de Mme de
Sévigné et ce qui est lié aux idées et aux préjugés de la classe sociale à
laquelle elle appartient?

■ SUR L'ENSEMBLE DES LETTRES 31 À 34, RELATIVES AU PASSAGE DU RHIN. —
Comment, d'une lettre à l'autre, voit-on se préciser le récit de l'événement? Quelle valeur faut-il accorder à ces lettres en tant que témoignage
historique?

— Pourquoi cette campagne militaire a-t-elle suscité plus d'intérêt et
d'émotion dans un certain milieu social que bien d'autres épisodes des
guerres de Louis XIV?

— Comparez à ces lettres l'*Épître IV* de Boileau et le récit du passage
du Rhin contenu dans l'*Oraison funèbre* de Condé par Bossuet : comment
le même fait prend-il des couleurs différentes dans chacun de ces trois
auteurs? Rapprochez enfin de ces textes le chapitre x du *Siècle de Louis XIV*
de Voltaire : en quoi le récit de l'historien du xviiie siècle concorde-t-il
avec celui de Mme de Sévigné? En quoi en diffère-t-il?

— Les sentiments de Mme de Sévigné face à l'héroïsme militaire.

toujours : de sorte que l'état où je suis n'est pas une chose
soutenable; comme il est extrême, j'espère qu'il ne durera
pas dans cette violence. Je vous cherche toujours, et je trouve
15 que tout me manque parce que vous me manquez. Mes yeux
qui vous ont tant rencontrée depuis quatorze mois ne vous
trouvent plus. Le temps agréable qui est passé rend celui-ci
douloureux, jusqu'à ce que j'y sois un peu accoutumée; mais
ce ne sera jamais assez pour ne pas souhaiter ardemment de
20 vous revoir et de vous embrasser. Je ne dois pas espérer mieux
de l'avenir que du passé. Je sais ce que votre absence m'a fait
souffrir; je serai encore plus à plaindre, parce que je me suis
fait imprudemment une habitude nécessaire de vous voir. Il
me semble que je ne vous ai point assez embrassée en par-
25 tant : qu'avais-je à ménager? Je ne vous ai point dit assez
combien je suis contente de votre tendresse; je ne vous ai
point assez recommandée à M. de Grignan; je ne l'ai point
assez remercié de toutes ses politesses et de toute l'amitié qu'il
a pour moi; j'en attendrai les effets sur tous les chapitres :
30 il y en a où il a plus d'intérêt que moi, quoique j'en sois plus
touchée que lui. Je suis déjà dévorée de curiosité; je n'espère de
consolation que de vos lettres qui me feront encore bien sou-
pirer[1]. En un mot, ma fille, je ne vis que pour vous. Dieu me
fasse la grâce de l'aimer quelque jour comme je vous aime.
35 Je songe aux *pichons*[2], je suis toute pétrie de Grignans, je tiens
partout. Jamais un voyage n'a été si triste que le nôtre; nous
ne disons pas un mot.

Adieu ma chère enfant; aimez-moi toujours : hélas! nous
revoilà dans les lettres. Assurez M. l'Archevêque[3] de mon
40 respect très tendre, et embrassez le Coadjuteur[4]; je vous recommande à lui. Nous avons encore dîné à vos dépens[5]. Voilà
M. de Saint-Geniez[6] qui vient me consoler. Ma fille, plaignez-
moi de vous avoir quittée.

1. Ces lettres, que je désire si fort, feront renaître en moi la douleur de la séparation; 2. *Pichons* (de *pitchoun*, « petit » en provençal) : les enfants de Mme de Grignan, Marie-Blanche, qui avait trois ans, et Louis deux ans; 3. L'archevêque d'Arles,
oncle de M. de Grignan; 4. *Le Coadjuteur* de l'Archevêque d'Arles. Il était le neveu
de ce dernier et frère du comte de Grignan; 5. Sur les provisions de route laissées
par vous; 6. *M. de Saint-Geniez :* Henri, seigneur d'Audanne, marquis de Saint-
Geniez.

──── **QUESTIONS** ────────────────────

Lettre 35.

■ Précisez les sentiments qui inspirent cette lettre et montrez-en la richesse.
Comparez-en le style avec celui de la lettre 14, écrite par Mme de Sévigné
lorsqu'elle fut séparée pour la première fois de sa fille.

LA MORT DE TURENNE

36

À MADAME ET À MONSIEUR DE GRIGNAN

À Paris, mercredi 31e juillet [1675].

Ce que vous me dites du temps est divin, ma chère fille :
il est vrai que l'on ne voit personne demeurer au milieu d'un
mois, parce qu'on ne saurait venir à bout de le passer : ce
sont des bourbiers d'où l'on sort; mais le bourbier nous arrête,
5 et le temps va. Je suis fort aise que vous soyez paisiblement
à Grignan jusques au mois d'octobre : Aix vous eût paru
étrange au sortir d'ici[1]. La solitude et le repos de Grignan
délayent un peu les idées; vous avez eu bien de la raison. M. de
Grignan vous est présentement une compagnie; votre château
10 en sera rempli et votre musique perfectionnée. Il faut pâmer
de rire de ce que vous dites de l'air italien; le massacre que
vos chantres en font, corrigés par vous, est un martyre pour
ce pauvre *Vorrei*[2], qui fait voir la punition qu'il mérite. Vous
souvient-il du lieu où vous l'avez entendu, et du joli garçon
15 qui le chantait, qui vous donna si promptement dans la vue[3]?
Cet endroit-là de votre lettre est d'une fantaisie charmante.
Je prie M. de Grignan d'apprendre cet air tout entier : qu'il
fasse cet effort pour l'amour de moi; nous le chanterons
ensemble.
20 Je vous ai mandé, ma très-chère, comme nos folies de Bretagne m'arrêtaient pour quelques jours. M. de Fourbin doit
partir avec six mille hommes pour punir cette province, c'est-à-

---

1. Mme de Grignan venait de passer un an à Paris (printemps 1674-mai 1675);
2. Le mercredi 19 juillet, Mme de Sévigné écrivait à sa fille : « J'apprends *Vorrei
scoprieti*, et je le chanterai agréablement; je songe que vous aimez cet air et que vous
me prierez quelque jour de le chanter avec M. de Grignan. Qu'il apprenne la contre-
partie : c'est un air divin! Je méprise bien mon *Scocca pur!* » Il s'agit d'un duo de
Luigi Rossi. *Scocca pur* est un air de Lully. D'après une note de Ch. Capmas,
on les trouve tous deux dans un *Recueil des meilleurs airs italiens*, publié à Paris
en 1708; 3. *Donner dans la vue :* plaire, charmer.

QUESTIONS

Lettre 36.

● LIGNES 1-5. Peut-on, d'après cette première phrase, imaginer ce que
Mme de Grignan avait écrit à sa mère? Précisez le sens de la pensée de
Mme de Sévigné et appréciez le style.

dire la ruiner. Ils s'en vont par Nantes : c'est ce qui fait que
je prendrai la route du Mans avec Mme de Lavardin; nous
25 regardons ensemble le temps que nous devons prendre. M. de
Pomponne a dit à M. de Fourbin qu'il avait des terres en
Bretagne, et lui a donné le nom de celles de mon fils[1]. La
châsse de Sainte-Geneviève nous donne ici un temps admirable[2].
La Saint-Géran[3] est dans le chemin du ciel. La bonne Villars[4]
30 n'a point reçu votre lettre; c'est une douleur.

Voici une petite histoire qui s'est passée il y a trois jours.
Un pauvre passementier, dans ce faubourg Saint-Marceau,
était taxé à dix écus pour un impôt sur les maîtrises. Il ne les
avait pas : on le presse et represse; il demande du temps,
35 on lui refuse; on prend son pauvre lit et sa pauvre écuelle.
Quand il se vit en cet état, la rage s'empara de son cœur; il
coupa la gorge à trois enfants qui étaient dans sa chambre;
sa femme sauva le quatrième et s'enfuit. Le pauvre homme
est au Châtelet; il sera pendu dans un jour ou deux. Il dit
40 que tout son déplaisir, c'est de n'avoir pas tué sa femme et
l'enfant qu'elle a sauvé. Songez que cela est vrai comme si

---

1. Il s'agit des Rochers. *M. de Fourbin* était capitaine-lieutenant des mousquetaires du roi. Théoriquement, il était placé sous les ordres de M. de Chaulnes, gouverneur de Bretagne, pour réduire une insurrection locale qui dura tout l'été de
1675. Cette révolte, dite « du papier timbré », et dirigée contre l'abus des impôts
indirects, fut réprimée durement. Le 20 octobre, Mme de Sévigné écrira : « Cette
province est dans une grande désolation. M. de Chaulnes a ôté le parlement de Rennes
pour punir la ville; ces Messieurs sont allés à Vannes, où ils seront fort pressés.
Les mutins de Rennes se sont sauvés il y a longtemps : ainsi les bons pâtiront pour
les méchants, mais je trouve tout fort bon, pourvu que les quatre mille hommes de
guerre qui sont à Rennes, sous MM. de Fourbin et de Vins, ne m'empêchent point
de me promener dans mes bois, qui sont d'une hauteur et d'une beauté merveilleuse »;
2. Le vendredi 19 juillet, Mme de Sévigné avait écrit à sa fille : « Vous m'allez demander pourquoi on l'a descendue [la châsse] : c'était pour faire cesser la pluie et venir
le chaud. L'un et l'autre étaient arrivés dès que l'on en a eu le dessein, de sorte que,
comme c'est en général pour nous apporter toutes sortes de biens, je crois que c'est à
elle que nous devons le retour du roi »; 3. La comtesse de Saint-Géran était dame
du palais de la reine. Elle était parente des Villars : « femme d'excellente compagnie
et extrêmement aimable », dit Saint-Simon; 4. La femme de Pierre de Villars, ambassadeur de France en Espagne.

━━━ QUESTIONS ━━━

● L_IGNE_ 28. En vous aidant de la note 2, dites ce qu'un tel passage nous
révèle de la pensée de Mme de Sévigné sur certaines croyances. Cherchez
dans la même lettre un autre exemple de l'attitude de Mme de Sévigné à
l'égard de certaines superstitions.

● L_IGNES_ 31-43. Étudiez dans cette anecdote l'art de la narration; quel
sentiment a poussé Mme de Sévigné à s'intéresser à ce fait divers? Semble-
t-elle sensible à ce drame social? à ses causes profondes?

vous l'aviez vu, et que depuis le siège de Jérusalem, il ne s'est
point vu une telle fureur[1].

45 On devait partir aujourd'hui pour Fontainebleau, où les
plaisirs devaient devenir des peines par leur multiplicité. Tout
était prêt; il arrive un coup de massue qui rabaisse la joie.
Le peuple dit que c'est à cause de *Quantova*[2] : l'attachement
est toujours extrême; on en fait assez pour fâcher le curé et
tout le monde, et pas assez pour elle; car dans son triomphe
50 extérieur il y a un fond de tristesse. Vous parlez des plaisirs
de Versailles; et dans le temps qu'on allait à Fontainebleau
pour s'abîmer dans la joie[3], voilà M. de Turenne[4] tué; voilà
une consternation générale; voilà Monsieur le Prince[5] qui court
en Allemagne : voilà la France désolée. Au lieu de voir finir
55 les campagnes, et d'avoir votre frère, on ne sait plus où l'on
en est. Voilà le monde dans son triomphe, et des événements
surprenants, puisque vous les aimez. Je suis assurée que vous
serez bien touchée de celui-ci. Je suis épouvantée de la prédestination de ce M. Desbrosses : peut-on douter de la Provi-
60 dence, et que le canon qui a choisi de loin M. de Turenne entre
dix hommes qui étaient autour de lui, ne fût chargé depuis
une éternité? Je m'en vais rendre[6] cette histoire tragique à
M. de Grignan pour celle de Toulon : plût à Dieu qu'elles
fussent égales!

65 Vous devez écrire à M. le Cardinal de Retz[7]; nous lui écri-

---

1. D'après une note de Monmerqué, il s'agirait de la famine contée par Flavius
Josèphe, l'auteur de *la Guerre juive* et des *Antiquités judaïques*; 2. *Quantova* : surnom
de Mme de Montespan, alors favorite de Louis XIV; le *curé* dont il est question ensuite
est peut-être Bossuet, qui reprochait au roi cette liaison; 3. *S'abîmer dans la joie* :
se perdre dans la joie. On disait aussi « s'abîmer dans ses pensées »; 4. *M. de Turenne* :
Henri de La Tour d'Auvergne, vicomte de Turenne (1611-1675). Il fut tué à Sasbach
(ou Salsbach), dans le pays de Bade, le 27 juillet 1675; 5. *Monsieur le Prince* : voir
page 88, note 2; 6. *Rendre* : accomplir une chose en retour d'une autre; faire, en
parlant d'actions impliquant réciprocité. L'allusion qui suit est peu claire : on
peut supposer que M. de Grignan avait raconté à Mme de Sévigné un événement
tragique qui s'était produit à Toulon; le fait semble remonter à 1674, puisque le
22 mai 1674 Mme de Sévigné écrivait à M. de Grignan : « Il fait plus chaud à Besan-
çon que sur le port de Toulon »; 7. *Le cardinal de Retz* : Paul de Gondi (né en 1613).
Coadjuteur de l'archevêque de Paris en 1642, il avait été un des ennemis les plus actifs
de Mazarin lors de la Fronde; la mort de Mazarin ne le fait pas rentrer en grâce.
Retz, résigné, abandonne ses droits sur l'archevêché de Paris, moyennant quelques
bénéfices et le droit de vivre en France dans son château de Commercy.

━━━━━ QUESTIONS ━━━━━

● LIGNES 44-80. Étudiez la composition et le style de tout ce passage,
ainsi que la place laissée à la mort de Turenne dans cette partie de la
lettre réservée à Mme de Grignan. En quoi le mouvement de cette partie
de la lettre est-il plus que d'autres à l'image des jeux de la conversation?
N'est-ce qu'un bavardage? Quels sentiments, quelles idées donnent leur
intérêt à tous ces propos?

vons tous. Il se porte très-bien, et fait une vie très religieuse :
il va à tous les offices, il mange au réfectoire les jours maigres.
Nous lui conseillons d'aller à Commercy. Il sera très-affligé
de la mort de M. de Turenne. Écrivez au cardinal de Bouillon[1] :
70 il est inconsolable.

Adieu, ma chère enfant, vous n'êtes que trop reconnaissante.
Vous faites un jeu de dire du mal de votre âme; je crois que
vous sentez bien qu'il n'y en a pas une plus belle, ni meilleure.
Vous craignez que je ne meure d'amitié; je serais honteuse
75 de faire ce tort à l'autre; mais laissez-moi vous aimer à ma
fantaisie. Vous avez écrit une lettre admirable à Coulanges :
quand le bonheur m'en fait voir quelqu'une, j'en suis ravie.
Tout le monde se cherche pour parler de M. de Turenne;
on s'attroupe; tout était hier en pleurs dans les rues; le commerce
80 de toute autre chose était suspendu.

C'est à vous que je m'adresse, mon cher Comte, pour vous
écrire une des plus fâcheuses[2] pertes qui pût arriver en France :
c'est la mort de M. de Turenne. Si c'est moi qui vous l'apprends,
je suis assurée que vous serez aussi touché et aussi désolé que
85 nous le sommes ici. Cette nouvelle arriva lundi à Versailles :
le Roi en a été affligé, comme on doit l'être de la perte du
plus grand capitaine et du plus honnête homme du monde;
toute la cour fut en larmes, et M. de Condom[3] pensa s'évanouir[4]. On était prêt d'aller se divertir à Fontainebleau :
90 tout a été rompu. Jamais un homme n'a été regretté si sincè-
rement; tout ce quartier où il a logé, et tout Paris, et tout le
peuple était dans le trouble et dans l'émotion; chacun parlait
et s'attroupait pour regretter ce héros. Je vous envoie une très
bonne relation de ce qu'il a fait les derniers jours de sa vie.
95 C'est après trois mois d'une conduite toute miraculeuse, et que
les gens du métier ne se lassent point d'admirer, qu'arrive
le dernier jour de sa gloire et de sa vie. Il avait le plaisir de
voir décamper l'armée ennemie devant lui; et le 27, qui était
samedi, il alla sur une petite hauteur pour observer leur marche;
100 il avait dessein de donner sur[5] l'arrière-garde, et mandait au
Roi à midi que dans cette pensée il avait envoyé dire à Brissac[6]
qu'on fît les prières de quarante heures[7]. Il mande la mort du

---

1. *Le cardinal de Bouillon :* Emmanuel de La Tour d'Auvergne, neveu de Turenne;
2. *Fâcheux :* qui afflige profondément; 3. *M. de Condom :* Bossuet, alors évêque de
cette ville; 4. Faillit s'évanouir; 5. *Donner sur :* attaquer; 6. Orthographe inexacte
de Brisach, localité située sur le Rhin; 7. *Les prières de quarante heures :* les prières
faites dans les grands périls, et pendant lesquelles le saint sacrement est exposé.

jeune d'Hocquincourt[1], et qu'il enverra un courrier apprendre
au Roi la suite de cette entreprise : il cachette sa lettre et l'envoie
105 à deux heures. Il va sur cette petite colline avec huit ou dix
personnes : on tire de loin à l'aventure un malheureux coup
de canon, qui le coupe par le milieu du corps, et vous pouvez
penser les cris et les pleurs de cette armée. Le courrier part à
l'instant; il arriva lundi comme je vous ai dit; de sorte qu'à
110 une heure l'une de l'autre, le Roi eut une lettre de M. de Turenne,
et la nouvelle de sa mort. Il est arrivé depuis un gentilhomme
de M. de Turenne, qui dit que les armées sont assez près l'une
de l'autre; que M. de Lorges[2] commande à la place de son
oncle, et que rien ne peut être comparable à la violente afflic-
115 tion de toute cette armée. Le Roi a ordonné en même temps
à Monsieur le Duc[3] d'y courir en poste, en attendant Monsieur
le Prince, qui doit y aller; mais comme sa santé est assez
mauvaise et que le chemin est long, tout est à craindre dans
cet entre-temps; c'est une cruelle chose que d'imaginer cette
120 fatigue à Monsieur le Prince; Dieu veuille qu'il en revienne!
M. de Luxembourg demeure en Flandre pour y commander
en chef : les lieutenants généraux de Monsieur le Prince sont
MM. de Duras et de La Feuillade. Le maréchal de Créquy
demeure où il est. Dès le lendemain de cette nouvelle, M. de
125 Louvois proposa au Roi de réparer cette perte, et au lieu
d'un général en faire huit (c'est y gagner). En même temps
on fit huit maréchaux de France, savoir : M. de Rochefort,
à qui les autres doivent un remerciement; MM. de Luxembourg, Duras, La Feuillade, d'Estrades, Navailles, Schomberg
130 et Vivonne[4]; en voilà huit bien comptés. Je vous laisse méditer
sur cet endroit.

---

1. *D'Hocquincourt* fut tué à 32 ans. Il commandait les dragons de la reine; 2. *M. de Lorges* : neveu de Turenne; 3. *Monsieur le Duc* : fils de *Monsieur le Prince*, le Grand Condé; 4. *M. de Rochefort* : Henri-Louis d'Aloigny, marquis de Rochefort. Louvois voulait le faire maréchal, ce qui entraîna l'élévation des autres. *M. de Luxembourg* : François-Henri de Montmorency-Boutteville, duc de Luxembourg. *Duras* : Jacques-Henri de Durfort, duc de Duras; il était, depuis l'année précédente, gouverneur de Franche-Comté. Il était neveu de Turenne. *La Feuillade* : voir page 88, note 10. *L'Estrades* : Godefroy, comte d'Estrades, ambassadeur de France à Londres. *Navailles* : Philippe, duc de Navailles, rentré en grâce depuis peu. *Schomberg* : Frédéric Armand, comte, puis duc de Schomberg. *Vivonne* : Louis-Victor de Rochechouart, duc de Vivonne, frère de Mᵐᵉ de Montespan.

■ QUESTIONS ■

● Lignes 81-131. À quoi se marque le changement de ton et de style?
Étudiez l'art avec lequel Mᵐᵉ de Sévigné rend les événements présents
et tout chargés d'émotion.

Le grand maître[1] était au désespoir, on l'a fait duc; mais que lui donne cette dignité? Il a les honneurs du Louvre par sa charge; il ne passera point au parlement à cause des consé-
135 quences, et sa femme ne veut de tabouret[2] qu'à Bouillé. Cependant c'est une grâce, et s'il était veuf, il pourrait épouser quelque jeune veuve.

Vous savez la haine du comte de Gramont pour Rochefort; je le vis hier, il est enragé; il lui a écrit, et l'a dit au Roi. Voici
140 la lettre :

Monseigneur,

La faveur l'a pu faire autant que le mérite[3].
C'est pourquoi je ne vous en dis pas davantage.

Le Comte de Gramont.

Adieu, Rochefort.

145 Je crois que vous trouverez ce compliment comme on l'a trouvé ici.

Il y a un almanach[4] que j'ai vu, c'est de Milan; il y a au mois de juillet : *Mort subite d'un grand;* et au mois d'août : *Ah, que vois-je?* On est ici dans des craintes continuelles.

150 Cependant nos six mille hommes sont partis pour abîmer[5] notre Bretagne; ce sont deux Provençaux qui ont cette commission : c'est Fourbin et Vins[6]. M. de Pomponne[7] a recommandé nos pauvres terres. M. de Chaulnes et M. de Lavardin[8] sont au désespoir : voilà ce qui s'appelle des dégoûts[9]. Si jamais
155 vous faites les fous, je ne souhaite pas qu'on vous envoie des Bretons pour vous corriger : admirez combien mon cœur est éloigné de toute vengeance.

---

1. Il s'agit du grand maître de l'artillerie. Le titre de duc lui était conféré en viager sans enregistrement au parlement; il était comte de Lude. Sa femme Renée Éléonore de Bouillé vivait sur ses terres; 2. A la Cour, l'étiquette accordait des tabourets aux dames d'un certain rang, les fauteuils étant réservés à des personnalités de très haut rang; 3. Vers 162 du *Cid*; 4. *Almanach* : livre de l'année accompagné de prédictions; 5. *Abîmer* : ruiner; 6. *Le marquis de Vins.* Mme de Vins était la belle-sœur du marquis de Pomponne; 7. *M. de Pomponne* était alors secrétaire aux Affaires étrangères; 8. *M. de Chaulnes* était gouverneur de Bretagne, et *Lavardin*, lieutenant général; 9. *Dégoûts* : déplaisirs.

■ QUESTIONS

● Lignes 132-157. Les faits et anecdotes racontés ici nuisent-ils à l'émotion produite par la nouvelle de la mort de Turenne? Quels motifs peuvent en particulier déterminer Mme de Sévigné à parler à M. de Grignan des événements de Bretagne?

■ Sur l'ensemble de la lettre. — D'après cette lettre reproduite dans son texte intégral, faites le portrait moral de Mme de Sévigné.

Voilà, Monsieur le Comte, tout ce que nous savons jusqu'à l'heure qu'il est. En récompense d'une très aimable lettre,
160 je vous en écris une qui vous donnera du déplaisir[1]; j'en suis en vérité aussi fâchée[2] que vous. Nous avons passé tout l'hiver à entendre conter les divines perfections de ce héros : jamais un homme n'a été si près d'être parfait; et plus on le connaissait, plus on l'aimait, et plus on le regrette.

165 Adieu, Monsieur et Madame, je vous embrasse mille fois. Je vous plains de n'avoir personne à qui parler de cette grande nouvelle; il est naturel de communiquer tout ce qu'on pense là-dessus. Si vous êtes fâchés, vous êtes comme nous sommes ici.

37

À MADAME DE GRIGNAN

À Paris, mercredi 28e août [1675].

[...] Ma bonne, je m'en vais bien vous parler encore de M. de Turenne. Mme d'Elbeuf[3], qui demeure pour quelques jours chez le cardinal de Bouillon, me pria hier de dîner avec eux deux, pour parler de leur affliction. Mme de La Fayette
5 y était. Nous fîmes bien précisément ce que nous avions résolu[4] : les yeux ne nous séchèrent pas. Elle avait un portrait divinement bien fait de ce héros, et tout son train était[5] arrivé à onze heures : tous ces pauvres gens étaient fondus[6] en larmes, et déjà tous habillés de deuil. Il vint trois gentilshommes qui
10 pensèrent mourir de voir ce portrait : c'étaient des cris qui faisaient fendre le cœur; ils ne pouvaient prononcer une parole; ses valets de chambre, ses laquais, ses pages, ses trompettes, tout était fondu en larmes et faisait fondre les autres. Le premier qui put prononcer une parole répondit à nos tristes[7]
15 questions : nous nous fîmes raconter sa mort. Il voulait se confesser le soir, et en se cachotant il avait donné les ordres pour le soir, et devait communier le lendemain, qui était le dimanche. Il croyait donner la bataille[8], et monter à cheval à deux heures le samedi, après avoir mangé. Il avait bien des
20 gens avec lui : il les laissa tous à trente pas de la hauteur où

---

1. *Déplaisir* : chagrin; 2. *Fâché* : affligé; 3. *Mme d'Elbeuf* : sœur du cardinal de Bouillon et nièce de Turenne; 4. *Ce que nous avions résolu* : nous affliger; 5. *Tout son train* : les domestiques et les bagages; 6. On dit *fondre*, *se fondre*, *être fondu* en larmes; 7. *Triste* : lugubre, sombre, funeste; 8. Livrer bataille.

il voulait aller. Il dit au petit d'Elbeuf[1] : « Mon neveu, demeurez
là, vous ne faites que tourner autour de moi, vous me feriez
reconnaître. » Il trouva M. d'Hamilton[2] près de l'endroit où
il allait, qui lui dit : « Monsieur, venez par ici; on tirera où
25 vous allez. — Monsieur, lui dit-il, je m'y en vais : je ne veux
point du tout être tué aujourd'hui; cela sera le mieux du monde. »
Il tournait son cheval, il aperçut Saint-Hilaire[3], qui lui dit, le
chapeau à la main : « Monsieur, jetez les yeux sur cette batterie
que j'ai fait mettre là. » Il retourne deux pas, et sans être arrêté
30 il reçut le coup qui emporta le bras et la main qui tenaient le
chapeau de Saint-Hilaire, et perça le corps après avoir fracassé
le bras de ce héros[4]. Ce gentilhomme le regardait toujours;
il ne le voit point tomber; le cheval l'emporta où il avait laissé
le petit d'Elbeuf; il n'était point encore tombé, mais il était
35 penché le nez sur l'arçon[5] : dans ce moment, le cheval s'arrête;
il tomba entre les bras de ses gens; il ouvrit deux fois de grands
yeux et la bouche et puis demeura tranquille pour jamais;
songez qu'il était mort et qu'il avait une partie du cœur emportée.
On crie, on pleure; M. d'Hamilton fait cesser ce bruit et ôter
40 le petit d'Elbeuf, qui était jeté sur ce corps, qui ne le voulait
pas quitter, et qui se pâmait de crier. On jette un manteau;
on le porte dans une haie; on le garde à petit bruit[6]; un carrosse
vient; on l'emporte dans sa tente : ce fut là où M. de Lorges,
M. de Roye[7], et beaucoup d'autres pensèrent mourir de douleur;
45 mais il fallut se faire violence et songer aux grandes affaires
qu'il avait sur les bras. On lui a fait un service militaire dans
le camp, où les larmes et les cris faisaient le véritable deuil;
tous les officiers pourtant avaient des écharpes de crêpe; tous
les tambours en étaient couverts, qui ne frappaient qu'un
50 coup; les piques traînantes et les mousquets renversés; mais
ces cris de toute une armée ne se peuvent pas représenter sans
que l'on en soit ému. Ses deux véritables neveux (car pour
l'aîné[8] il faut le dégrader) étaient à cette pompe, dans l'état
que vous pouvez penser. M. de Roye tout blessé s'y fit porter;
55 car cette messe ne fut dite que quand ils eurent passé le Rhin.
Je pense que le pauvre chevalier[9] était bien abîmé de douleur.

---

1. Il avait alors quatorze ans; 2. *M. d'Hamilton* : maréchal de camp; 3. *Saint-Hilaire* : lieutenant général de l'artillerie; 4. Turenne; 5. *L'arçon* : la partie antérieure de la selle; 6. *A petit bruit* : sans ébruiter la nouvelle; 7. *M. de Lorges, M. de Roye* : neveux de Turenne. La fille de M. de Lorges épousa le fils de Saint-Simon, auteur des *Mémoires*. M. de Roye était allié à la famille de La Rochefoucauld; 8. *L'aîné* : peut-être le duc de Bouillon; 9. *Le chevalier de Grignan* : Joseph Adhémar de Grignan, frère du comte de Grignan. Après la mort de son frère Charles-Philippe (1672), il prend le titre de chevalier.

Quand ce corps a quitté son armée, ç'a été encore une autre désolation; partout où il a passé, ç'a été des clameurs; mais à Langres ils se sont surpassés : ils allèrent tous au-devant de
60 lui, tous habillés de deuil, au nombre de plus de deux cents, suivis du peuple; tout le clergé en cérémonie; ils firent dire un service solennel dans la ville, et en un moment se cotisèrent tous pour cette dépense, qui monte à cinq mille francs, parce qu'ils reconduisirent le corps jusqu'à la première ville, et vou-
65 lurent défrayer tout le train. Que dites-vous de ces marques naturelles d'une affection fondée sur un mérite extraordinaire?

Il arrive à Saint-Denis ce soir ou demain; tous ses gens l'allaient reprendre à deux lieues d'ici; il sera dans une chapelle en dépôt, en attendant qu'on prépare la chapelle[1]. Il y aura
70 un service, en attendant celui de Notre-Dame, qui sera solennel.

L'EXÉCUTION DE LA BRINVILLIERS

38

À MADAME DE GRIGNAN

À Paris, ce [vendredi] 17e juillet [1676].

Enfin c'en est fait, la Brinvilliers[2] est en l'air[3] : son pauvre

---

1. Celle où il sera inhumé; 2. Marie-Madeleine d'Aubray, marquise de Brinvilliers (1630-1676). En 1666, elle avait empoisonné son père, lieutenant civil au Châtelet, puis un frère en 1670. Elle fut dénoncée par sa belle-sœur et se réfugia dans un couvent à Liège. Condamnée à mort par contumace, elle fut par la suite arrêtée et ramenée en France; 3. Ses cendres ont été dispersées.

■ QUESTIONS

Lettre 37.

■ SUR L'ENSEMBLE DE LA LETTRE. — Comment Mme de Sévigné a-t-elle dépeint la douleur de cette petite société réunie chez le cardinal de Bouillon? Entre-t-elle vraiment dans cette émotion collective? Elle écrivait, la veille, à Bussy-Rabutin : « [...] Il a si bien caché toute sa vie sa vanité sous des airs humbles et modestes qu'ils [les dévots] ne l'ont pas découverte; enfin, ils n'ont pas douté que cette belle âme ne fût retournée tout droit au ciel, d'où elle était venue. » Quel sens prennent ces paroles, si on se rappelle que Turenne était passé à cinquante ans du protestantisme au catholicisme?

— « Il faut que le style des relations soit court », écrit ailleurs Mme de Sévigné. Est-ce que le récit de la mort de Turenne a le mérite de cette concision? En dehors de cette brièveté, ce récit n'a-t-il pas un autre mérite?

— Comparez ce récit de la mort de Turenne à ce qu'en disait Mme de Sévigné, un mois plus tôt (lettre 36). Quels éléments enrichissent la version définitive de l'événement?

petit corps a été jeté, après l'exécution, dans un fort grand
feu, et les cendres au vent; de sorte que nous la respirerons,
et par la communication des petits esprits[1], il nous prendra
5 quelque humeur empoisonnante[2], dont nous serons tous éton-
nés. Elle fut jugée dès hier; ce matin on lui a lu son arrêt,
qui était de faire amende honorable[3] à Notre-Dame, et d'avoir
la tête coupée, son corps brûlé, les cendres au vent. On l'a
présentée à la question : elle a dit qu'il n'en était pas besoin,
10 et qu'elle dirait tout : en effet, jusqu'à cinq heures du soir
elle a conté sa vie, encore plus épouvantable qu'on ne le pensait. Elle a empoisonné dix fois de suite son père (elle ne pouvait en venir à bout), ses frères et plusieurs autres; et toujours
l'amour et les confidences mêlées partout. Elle n'a rien dit
15 contre Penautier[4]. Après cette confession, on n'a pas laissé
de lui donner dès le matin la question ordinaire et extraordinaire : elle n'en a pas dit davantage. Elle a demandé à parler
à M. le procureur général[5], elle a été une heure avec lui : on
ne sait point encore le sujet de cette conversation. A six heures
20 on l'a menée nue en chemise et la corde au cou, à Notre-Dame,
faire l'amende honorable; et puis on l'a remise dans le même
tombereau, où je l'ai vue, jetée à reculons sur de la paille,
avec une cornette basse[6] et sa chemise, un docteur[7] auprès
d'elle, le bourreau de l'autre côté : en vérité cela m'a fait
25 frémir. Ceux qui ont vu l'exécution disent qu'elle a monté
sur l'échafaud avec bien du courage. Pour moi, j'étais sur le
pont Notre-Dame, avec la bonne d'Escars[8]; jamais il ne s'est
vu tant de monde, ni Paris si ému ni si attentif; et demandez-

---

1. *Les petits esprits :* les esprits animaux; allusion à la théorie de Descartes. Mme de
Grignan était cartésienne; 2. *Humeur empoisonnante :* disposition d'esprit qui portera à empoisonner le prochain; 3. *Amende honorable :* réparation publique, que
le condamné faisait pieds nus, en chemise et la corde au cou; 4. *Louis de Reich,
seigneur de Penautier :* receveur général du clergé, accusé d'avoir empoisonné
plusieurs personnes, dont le trésorier des états de Bourgogne, Matharel; il réussit
à se tirer d'affaire, grâce à son crédit et à celui de ses amis. Sa culpabilité n'était
d'ailleurs pas démontrée; 5. *M. le procureur général :* Achille de Harlay; 6. *Cornette
basse :* sorte de coiffure de femme en déshabillé; 7. Un docteur en théologie, Edme
Pirot; 8. *La bonne d'Escars :* une amie de Mme de Sévigné.

QUESTIONS

Lettre 38.

● LIGNES 1-6. Comment appréciez-vous ce « badinage »?

● LIGNES 6-31. Peut-on, grâce à certaines expressions ou certains détails,
deviner les sentiments de l'auteur devant cette *tragédie?* — Faut-il s'étonner de la curiosité qui a poussé Mme de Sévigné à assister à un pareil
spectacle?

moi ce qu'on a vu, car pour moi je n'ai vu qu'une cornette;
30 mais enfin ce jour était consacré à cette tragédie. J'en saurai
demain davantage, et cela vous reviendra. [...]

UN VOYAGE DE MADAME DE SÉVIGNÉ À VICHY

39

À MADAME ET À MONSIEUR DE GRIGNAN

À Villeneuve-le-Roi, mercredi 18e août [1677].

Eh bien! ma bonne, êtes-vous contente[1]? me voilà en chemin, comme vous voyez. [...] J'eus le cœur un peu serré à
Villeneuve-Saint-Georges, en revoyant ce lieu où nous pleu-
râmes de si bon cœur au lieu de rire[2]. L'hôtesse me paraît
5 une personne de fort bonne conversation : je lui demandai
fort comme vous étiez la dernière fois; elle me dit que vous
étiez triste, que vous étiez maigre et que M. de Grignan tâchait
de vous donner courage et de vous faire manger : voilà comme
j'ai cru que cela était. Elle me dit qu'elle entrait bien dans nos
10 sentiments; qu'elle avait marié aussi sa fille loin d'elle, et que
le jour de leur séparation, elles *demeurirent* toutes deux pâmées :
je crus qu'elle était pour le moins à Lyon. Je lui demandai
pourquoi elle l'avait envoyée si loin; elle me dit que c'est
qu'elle avait trouvé un bon parti, un honnête homme, *Dieu*
15 *marci*. Je la priai de me dire le nom de la ville; elle me dit que
c'était à Paris; qu'il était bourrelier, logeant vis-à-vis du palais
Mazarin[3]; et qu'il avait l'honneur de servir M. du Maine,
Mme de Montespan et le Roi fort souvent. Ma bonne, je vous
laisse méditer sur la justesse de la comparaison, et sur la naïveté
20 de la bonne hôtesse. J'entrai dans sa douleur, comme elle était
entrée dans la mienne; et j'ai toujours marché depuis par le
plus beau temps, le plus beau pays et le plus beau chemin du
monde. Vous me disiez qu'il était d'hiver quand vous y pas-
sâtes; il est devenu d'été et d'un été le plus tempéré qu'on
25 puisse imaginer. [...]

---

1. Mme de Grignan avait beaucoup insisté pour que sa mère allât prendre les eaux
à Vichy; 2. Mme de Sévigné était venue chercher sa fille dans cette localité des envi-
rons de Paris, en décembre 1676; 3. *Palais Mazarin* : aujourd'hui la Bibliothèque
nationale.

À Joigny, mercredi au soir.

Nous sommes venus courant la bague¹ depuis la dînée. Le
beau temps et la jolie petite terre! elle n'est pourtant plus
affermée que vingt mille écus depuis la misère du temps : elle
allait quatre fois plus haut. Ma bonne, il ne s'en faut qu'une
30 tête qu'elle ne soit à vous : ce serait un beau coup de dé². [...]

40

À MADAME DE GRIGNAN

À Époisse³, samedi 21ᵉ août [1677].

Nous arrivâmes hier au soir ici, à deux heures de nuit, ma
très-chère. Nous pensâmes verser mille fois dans des ravines,
que nous eussions fort aisément évitées, si nous eussions eu
seulement une petite bougie dans un petit bougeoir; mais c'est
5 une belle chose que de ne voir ni ciel ni terre. Enfin nous
envoyâmes au secours ici, où nous arrivâmes comme le maître
du logis allait se mettre au lit. Ce qui vous surprendra, c'est
que je n'avais point de peur; ce fut la bonne tête de l'abbé⁴
qui voulut faire ces quatorze lieues d'Auxerre ici, qui ne se
10 font pas ordinairement en un jour. J'étais levée à trois heures,
de sorte que je me suis reposée avec un grand plaisir dans
cette belle maison, où nous regrettons de n'avoir point trouvé
la maîtresse du logis. Vous connaissez le maître, et le bon air,
le bon esprit qu'il a pour ceux qu'il aime un peu. [...]

41

À MADAME DE GRIGNAN

À La Palisse, vendredi au soir 3ᵉ septembre [1677].

Vous voyez bien, ma très chère, que me voilà à Vichy, c'est-à-
dire j'y dînerai demain, comme je vous l'avais promis. Je vous
écrivis de Saulieu, avec M. de Guitaut, une assez folle lettre :
je vous en ai écrit quatre d'Époisse, où j'ai reçu toutes celles

---

1. *Courir la bague* : aller très vite; comparaison empruntée à un jeu où il s'agissait
d'enfiler à la course une bague suspendue à un poteau; 2. Le château appartenait
à la duchesse de Lesdiguières, nièce du cardinal de Retz. Si celle-ci mourait, le cardinal héritait du château. Or, il avait manifesté l'intention de faire de Mᵐᵉ de Grignan sa légataire universelle; 3. Le château d'Époisse, propriété des Guitaut, non
loin de Bourbilly, où se trouvait aussi une propriété de Mᵐᵉ de Sévigné; 4. L'abbé
de Coulanges, oncle de Mᵐᵉ de Sévigné, qu'il accompagne dans son voyage.

5 qui me sont revenues de Paris. J'ai été prise et retenue en
Bourgogne d'une telle sorte, que, si par hasard je ne m'étais
souvenue de vous et des eaux que vous voulez que je prenne,
je crois que je m'y serais oubliée. J'ai été chez Bussy, dans
un château qui n'est point Bussy[1], qui a le meilleur air du monde,
10 et dont la situation est admirable. La Coligny[2] y était ; elle
est très-aimable ; il y aurait beaucoup à parler ; mais je remets
ces bagatelles pour une autre fois. Il a fallu aller dîner chez
M. d'Autun[3] (le pauvre homme !) et puis chez M. de Toulougeon[4] ; et le jour que j'en devais partir, il fallut demeurer
15 pour parler de nos affaires avec le président de Berbisy[5] qui
venait m'y trouver. Enfin me voilà sur votre route de Lyon,
à vingt lieues de Lyon. Je serais mardi à Grignan, si Dieu le
voulait ; eh ! mon Dieu ! il faut détourner cette pensée, ma
chère enfant : elle fait un *dragon*[6], si l'on ne prend un soin
20 extrême de la gouverner.

Parlons de la traversée d'Autun ici qui est un chemin diabo-
lique. J'ai dit adieu pour jamais partout où j'ai passé. Je suis
ici dans le château de cette bonne de Saint-Géran[7] qui m'a
reçue comme sa fille. Vous y avez passé, ma fille : tout m'est
25 cher à mille lieues à la ronde. Je suis à plaindre quand je n'ai
point de vos nouvelles ; cela me fait une tristesse qui ne m'est
pas bonne. [...]

42

À MADAME DE GRIGNAN

À Gien, vendredi 1er octobre [1677].

[...] Hier au soir, à Cosne[8], nous allâmes dans un véritable
enfer : ce sont des forges de Vulcain : nous y trouvâmes huit
ou dix cyclopes forgeant, non pas les armes d'Énée, mais des
ancres pour les vaisseaux ; jamais vous n'avez vu redoubler
5 des coups si justes, ni d'une si admirable cadence. Nous étions

---

1. Il s'agit du château de Chaseu, près d'Autun ; 2. *La Coligny* : fille de Bussy
et nièce de Mme de Sévigné. Le gendre de Bussy était mort l'année précédente ;
3. *M. d'Autun* : l'évêque d'Autun. On prétendait qu'il avait servi de modèle pour
Tartuffe ; 4. *M. de Toulougeon* : Henri de Gramont ; 5. *Le président de Berbisy* : président au parlement de Dijon. Parent lointain de Mme de Sévigné. Il s'agit d'une
succession à laquelle Mme de Sévigné avait part ; 6. *Un dragon* : un motif chimé-
rique de crainte ; 7. *Mme de Saint-Géran* : Françoise de Warignies, femme de Bernard
de Guiche, comte de Saint-Géran ; 8. *Cosne*, dans la Nièvre ; Mme de Sévigné est
maintenant sur la route du retour vers Paris, après une cure de trois semaines.

au milieu de quatre fourneaux; de temps en temps ces démons
venaient autour de nous, tout fondus de sueur, avec des visages
pâles, des yeux farouches, des moustaches brutes, des cheveux
longs et noirs; cette vue pouvait effrayer des gens moins polis
10 que nous. Pour moi, je ne comprenais pas qu'il fût possible
de résister à nulle des volontés de ces messieurs-là dans leur
enfer. Enfin, nous en sortîmes avec une pluie de pièces de
quatre sous, dont nous eûmes soin de les rafraîchir pour faci-
liter notre sortie.

15   Nous avions vu la veille, à Nevers, une course la plus hardie
qu'on puisse s'imaginer : quatre belles dans un carrosse nous
ayant vus passer dans les nôtres, eurent une telle envie de nous
revoir, qu'elles voulurent gagner les devants lorsque nous
étions sur une chaussée qui n'a jamais été faite que pour un
20 carrosse. Ce téméraire cocher nous passa sur la moustache :
elles étaient à deux doigts de tomber dans la rivière; nous
criions tous miséricorde; elles pâmaient de rire, et coururent
de cette sorte, et par-dessus nous et devant nous, d'une si
surprenante manière, que nous en sommes encore effrayés.
25 Voilà, ma très chère, nos plus grandes aventures; car de vous
dire que tout est plein de vendanges et de vendangeurs, cette
nouvelle ne vous étonnerait pas au mois de septembre. Si
vous aviez été Noé, comme vous disiez l'autre jour[1], nous
n'aurions pas trouvé tant d'embarras.

30   Je veux vous dire un mot de ma santé; elle est parfaite, les
eaux m'ont fait des merveilles, et je trouve que vous vous êtes
fait un *dragon*[2] de cette douche : si j'avais pu le prévoir, je
me serais bien gardée de vous en parler; je n'eus aucun mal
de tête; je me trouvai un peu de chaleur à la gorge; et comme
35 je ne suai pas beaucoup la première fois, je me tins pour dit
que je n'avais pas besoin de transpirer comme l'année passée :
ainsi, je me suis contentée de boire à longs traits, dont je me
porte très bien : il n'y a rien de si bon que ces eaux.

---

1. Mme de Grignan avait peut-être écrit que si elle avait été Noé elle se serait
dispensée d'inventer la culture de la vigne; 2. *Dragon* : voir page 108, note 6.

——— **QUESTIONS** ———

■ SUR LES LETTRES 39 À 42. — Mme de Sévigné en voyage : caractérisez
chacune des anecdotes qui jalonnent ces lettres. Quels plaisirs Mme de
Sévigné apprécie-t-elle en voyage? Vers quoi se tourne volontiers sa
curiosité?

    — Comment le style arrive-t-il à rendre la fraîcheur et la vivacité des
impressions?

AUTOMNE À LIVRY

43

À MADAME DE GRIGNAN

À Livry, jeudi au soir 2ᵉ novembre [1679].

[...] Je crois que je ferai un traité sur l'amitié; je trouve qu'il
y a tant de choses qui en dépendent, tant de conduites et tant
de choses à éviter pour empêcher que ceux que nous aimons
n'en sentent le contre-coup; je trouve qu'il y a tant de ren-
5 contres¹, où nous les faisons souffrir, et où nous pourrions
adoucir leurs peines, si nous avions autant de vues et de pensées
qu'on en doit avoir pour ce qui tient au cœur : enfin je ferais
voir dans ce livre qu'il y a cent manières de témoigner son
amitié sans la dire, ou de dire par ses actions qu'on n'a point
10 d'amitié, lorsque la bouche traîtreusement vous en assure. Je
ne parle pour personne; mais ce qui est écrit est écrit.

Mon fils² me mande des folies, et il me dit qu'il y a un *lui*
qui m'adore, un autre qui m'étrangle, et qu'ils se battaient
tous les deux l'autre jour à outrance, dans le mail des Rochers.
15 Je lui réponds que je voulais que l'un eût tué l'autre, afin que
je n'eusse point trois enfants; que c'était ce dernier qui me faisait tout le mal de la maternité, et que s'il pouvait l'étrangler
lui-même, je serais trop contente des deux autres. J'admire la
lettre de Pauline³ : est-ce de son écriture? Non; mais pour
20 son style, il est aisé à reconnaître : la jolie enfant ! Je voudrais
bien que vous pussiez me l'envoyer dans une de vos lettres;
je ne serai consolée de ne pas la voir que par les nouveaux attachements qu'elle me donnerait; je m'en vais lui faire réponse.

---

1. *Rencontres :* occasions ménagées par le hasard; 2. Charles de Sévigné était alors
aux Rochers; 3. *Pauline :* fille de Mᵐᵉ de Grignan, née en 1674.

─────── **QUESTIONS** ───────

Lettre 43.

● LIGNES 1-11. Le ton de ce premier paragraphe surprend et inquiète.
Quels sentiments pouvaient bien occuper l'âme de Mᵐᵉ de Sévigné quand
elle l'écrivait?

● LIGNES 12-23. Contrastant avec le ton du paragraphe précédent, celui
de ce paragraphe est dépourvu de naturel et quelque peu précieux. Expliquez ce changement et précisez le sens de ce badinage.

Je quitte ce lieu à regret, ma fille; la campagne est encore
25 belle : cette avenue et tout ce qui était désolé des chenilles, et
qui a pris la liberté de repousser avec votre permission, est
plus vert qu'au printemps dans les plus belles années; les
petites et les grandes palissades¹ sont parées de ces belles nuances
de l'automne dont les peintres font si bien leur profit; les
30 grands ormes sont un peu dépouillés et l'on n'a point de regret
à ces feuilles picotées : la campagne en gros est encore toute
riante; j'y passais mes journées seule avec des livres; je ne m'y
ennuyais que comme je m'ennuierai partout, ne vous ayant
plus. Je ne sais ce que je vais faire à Paris; rien ne m'y attire,
35 je n'y ai point de contenance², mais le bon abbé dit qu'il y a
quelques affaires, et que tout est fini ici; allons donc. Il est
vrai que cette année a passé assez vite; mais je suis fort de
votre avis pour le mois de septembre; il m'a semblé qu'il a
duré six mois, tous des plus longs. Je vous manderai à Paris
40 des nouvelles de Mˡˡᵉ de Méri³.

Je n'eusse jamais pensé que cette Mᵐᵉ de Charmes⁴ eût
pu devenir sèche comme du bois : hélas! quels changements
ne fait point la mauvaise santé! Je vous prie de faire de la
vôtre le premier de vos devoirs; après celui-là, ma fille, et
45 M. de Grignan, auquel vous avez fait céder les autres⁵ avec
raison, si vous voulez bien me donner ma place, je vous en
ferai souvenir. Je suis bien heureuse si je ne ressemble non
plus à un devoir que M. de Grignan, et si vous pensez que
c'est mon tour présentement à être un peu consultée. Adieu,
50 ma chère enfant : je vous aime au-delà de tout ce qu'on peut
aimer.

---

1. *Palissades* : rangées d'arbres dont on laisse croître les branches dès le pied;
2. Mᵐᵉ de Sévigné veut dire qu'elle y est embarrassée de sa personne; 3. *Mˡˡᵉ de
Méri* : cousine de Mᵐᵉ de Sévigné; 4. *Mᵐᵉ de Charmes* : femme du président au
parlement d'Aix, grand ami de Fouquet; 5. *Les autres* devoirs. Mᵐᵉ de Grignan a
regagné la Provence en septembre 1679.

─────── **QUESTIONS** ───────

● LIGNES 24-34. Cette description de l'automne à Livry ne répond certes
pas à ce que nous attendons d'un sujet aussi riche. Montrez cependant,
dans ce passage, comment Mᵐᵉ de Sévigné introduit ses sentiments
dans la description et comment, par cela même, elle nous y intéresse.

● LIGNES 41-51. Rapprochez ces lignes des lignes 1-11, et essayez de
préciser l'état d'esprit de Mᵐᵉ de Sévigné au moment où elle écrit cette
lettre.

LA DISGRÂCE DE POMPONNE

44

À MADAME DE GRIGNAN

À Paris, ce 22ᵉ novembre [1679].

Ma bonne, je m'en vais bien vous surprendre et vous fâcher[1] :
M. de Pomponne[2] est disgracié. Il eut l'ordre, samedi soir, comme
il revenait de Pomponne, de se défaire de sa charge, qu'il en
aurait sept cent mille francs, qu'on lui continuerait sa pension
5 de vingt mille francs qu'il avait comme ministre, et que le Roi
avait réglé toutes ces choses pour lui marquer qu'il était content
de sa fidélité. Ce fut M. Colbert qui lui fit ce compliment, en
l'assurant qu'il était au désespoir d'être obligé, etc. M. de Pomponne demanda s'il ne pourrait point avoir l'honneur de parler
10 au Roi, et savoir de sa bouche quelle faute avait attiré ce coup
de tonnerre : on lui dit qu'il ne pouvait point parler au Roi ;
il lui écrivit, lui marqua son extrême douleur, et l'ignorance
où il était de ce qui pouvait lui avoir attiré sa disgrâce ; il lui
parla de sa nombreuse famille, il le supplia d'avoir égard à
15 huit enfants qu'il avait. Aussitôt il fit remettre ses chevaux au
carrosse, et revint à Paris, où il arriva à minuit.

Nous avions été, comme je vous ai mandé, le vendredi à
Pomponne, M. de Chaulnes, Lavardin[3] et moi : nous le trouvâmes, et les dames, qui nous reçurent fort gaiement. On causa
20 tout le soir, on joua aux échecs : ah ! quel échec et mat on lui
préparait à Saint-Germain ! Il y alla dès le lendemain matin,
parce qu'un courrier[4] l'attendait ; de sorte que M. Colbert,
qui croyait le trouver le samedi au soir comme à l'ordinaire,
sachant qu'il était allé droit à Saint-Germain, retourna sur ses
25 pas, et pensa crever ses chevaux. Pour nous, nous ne partîmes
de Pomponne qu'après dîner ; nous y laissâmes les dames,
Mᵐᵉ de Vins[5] m'ayant chargée de mille amitiés pour vous. Il

---

1. *Fâcher* : affliger ; 2. *Simon Arnauld de Pomponne* (1618-1699), neveu du grand
Arnauld. Il était secrétaire d'État aux Affaires étrangères depuis 1671 (voir d'autres
renseignements sur lui, page 27) ; 3. Sur M. de Chaulnes et Lavardin, voir page 101,
note 8 ; 4. Les courriers lui apportaient les communications des ambassadeurs ;
5. *Mᵐᵉ de Vins* : voir page 101, note 6.

──────── **QUESTIONS** ────────

Lettre 44.

● LIGNES 1-16. Sur quel ton se présente cette première version de l'événement ? Pourquoi Mᵐᵉ de Sévigné semble-t-elle adopter ici le ton « objectif » de la chronique ?

fallut donc leur mander cette triste nouvelle : ce fut un valet
de chambre de M. de Pomponne, qui arriva le dimanche à
30 neuf heures dans la chambre de Mme de Vins : c'était une
marche[1] si extraordinaire que celle de cet homme, et il était
si excessivement changé, que Mme de Vins crut absolument
qu'il lui venait dire la mort de M. de Pomponne; de sorte
que, quand elle sut qu'il n'était que disgracié, elle respira;
35 mais elle sentit son mal quand elle fut remise; elle alla le dire
à sa sœur. Elles partirent à l'instant; et laissant tous ces petits
garçons en larmes, et accablées de douleur, elles arrivèrent à
Paris à deux heures après midi, où elles trouvèrent M. de Pomponne. Vous pouvez vous représenter cette entrevue, et ce qu'ils
40 sentirent en se revoyant si différents de ce qu'ils pensaient être
la veille. Pour moi, j'appris cette nouvelle par l'abbé de Grignan[2]; je vous avoue qu'elle me toucha droit au cœur.

J'allai à leur porte vers le soir; on ne les voyait point en
public, j'entrai, je les trouvai tous trois. M. de Pomponne m'em-
45 brassa, sans pouvoir prononcer une parole; les dames ne purent
retenir leurs larmes, ni moi les miennes : ma chère bonne, vous
n'auriez pas retenu les vôtres; c'était un spectacle douloureux;
la circonstance de ce que nous venions de nous quitter à Pomponne d'une manière si différente augmenta notre tendresse[3].
50 Enfin je ne vous puis représenter cet état. La pauvre Mme de Vins,
que j'avais laissée si fleurie, n'était pas reconnaissable, je dis
pas reconnaissable; une fièvre de quinze jours ne l'aurait pas
tant changée : elle me parla de vous, et me dit qu'elle était
persuadée que vous sentiriez sa douleur, et l'état de M. de Pom-
55 ponne; je l'en assurai. Nous parlâmes du contre-coup qu'elle
ressentait de cette disgrâce; il est épouvantable, et pour ses
affaires, et pour l'agrément de sa vie et de son séjour, et pour
la fortune de son mari; elle voit tout cela bien douloureusement
et le sent bien, je vous en assure. M. de Pomponne n'était pas
60 en faveur; mais il était en état d'obtenir de certaines choses
ordinaires[4], qui font pourtant l'établissement des gens : il y a
bien des degrés au-dessous de la faveur des autres, qui font la
fortune des particuliers. C'était aussi une chose bien douce de
se trouver naturellement établie à la cour. O Dieu! quel chan-
65 gement! quel retranchement! quelle économie dans cette maison! Huit enfants! n'avoir pas eu le temps d'obtenir la moindre

---

1. *Marche* : démarche; 2. *L'abbé de Grignan* : frère du comte de Grignan; 3. *Tendresse* : attendrissement; 4. *Certaines choses ordinaires* : certaines faveurs, comme
celles que reçoivent la plupart des courtisans.

grâce! Ils doivent trente mille livres de rente[1]; voyez ce qui
leur restera : ils vont se réduire tristement à Paris, à Pomponne.
On dit que tant de voyages, et quelquefois des courriers qui
70 attendaient, et même celui de Bavière, qui était arrivé le vendredi, et que le Roi attendait impatiemment, ont un peu contri-
bué à ce malheur. Vous comprendrez aisément ces conduites
de la Providence, quand vous saurez que c'est M. le président
Colbert[2] qui a la charge; il est en Bavière; Monsieur son frère
75 la fait[3] en attendant, et lui a écrit en se réjouissant, et pour
le surprendre, et comme si on s'était trompé au-dessus de la
lettre : *À Monsieur, Monsieur Colbert, ministre et secrétaire
d'Etat.* J'en ai fait mon compliment dans la maison affligée :
rien ne pouvait être mieux. Faites un peu de réflexion à toute
80 la puissance de cette famille, et joignez les pays étrangers à
tout le reste[4]; et vous verrez que tout ce qui est de l'autre côté,
où l'on se marie[5], ne vaut point cela.

  Ma pauvre bonne, voilà bien des détails et des circonstances;
mais il me semble qu'ils ne sont point désagréables dans ces
85 sortes d'occasions : il me semble que vous voulez toujours
qu'on vous parle; je n'ai que trop parlé. Quand votre courrier[6] viendra, je n'ai plus à le présenter; c'est encore un de

---

  1. *Trente mille livres de rente* représentaient un capital d'environ 600 000 livres;
2. *Le président Colbert :* frère du ministre; 3. Occupe cette charge, en assure l'in-
térim; 4. Colbert assumait à lui seul les fonctions de ministre des Finances, de l'Intérieur, du Commerce, de l'Agriculture, de la Marine, de la Justice et des Beaux-Arts;
5. Allusion à Louvois. Sa fille épousa le 23 novembre le duc François de La Rochefoucauld; 6. Le ministre des Pays étrangers avait aussi l'administration de quelques
provinces, dont la Provence. M. de Grignan, gouverneur de Provence, envoyait au
secrétaire d'État des dépêches par l'intermédiaire de courriers, qui apportaient aussi
à Mme de Sévigné les lettres de Mme de Grignan. Mme de Sévigné se donnait sans
doute le plaisir de présenter le courrier de Provence à son ami Pomponne, du temps
que celui-ci était ministre.

QUESTIONS

● LIGNES 17-67. La seconde version du même événement. L'art de peindre
les situations dramatiques. Étudiez les procédés qui font de cette relation
l'une des plus saisissantes parmi toutes celles qu'écrivit Mme de Sévigné.
Cherchez dans d'autres lettres des exemples de scènes de ce genre, où
Mme de Sévigné participe aux malheurs de ses amis. Qu'en conclure
sur sa sensibilité?

● LIGNES 68-82. Sous quel nouvel aspect Mme de Sévigné envisage-t-elle
maintenant la disgrâce de Pomponne? En quoi ce passage traduit-il les
préoccupations de la classe sociale à laquelle appartient Mme de Sévigné?
Analysez ses sentiments à l'égard de l'ascension de Colbert et de sa famille.
En quelles autres occasions a-t-on pu percevoir son antipathie pour le
ministre de Louis XIV?

mes chagrins de vous être désormais entièrement inutile; il est vrai que je l'étais déjà par Mme de Vins; mais on se ralliait
90 ensemble. Enfin, ma fille, voilà qui est fait, voilà le monde. M. de Pomponne est plus capable que personne de soutenir ce malheur avec courage, avec résignation et beaucoup de christianisme. [...]

L'EXÉCUTION DE LA VOISIN

45

À MADAME DE GRIGNAN

À Paris, vendredi 23e février [1680].

[...] Je ne vous parlerai que de Mme Voisin[1] : ce ne fut point mercredi, comme je vous l'avais mandé, qu'elle fut brûlée, ce ne fut qu'hier. Elle savait son arrêt dès lundi, chose fort extraordinaire. Le soir[2] elle dit à ses gardes : « Quoi? nous ne ferons
5 point médianoche[3]! » Elle mangea avec eux à minuit, par fantaisie, car il n'était point jour maigre; elle but beaucoup de vin, elle chanta vingt chansons à boire. Le mardi elle eut la question ordinaire, extraordinaire; elle avait dîné et dormi huit heures; elle fut confrontée à[4] Mmes de Dreux, Le Féron[5]
10 et plusieurs autres, sur le matelas[6] : on ne dit pas encore ce qu'elle a dit; on croit toujours qu'on verra des choses étranges[7]. Elle soupa le soir, et recommença, toute brisée[8] qu'elle était, à faire la débauche[9] avec scandale : on lui en fit honte, et on lui dit qu'elle ferait bien mieux de penser à Dieu, et de chanter
15 un *Ave maris stella*, ou un *Salve*, que toutes ces chansons : elle chanta l'un et l'autre en ridicule[10], elle mangea le soir et dormit. Le mercredi se passa de même en confrontations, et débauches, et chansons : elle ne voulut point voir de confes-

---

1. Catherine des Hayes, veuve de Montvoisin, surnommée *la Voisin* (1640-1680). Elle s'occupait de magie. Arrêtée comme coupable de vendre des poisons, appelés alors *poudres de succession*, elle fut condamnée à être brûlée vive; 2. Le lundi soir; 3. *Médianoche* : repas gras que l'on faisait à minuit, après un jour maigre; 4. Confrontée avec; 5. Plusieurs Le Féron occupèrent de hautes charges dans la magistrature; 6. Où on l'avait étendue après la torture; 7. La curiosité publique fut très vive dans ce procès, où se trouvaient compromis de hauts personnages : on attendait chaque jour quelque nouveau scandale; 8. *Brisée* par la torture; 9. Boire et chanter; 10. En les tournant *en ridicule*.

■ QUESTIONS

■ SUR L'ENSEMBLE DE LA LETTRE 44. — Étudiez la composition de cette lettre. Comment le même événement est-il envisagé successivement sous des perspectives différentes?

seur. Enfin le jeudi, qui était hier, on ne voulut lui donner qu'un
20 bouillon : elle en gronda, craignant de n'avoir pas la force de
parler à ces Messieurs. Elle vint en carrosse de Vincennes à
Paris; elle étouffa un peu, et fut embarrassée; on la voulut faire
confesser, point de nouvelles[1]. A cinq heures on la lia; et
avec une torche à la main, elle parut dans le tombereau, habillée
25 de blanc : c'est une sorte d'habit pour être brûlée; elle était
fort rouge, et l'on voyait qu'elle repoussait le confesseur et
le crucifix avec violence. Nous la vîmes passer à l'hôtel de
Sully[2], Mme de Chaulnes et Mme de Sully, la Comtesse[3], et
bien d'autres. A Notre-Dame, elle ne voulut jamais prononcer
30 l'amende honorable, et à la Grève elle se défendit, autant qu'elle
put, de sortir du tombereau : on l'en tira de force, on la mit
sur le bûcher, assise et liée avec du fer; on la couvrit de paille;
elle jura beaucoup; elle repoussa la paille cinq ou six fois; mais
enfin le feu s'augmenta, et on l'a perdue de vue, et ses cendres
35 sont en l'air présentement. Voilà la mort de Mme Voisin,
célèbre par ses crimes et par son impiété. On croit qu'il y
aura de grandes suites qui nous surprendront.

Un juge, à qui mon fils disait l'autre jour que c'était une
étrange chose que de la faire brûler à petit feu, lui dit : « Ah!
40 Monsieur! il y a certains petits adoucissements à cause de la
faiblesse du sexe. — Eh quoi! Monsieur, on les étrangle? —
Non, mais on leur jette des bûches sur la tête; les garçons du
bourreau leur arrachent la tête avec des crocs de fer. » Vous
voyez bien, ma fille, que cela n'est pas si terrible que l'on
45 pense : comment vous portez-vous de ce petit conte? Il m'a
fait grincer les dents. Une de ces misérables, qui fut pendue
l'autre jour, avait demandé la vie à M. de Louvois, et qu'en
ce cas elle dirait des choses étranges; elle fut refusée. « Eh
bien! dit-elle, soyez persuadé que nulle douleur ne me fera
50 dire une seule parole. » On lui donna la question ordinaire,

---

1. *Point de nouvelles* : rien à faire; 2. Rue Saint-Antoine. Cet hôtel acheté par
Sully était resté à sa famille et existe encore; 3. *La Comtesse* : Gillonne d'Harcourt,
comtesse de Fiesque.

■■■■ QUESTIONS ■■■■■■■■■■■■■■■■■■■■■■■■■■■■■■■

Lettre 45.

● Lignes 1-37. Quels sont les détails choisis par Mme de Sévigné pour
mettre en relief l'impiété de l'empoisonneuse et comment ces détails
sont-ils mis en valeur? Que conclure de ce récit quant à la curiosité de
Mme de Sévigné? A-t-on vu en d'autres circonstances s'exercer la même
curiosité? Comparez ce récit à celui de l'exécution de la Brinvilliers
(lettre 38, page 104).

extraordinaire et si extraordinairement ordinaire, qu'elle pensa
y mourir, comme une autre qui expira, le médecin lui tenant le
pouls, cela soit dit en passant. Cette femme donc souffrit tout
l'excès de ce martyre sans parler. On la mène à la Grève; avant
55 que d'être jetée, elle dit qu'elle voudrait parler; elle se présente
héroïquement : « Messieurs, dit-elle, assurez M. de Louvois
que je suis sa servante, et que je lui ai tenu ma parole; allons,
qu'on achève! » Elle fut expédiée[1] à l'instant. Que dites-vous
de cette sorte de courage? Je sais encore mille petits contes
60 agréables comme celui-là; mais le moyen de tout dire? [...]

UN SÉJOUR EN BRETAGNE EN 1680

46

À MADAME DE GRIGNAN

À Nantes, lundi au soir 27e mai [1680].

[...] Je fus hier au Buron[2], j'en revins le soir; je pensai pleurer
en voyant la dégradation de cette terre : il y avait les plus
vieux bois du monde; mon fils, dans son dernier voyage, lui
a donné les derniers coups de cognée. Il a encore voulu vendre
5 un petit bouquet qui faisait une assez grande beauté; tout cela
est pitoyable : il en a rapporté quatre cents pistoles[3], dont il
n'eut pas un sou un mois après. Il est impossible de comprendre
ce qu'il fait, ni ce que son voyage en Bretagne lui a coûté, où
il était comme un gueux, car il avait renvoyé ses laquais et
10 son cocher à Paris; il n'avait que le seul Larmechin[4] dans cette

---

1. On en finit rapidement avec elle; 2. Le *Buron* est une propriété des Sévigné,
près de Nantes; 3. « Ordinairement, quand on dit *pistole* sans ajouter d'*or*,
on n'entend que la valeur de dix francs » (*Dictionnaire de l'Académie*, 1694);
4. *Larmechin* : valet de chambre de Charles de Sévigné.

QUESTIONS

● LIGNES 38-60. D'après ces deux anecdotes, peut-on voir quel sentiment anime Mme de Sévigné quand elle découvre certains aspects atroces
de la justice? Relevez dans la dernière anecdote tous les termes qui trahissent
l'admiration de Mme de Sévigné.

■ SUR L'ENSEMBLE DE LA LETTRE 45. — N'y a-t-il pas une certaine tendance chez Mme de Sévigné à s'intéresser à des détails horribles? Comment expliquer que cette curiosité soit conciliable avec sa sensibilité?
Quel univers étrange et séduisant découvre-t-elle ici?

ville, où il fut deux mois. Il trouve l'invention[1] de dépenser sans paraître[2], de perdre sans jouer, et de payer sans s'acquitter; toujours une soif et un besoin d'argent, en paix comme en guerre; c'est un abîme de je ne sais pas quoi, car il n'a aucune
15 fantaisie[3], mais sa main est un creuset qui fond l'argent. Ma bonne, il faut que vous essuyiez tout ceci. Toutes ces dryades affligées que je vis hier, tous ces vieux sylvains qui ne savent plus où se retirer, tous ces anciens corbeaux établis depuis deux cents ans dans l'horreur[4] de ces bois, ces chouettes qui,
20 dans cette obscurité, annonçaient, par leurs funestes cris, les malheurs de tous les hommes; tout cela me fit hier des plaintes qui me touchèrent sensiblement le cœur; et que sait-on même si plusieurs de ces vieux chênes n'ont point parlé, comme celui où était Clorinde[5]? Ce lieu était un *luogo d'incanto*[6],
25 s'il en fut jamais; j'en revins toute triste; le souper que me donna le premier président[7] et sa femme ne fut point capable de me réjouir [...].

47

À MADAME DE GRIGNAN

Aux Rochers, ce mercredi 12e juin [1680].

[...] C'est aujourd'hui, ma bonne, que l'on commence votre grand bâtiment; Du But[8] fera des merveilles pour presser les ouvriers; on n'a su le commencer plus tôt; il y aura assez de temps. Je vous envoie un billet de Mme de Lavardin[9], où
5 vous verrez tout ce qu'elle pense. Je serais tentée de vous envoyer une grande lettre de Mme de Mouci[10], où elle prend

---

1. *L'invention* : le moyen ingénieux (ironique); 2. Sans qu'il y paraisse dans son train de vie; 3. Aucune imagination dans ses dépenses; 4. Ce sentiment de respect et d'effroi que cause la vue des bois; 5. Dans la *Jérusalem délivrée*, du Tasse, Tancrède frappe un cyprès d'où sort la voix de Clorinde; 6. *Un luogo d'incanto* : un lieu d'enchantement; 7. *Le premier président* : M. de La Bunelaye, premier président de la Chambre des comptes de Nantes; 8. *Du But* : intendant de l'hôtel Carnavalet; 9. *Mme de Lavardin* : une amie intime de Mme de Sévigné (voir lettres 26, 27 et aussi les lignes 150-157 de la lettre 36); 10. Mme de Harlay, marquise de Mouci.

─────── **QUESTIONS** ───────

Lettre 46.

■ SUR L'ENSEMBLE DE LA LETTRE. — Comment s'explique la colère de Mme de Sévigné?

— On étudiera dans cette lettre une des formes de l'imagination de Mme de Sévigné.

plaisir à me conter tout ce qu'elle fait pour cette noce[1]; elle
me choisit plutôt qu'une autre, pour me faire part de sa
conduite : elle a raison; ce second tome est digne d'admi-
10 ration à ceux qui ont lu le premier. Elle prend plaisir à combler
M. de Lavardin de ses générosités, par l'usage qu'elle fait du
souverain pouvoir qu'elle a sur sa mère. Elle fait donner mille
louis pour des perles; elle a fait donner tous les chenets, les
plaques, chandeliers, tables et guéridons d'argent qu'on peut
15 souhaiter, les belles tapisseries, les beaux vieux meubles, tout
le beau linge et robes de chambre du marié, qu'elle a choisis.
Son cœur se venge par les bienfaits; car sans elle c'eût été
une noce de village; elle a fait donner des terres considérables;
et, pour comble de biens, elle fera qu'ils ne logeront point
20 avec elle. Cette mère est mystérieuse, et d'une exactitude sur
les heures, qui ne convient point à des jeunes gens. Elle m'étale
avec plaisir toute sa belle âme, et j'admire par quels tours
et par quels arrangements il faut que Mme de Mouci serve au
bonheur de M. de Lavardin[2]. L'envie d'être singulière et
25 d'étonner par des procédés non communs, est, ce me semble,
la source de bien des vertus. Elle me mande que si j'étais à
Paris, elle serait contente, parce que je l'entendrais; que personne ne comprend ce qu'elle fait; qu'au reste je pâmerais
de rire, de voir les convulsions de Mme de Lavardin, quand,
30 par la puissance de l'exorcisme, elle fait sortir de chez elle le
démon de l'avarice; elle en demeure toute abattue, comme

---

1. Il s'agit du mariage de Henri Charles de Lavardin avec Louise Anne de Noailles,
fille du duc Anne-Jules, comte d'Ayen, maréchal de France. Dans une lettre du
9 juin, Mme de Sévigné écrivait : « Mme de Lavardin m'écrit qu'elle est contente,
et je vois que non : une belle-fille la dérange; je ne crois pas même qu'elles logent
ensemble. Je suis assurée que son cœur est brisé du personnage héroïque de Mme de
Mouci; elle ne se plaindra point, mais pourra bien étouffer : je vois leurs cœurs.
Mme de Lavardin me parle de Malicorne, où elle veut doucement venir finir sa carrière. Je vois un dessous de cartes funeste; je vois encore l'embarras de son fils, déchiré
d'amitié, de reconnaissance pour sa mère, chagrin de l'incompatibilité de son humeur,
empêtré d'une jeune femme, sacrifié sottement à son nom et à sa maison »; 2. Mme de
Sévigné écrira quelques jours plus tard : « Ne connaissons-nous pas une princesse
qui se dépêcha de marier son amant, afin qu'elle n'eût plus envie de l'épouser et
qu'il n'en fût plus aucune question? C'est justement tout comme. Mme de Mouci
se plaît à faire des actions extraordinaires, et réjouira la noce; je ne voudrais pas
jurer qu'elle n'allât à Malicorne consoler la douleur de Mme de Lavardin. »

--- **QUESTIONS** ---

Lettre 47.

● Lignes 4-33. En vous aidant des notes, vous essaierez de montrer
l'intérêt que présente ce passage pour une connaissance précise de la
qualité de l'observation psychologique chez Mme de Sévigné.

LA MORT DE TURENNE
Gravure du temps.

LA BRINVILLIERS LE JOUR DE SON SUPPLICE

Dessin de Charles Le Brun
Musée du Louvre

ces filles de Loudun[1]; je comprends que c'est une assez agréable scène. [...]

L'autre jour on vint me dire : « Madame, il fait chaud
35 dans le mail[2], il n'y a pas un brin de vent; la lune y fait des effets les plus brillants du monde. » Je ne pus résister à la tentation; je mets mon infanterie sur pied; je mets tous les bonnets, coiffes et casaques qui n'étaient point nécessaires; j'allai dans ce mail, dont l'air est comme celui de ma chambre;
40 je trouvai mille coxigrues, des moines blancs et noirs, plusieurs religieuses grises et blanches, du linge jeté par-ci, par-là, des hommes noirs, d'autres ensevelis tout droits contre des arbres, des petits hommes cachés, qui ne montraient que la tête, des prêtres qui n'osaient approcher. Après avoir ri de toutes ces
45 figures, et nous être persuadés que voilà ce qui s'appelle des esprits, et que notre imagination en est le théâtre, nous nous en revînmes sans nous arrêter, et sans avoir senti la moindre humidité. Ma chère bonne, je vous demande pardon, je crus être obligée, à l'exemple des anciens, comme nous disait ce
50 fou que nous trouvâmes dans le jardin de Livry, de donner cette marque de respect à la lune : je vous assure que je m'en porte fort bien. [...]

Savez-vous l'histoire de Mme de Saint-Pouanges[3]? On me l'a longtemps cachée, de peur que je ne voulusse pas revenir
55 à Paris en carrosse. Cette petite femme s'en va à Fontainebleau; car il faut profiter de tout : elle prétend s'y bien divertir; elle y a une jolie place; elle est jeune, les plaisirs lui conviennent; elle a même la joie de partir à six heures du soir avec bien des relais pour arriver à minuit : c'est le bel air.
60 Voici ce qui l'attend : elle verse en chemin, une glace lui coupe son corps de jupe, et entre dans son corps si avant, qu'elle s'en meurt. On me mandait de Paris qu'elle était désespérée, et des chirurgiens, et de mourir si jeune. Voilà une belle aventure; vous la saviez, ma bonne; c'est une folie de vous l'avoir mandée;

---

1. Allusion aux Ursulines « possédées » de Loudun. Urbain Grandier, curé de Loudun, accusé d'avoir jeté dans la possession démoniaque ces religieuses, fut brûlé vif; 2. *Mail :* voir page 66, note 4; 3. Marie de Berthemet, marquise de Saint-Pouanges. L'accident eut lieu le 6 juin. Le conducteur, ivre, avait voulu dépasser une autre voiture.

―――――― **QUESTIONS** ――――――

● LIGNES 34-52. Vous étudierez la nature de l'imagination de Mme de Sévigné et la tendance de son esprit à « raisonner de tout ».
● LIGNES 53-66. Pourquoi ce fait divers laisse-t-il une impression aussi profonde dans l'esprit, sinon dans le cœur de Mme de Sévigné?

65 mais c'est que l'histoire me fait une grande trace dans le cerveau. [...]

Ma chère bonne, je suis trop heureuse que vous soyez
convaincue de mon amitié parfaite; vous lui faites bien de
l'honneur d'observer ses allures naturelles; mon cœur n'en
70 sait pas davantage, et il en sait beaucoup; je voudrais aussi
que vous m'entendissiez parler du vôtre, et de quelle manière
je compte sur le fond et sur la solidité de votre tendresse :
que puis-je désirer de plus de la personne du monde que j'aime
le mieux? Vos lettres sont lues et relues avec des sentiments
75 dignes d'elles. Vous m'occupez toute la semaine : le lundi au
matin je les reçois, je les lis, j'y fais réponse jusqu'au mercredi;
le jeudi j'attends le vendredi matin; en voilà encore : cela me
nourrit de la même sorte jusqu'au dimanche; et ainsi les jours
vont en attendant tout ce que ma tendresse me fait espérer,
80 sans savoir précisément comme tout se démêlera. [...]

SUR UN SERMON DU P. BOURDALOUE

48

AU COMTE ET À LA COMTESSE DE GUITAUT

À Paris, vendredi 5e mars [1683].

Vos lettres sont aimables; mon fils a lu la dernière, il en a
été charmé; ma fille les connaît, et nous les lisons ensemble
avec plaisir. Elle se montre un peu plus souvent à Versailles;
mais elle vous aime encore trop pour oser jeter quelque fonde-
5 ment sur sa fortune[1]. Pour moi, je ne pense plus à tous ces
beaux appartements, cela est passé.

Je suis entêtée du P. Bourdaloue; j'ai commencé dès le jour
des Cendres à l'entendre à Saint-Paul[2]; il a déjà fait trois
sermons admirables. M. de Lauzun[3] n'en perd aucun; il appren-
10 dra sa religion et je suis assurée que c'est une histoire toute
nouvelle pour lui. C'était sur l'évangile du Centenier qui dit

---

1. M. de Grignan trouvant un emploi à la Cour, Mme de Grignan perdrait l'occasion de voir les Guitaut dans leur résidence d'Époisse (voir page 107) en allant en
Provence ou en en revenant (note de l'édition Gérard-Gailly); 2. *Saint-Paul.* Cette
église a été démolie en 1790 et son nom donné à l'église Saint-Louis, au faubourg
Saint-Antoine; 3. *M. de Lauzun :* voir page 43, note 7.

--- QUESTIONS ---

● LIGNES 67-74. Expliquez avec précision ce passage. Montrez que si
l'expression est quelque peu alambiquée, les sentiments n'en demeurent
pas moins sincères et émouvants.

à Notre-Seigneur : *Domine, non sum dignus*[1]. Sur cela il prit
occasion de parler des dispositions où il fallait être pour communier ; que ceux qui conduisaient les âmes ne devaient jamais
15 faire la menace de la profanation du corps de Jésus-Christ,
sans avertir que si nous n'y participions, nous n'aurions jamais
la vie éternelle ; que ces deux choses ne devaient jamais se
séparer ; que si nous étions bien disposés, il fallait en approcher
toujours ; et si nous étions dans le péché, il ne fallait jamais
20 s'en approcher, dit saint Augustin ; mais qu'il fallait s'efforcer
de se mettre dans l'état où il nous est permis de nous en approcher, plutôt que de demeurer tranquilles dans la séparation
de ce divin mystère, qui était une fausse paix, et la seule et
fausse marque de religion de la plupart des libertins. Tout
25 cela fut traité avec une justesse, une droiture, une vérité, que
les plus grands critiques n'auraient pas eu le mot à dire.
M. Arnauld[2] lui-même n'aurait pas parlé d'une autre manière.
Tout le monde était enlevé et disait que c'était marcher sur des
charbons ardents, sur des rasoirs, que de traiter cette matière
30 si adroitement et avec tant d'esprit, qu'il n'y eût pas un mot
à reprendre ni d'un côté ni d'autre. [...]

Vous savez comme le Roi a donné deux mille livres de pension à Mlle de Scudéry : c'est par un billet de Mme de Maintenon qu'elle apprit cette bonne nouvelle. Elle fut remercier[3]
35 Sa Majesté un jour d'appartement[4] ; elle fut reçue en toute
perfection ; c'était une affaire que de recevoir cette merveilleuse Muse. Le Roi lui parla et l'embrassa pour l'empêcher
d'embrasser ses genoux. Toute cette petite conversation fut
d'une justesse admirable ; Mme de Maintenon était l'inter-
40 prète. Tout le Parnasse est en émotion pour remercier et le
héros et l'héroïne. [...]

---

1. *Domine non sum dignus* : « Seigneur, je ne suis pas digne » (Évangile de saint
Luc, VII, 6). Paroles du centurion romain (le *centenier*) à Jésus qui entre dans sa
maison ; 2. Arnauld, qui était le grand théologien janséniste, était l'auteur d'un traité : *De la
fréquente communion ;* 3. Elle alla remercier ; 4. Il s'agit d'un jour où le roi, dans son
palais de Versailles, donnait des divertissements. Mlle de Scudéry avait alors 76 ans.

───── **QUESTIONS** ─────

Lettre 48.

● LIGNES 1-31. Vous direz comment il peut se faire que Mme de Sévigné
unisse dans une même admiration le jésuite Bourdaloue et le janséniste
Arnauld. Sur quel terrain leur accord, selon elle, se réalise-t-il ? Quelles
sont les qualités qui rendent l'éloquence de Bourdaloue si passionnante ?

● LIGNES 32-41. Dans ce passage vous étudierez, chez Mme de Sévigné,
l'art de la « relation » et aussi l'ironie, qui, pour n'être pas méchante,
n'en est pas moins sensible dans ces lignes.

À CHARLES DE SÉVIGNÉ[1]

À Paris, ce 5e août [1684].

Il faut qu'en attendant vos lettres, je vous conte une fort jolie petite histoire. Vous avez regretté Mlle de ***[2]; vous avez mis au rang de vos malheurs de ne l'avoir point épousée; vos meilleures amies étaient révoltées contre votre bonheur :
5 c'étaient Mme de Lavardin[3] et Mme de La Fayette, qui vous coupaient la gorge. Une fille de qualité, bien faite, avec cent mille écus! ne faut-il pas être bien destiné à n'être jamais établi[4], et à finir sa vie comme un misérable, pour ne pas profiter des partis de cette conséquence, quand ils sont entre nos
10 mains?

Le marquis de ***[5] n'a pas été si difficile : la voilà bien établie. Il faut être bien maudit pour avoir manqué cette affaire-là : voyez la vie qu'elle mène; c'est une sainte, c'est l'exemple de toutes les femmes. Il est vrai, mon très-cher,
15 jusqu'à ce que vous ayez épousé Mlle de Mauron[6], vous avez été prêt à vous pendre; vous ne pouviez mieux faire, mais attendons la fin. Toutes ces belles dispositions de sa jeunesse, qui faisaient dire à Mme de La Fayette qu'elle n'en aurait pas voulu pour son fils avec un million, s'étaient heureusement
20 tournées du côté de Dieu : c'était son amant, c'était l'objet de son amour; tout s'était réuni à cette unique passion. Mais comme tout est extrême dans cette créature, sa tête n'a pas pu soutenir l'excès du zèle et de la charité dont elle était possédée; et pour contenter ce cœur de Madeleine[7], elle a voulu

---

1. L'une des deux lettres que nous possédons de Mme de Sévigné à son fils (note de l'édition Gérard-Gailly); 2. Jeanne Françoise de Garaud, fille d'un président à mortier au parlement de Toulouse (Gérard-Gailly); 3. Mme de Lavardin : voir page 118, note 9; 4. *Etre établi* : être marié, avoir une situation familiale définitivement fixée; 5. Yves d'Alègre, colonel des dragons du roi, avait épousé cette Mlle de Garaud; 6. *Mlle de Mauron* : fille d'un conseiller au parlement de Bretagne, riche, écrit Mme de Sévigné à son cousin Bussy-Rabutin, de plus de soixante mille livres de rente; 7. *Madeleine* : la pécheresse repentie, citée souvent dans les évangiles, devenue le symbole du repentir.

QUESTIONS

Lettre 49.

● LIGNES 1-10. Peut-on, à travers ce préambule, deviner certains aspects du caractère de Charles de Sévigné? A quoi tient ici la malice du ton?

25 profiter des bons exemples et des bonnes lectures de la vie des
saints Pères du Désert[1], et des saintes pénitentes. Elle a voulu
être le *don Quichotte* de ces admirables histoires; elle partit, il
y a quinze jours, de chez elle à quatre heures du matin avec
cinq ou six pistoles, et un petit laquais; elle trouva dans le fau-
30 bourg une chaise roulante[2]; elle monte dedans, et s'en va à
Rouen toute seule, assez déchirée, assez barbouillée, de crainte
de quelque mauvaise rencontre; elle arrive à Rouen, elle fait
son marché de s'embarquer dans un vaisseau qui va aux Indes;
c'est là où Dieu l'appelle, c'est où elle veut faire pénitence,
35 c'est où elle a vu, sur la carte, les endroits qui l'invitent à finir
sa vie sous le sac et sur la cendre, c'est là où l'abbé Zosime[3]
la viendra communier quand elle mourra. Elle est contente
de sa résolution, elle voit bien que c'est justement cela que
Dieu demande d'elle; elle renvoie le petit laquais en son pays;
40 elle attend avec impatience que le vaisseau parte; il faut que
son bon ange la console de tous les moments qui retardent
son départ; elle a saintement oublié son mari, sa fille, son
père et toute sa famille; elle dit à toute heure :

Çà, courage, mon cœur, point de faiblesse humaine[4].

45 Il paraît qu'elle est exaucée, elle touche au moment bienheureux qui la sépare pour jamais de notre continent; elle
suit la loi de l'Évangile, elle quitte tout pour suivre Jésus-
Christ. Cependant on s'aperçoit dans sa maison qu'elle ne
revient point dîner; on va aux églises voisines, elle n'y est pas;
50 on croit qu'elle viendra le soir, point de nouvelles; on commence
à s'étonner, on demande à ses gens, ils ne savent rien; elle a
un petit laquais avec elle, elle sera sans doute à Port-Royal
des Champs, elle n'y est pas; où pourra-t-elle être? On court
chez le curé de Saint-Jacques du Haut Pas; le curé dit qu'il
55 a quitté depuis longtemps le soin de sa conscience, et que la
voyant toute pleine de pensées extraordinaires, et de désirs
immodérés de la Thébaïde[5], comme il est homme tout simple
et tout vrai, il n'a point voulu se mêler de sa conduite; on ne

---

1. Les pères du Désert sont des ermites de l'Église primitive, qui menaient une
vie ascétique dans la solitude; 2. *Chaise roulante* : voiture de louage pour les trajets
d'une ville à l'autre; 3. *L'abbé Zosime*. On raconte qu'il venait chaque année donner
la communion à Sainte Marie l'Égyptienne, dans la nuit du jeudi au vendredi saint.
Sainte Marie l'Égyptienne avait mené d'abord à Alexandrie une vie de désordres.
Sa pénitence dans le désert dura quarante-sept ans; 4. *Tartuffe*, acte IV, scène III,
vers 1293, prononcé par Orgon : « Allons, ferme, mon cœur, point de faiblesse
humaine »; 5. *La Thébaïde* : désert d'Égypte, dans la région de Thèbes, où vivaient
les ermites du christianisme primitif.

sait plus à qui avoir recours : un jour, deux, trois, six jours;
60 on envoie à quelques ports de mer, et, par un hasard étrange,
on la trouve à Rouen sur le point de s'en aller à Dieppe, et
de là au bout du monde. On la prend, on la ramène bien joliment, elle est un peu embarrassée :

> J'allais, j'étais... l'amour a sur moi tant d'empire[1].

65   Une confidente déclare ses desseins; on est affligé dans la
famille; on veut cacher cette folie au mari, qui n'est pas à
Paris, et qui aimerait mieux une galanterie qu'une telle équipée.
La mère du mari pleura avec Mme de Lavardin, qui pâme
de rire, et qui dit à ma fille : « Me pardonnez-vous d'avoir
70 empêché que votre frère n'ait épousé cette infante? » On conte
aussi cette tragique histoire à Mme de La Fayette, qui me l'a
répétée avec plaisir, et qui me prie de vous demander si vous
êtes encore bien en colère contre elle; elle soutient qu'on ne
peut jamais se repentir de n'avoir pas épousé une folle. On
75 n'ose en parler à Mlle de Grignan[2], son amie, qui mâchonne
quelque chose d'un pèlerinage, et se jette, pour avoir plus
tôt fait, dans un profond silence. Que dites-vous de ce petit
récit? Vous a-t-il ennuyé? N'êtes-vous pas content?

    Adieu, mon fils : M. de Schomberg[3] marche en Allemagne
80 avec vingt-cinq mille hommes; c'est pour faire venir plus
promptement la signature de l'Empereur. La *Gazette*[4] vous
dira le reste.

---

1. Vers du *Venceslas* de Rotrou; 2. *Mlle de Grignan :* fille aînée de M. de Grignan,
née du premier mariage de M. de Grignan, qui avait d'abord épousé Angélique
d'Angennes, fille de Mme de Rambouillet; 3. *M. de Schomberg :* maréchal de France
depuis 1675. La campagne militaire qui se déroule alors sera de courte durée; après
la prise de Luxembourg par Schomberg, une trêve de vingt ans sera signée le 15 août
entre la France et l'Empereur; 4. *La Gazette*, créée par Théophraste Renaudot en
1631, continuait toujours à paraître et était devenue l'organe des informations offi-
cielles.

——— ● QUESTIONS ———————————————

● LIGNES 11-67. Le mélange adroit du mouvement dramatique et de l'ironie dans ce récit. — L'imagination de Mme de Sévigné lui sert-elle seulement à rendre vivants les épisodes de cette aventure? En quoi lui permet-
elle de reconstituer à sa façon la psychologie de son personnage?

■ SUR L'ENSEMBLE DE LA LETTRE. — Comment Mme de Sévigné juge-t-elle
les sentiments qui ont poussé cette Mlle de ... à une telle équipée? Retrouve-
t-on ici les sentiments de Mme de Sévigné sur la morale familiale et religieuse?

— Peut-on juger d'après cette lettre (une des deux lettres qui, seules,
ont été conservées de sa correspondance avec son fils) des sentiments
qui unissaient Mme de Sévigné à Charles?

LA MORT DE CONDÉ

50

AU PRÉSIDENT DE MOULCEAU

À Paris, vendredi 13e décembre 1686.

Je vous ai écrit, Monsieur, une grande lettre, il y a plus
d'un mois, toute pleine d'amitié, de secrets et de confiance.
Je ne sais ce qu'elle est devenue : elle se sera égarée, en vous
allant chercher peut-être aux états[1] : tant y a que vous ne
5 m'avez point fait de réponse; mais cela ne m'empêchera pas
de vous apprendre une triste et une agréable nouvelle : la mort
de M. le Prince[2], arrivée à Fontainebleau avant-hier, mercredi
11e du courant, à sept heures et un quart du soir; et le retour
de M. le prince de Conti[3] à la cour, par la bonté de M. le Prince,
10 qui demanda cette grâce au Roi un peu devant que de tourner
à l'agonie, et le Roi lui accorda dans le moment[4], et M. le
Prince eut cette consolation en mourant; mais jamais une joie
n'a été noyée de tant de larmes. M. le prince de Conti est
inconsolable de la perte qu'il a faite : elle ne pouvait être plus
15 grande, surtout depuis qu'il a passé tout le temps de sa disgrâce
à Chantilly, faisant un usage admirable de tout l'esprit et de
toute la capacité[5] de M. le Prince, puisant à la source de tout
ce qu'il y avait de bon à apprendre sous un si grand maître,
dont il était chèrement aimé. M. le Prince avait couru, avec
20 une diligence qui lui a coûté la vie, de Chantilly à Fontainebleau, quand Mme de Bourbon[6] y tomba malade de la petite

---

1. Aux états de Languedoc, M. de Moulceau était président de la Chambre des
comptes de Montpellier; 2. Le Grand Condé. Il était né à Paris en 1621. Il remporta
de grandes victoires, dont celle de Rocroi est la plus célèbre. Il prit part aux troubles
de la Fronde et s'allia même un moment avec l'Espagne. Rentré en grâce après le
traité des Pyrénées, il prit une part active aux guerres de Flandre et de Hollande;
3. *Le prince de Conti* : neveu de Condé, alors disgracié; 4. *Dans le moment* : aussitôt;
5. *L'esprit et la capacité* : l'intelligence et la science; 6. *Mme de Bourbon* : fille de
Louis XIV et de Mme de Montespan, et femme du petit-fils de Condé.

———— QUESTIONS ————

Lettre 50.

● LIGNES 1-13. Dans ce début de lettre, dont le ton est plus grave que
celui auquel Mme de Sévigné nous a habitués, peut-on deviner ses
sentiments?

vérole, afin d'empêcher M. le Duc[1] de la garder et d'être auprès
d'elle, parce qu'il n'a point eu la petite vérole; car sans cela,
Madame la Duchesse, qui l'a toujours gardée, suffisait bien
25 pour être en repos de la conduite de sa santé. Il fut fort malade,
et enfin il a péri par une grande oppression, qui lui fit dire,
comme il croyait venir à Paris, qu'il allait faire un plus grand
voyage. Il envoya quérir le P. Deschamps[2], son confesseur, et
après vingt-quatre heures d'extinction[3], après avoir reçu tous
30 ses sacrements, il est mort regretté et pleuré amèrement de sa
famille et de ses amis; le Roi en a témoigné beaucoup de tristesse; et enfin on sent la douleur de voir sortir du monde un si
grand homme, un si grand héros, dont les siècles entiers ne
sauront point remplir la place.

35   Il arriva une chose extraordinaire il y a trois semaines,
un peu devant que M. le Prince partît pour Fontainebleau.
Un gentilhomme à lui, nommé Vernillon, revenant à trois
heures de la chasse, approchant du château, vit, à une fenêtre
du cabinet des armes, un fantôme, c'est-à-dire un homme
40 enseveli[4] : il descendit de son cheval et s'approcha, il le vit
toujours. Son valet, qui était avec lui, lui dit : « Monsieur,
je vois ce que vous voyez. » Vernillon ne voulant pas lui dire
pour le laisser parler naturellement, ils entrèrent dans le château, et prièrent le concierge de donner la clef du cabinet des
45 armes; il y va, et trouva toutes les fenêtres fermées, et un
silence qui n'avait pas été troublé il y avait plus de six mois.
On conta cela à M. le Prince; il en fut un peu frappé, puis
s'en moqua. Tout le monde sut cette histoire, et tremblait
pour M. le Prince, et voilà ce qui est arrivé. On dit que ce Ver-
50 nillon est un homme d'esprit, et aussi peu capable de vision
que le pourrait être notre ami Corbinelli[5], outre que son valet
eut la même apparition. Comme ce conte est vrai, je vous le
mande, afin que vous y fassiez vos réflexions comme nous.

    Depuis que cette lettre est commencée, j'ai vu Briolle[6], qui

---

1. *M. le Duc :* le duc d'Enghien, fils du Grand Condé; 2. *Le P. Deschamps :* jésuite.
Il était l'auteur d'une tragédie latine; 3. D'*agonie*; 4. *Enseveli :* recouvert d'un lin-
ceul; 5. *Corbinelli :* grand ami de Mme de Sévigné et de sa fille; il était appelé fami-
lièrement *le fidèle Achate*; 6. Le comte de Briolle, ami de Mme de Sévigné.

--- **QUESTIONS** ---

● LIGNES 35-49. Le récit de cette *chose extraordinaire* sur laquelle Mme de
Sévigné a fait *ses réflexions* montre qu'elle sait adapter sa relation aux
faits qu'elle rapporte. Vous étudierez cette relation. Ensuite vous essaierez
de montrer l'état d'esprit que révèle cette relation.

55 m'a fait pleurer les chaudes larmes par un récit naturel et
sincère de cette mort : cela est au-dessus de tout ce qu'on peut
dire. La lettre qu'il a écrite au Roi est la plus belle chose du
monde, et le Roi s'interrompit trois ou quatre fois par l'abondance des larmes : c'était un adieu et une assurance d'une
60 parfaite fidélité, demandant un pardon noble des égarements
passés, ayant été forcé par le malheur des temps; un remerciement du retour du prince de Conti, et beaucoup de bien
de ce prince; ensuite une recommandation à sa famille d'être
unis : il les embrassa tous, et les fit embrasser devant lui, et
65 promettre de s'aimer comme frères; une récompense à tous ses
gens, demandant pardon des mauvais exemples; et un christianisme partout et dans la réception des sacrements, qui donne
une consolation et une admiration éternelle. Je fais mes compliments à M. de Vardes[1] sur cette perte. Adieu, mon cher
70 Monsieur.

―――――――

LA LETTRE « DES CHEVALIERS »

51

À MADAME DE GRIGNAN

À Paris, ce lundi 3e janvier [1689].

[...] La cérémonie de vos *frères*[2] fut donc faite le jour de
l'an à Versailles. Coulanges en est revenu, qui vous rend mille
grâces de votre jolie réponse : j'ai admiré les pensées qui vous
viennent et comme cela est tourné et juste sur ce qu'on vous
5 écrit. Voilà ce que je ne fais point au tiers et au quart[3], car
je ne relis point leurs lettres, et cela est mal. Il m'a donc conté
que l'on commença dès le vendredi, comme je vous l'ai dit :
ceux-là étaient profès avec de beaux habits et leurs colliers

―――――――

1. *M. de Vardes* était apparenté à Condé; 2. M. de Grignan devait recevoir le
cordon bleu en l'ordre du Saint-Esprit; la cérémonie est comparée à celle où des
frères d'un ordre religieux s'engagent définitivement dans une congrégation et pro-
noncent leurs vœux; d'où le terme de *profès* (ligne 8); 3. *Au tiers et au quart* : au
premier venu (mot à mot : au troisième et au quatrième).

――――――― **QUESTIONS** ―――――――

● LIGNES 49-68. La fin de la lettre est particulièrement émouvante. Vous
montrerez que le fond et la forme s'unissent pour faire naître cette émotion.

et de fort bonne mine. Le samedi, c'était tous les autres ; deux
10 maréchaux de France étaient demeurés : le maréchal de Bellefonds totalement ridicule, parce que, par modestie et par mine
indifférente, il avait négligé de mettre des rubans au bas de
ses chausses de page, de sorte que c'était une véritable nudité.
Toute la troupe était magnifique, M. de La Trousse des mieux :
15 il y eut un embarras dans sa perruque qui lui fit passer ce qui
était à côté assez longtemps derrière, de sorte que sa joue
était fort découverte ; il tirait toujours ; ce qui l'embarrassait,
ne voulait pas venir : cela fut un petit chagrin. Mais, sur la
même ligne, M. de Montchevreuil et M. de Villars[1] s'accro-
20 chèrent l'un à l'autre d'une telle furie, les épées, les rubans,
les dentelles, tous les clinquants, tout se trouva tellement mêlé,
brouillé, embarrassé, toutes les petites parties crochues étaient
si parfaitement entrelacées, que nulle main d'homme ne put
les séparer : plus on y tâchait, plus on brouillait, comme les
25 anneaux des armes de Roger[2], enfin toute la cérémonie, toutes
les révérences, tout le manège demeurant arrêté, il fallut les
arracher de force, et le plus fort l'emporta. Mais ce qui décon-
certa entièrement la gravité de la cérémonie, ce fut la négligence du bon d'Hocquincourt[3], qui était tellement habillé
30 comme les Provençaux et les Bretons, que, ses chausses de
page étant moins commodes que celles qu'il a d'ordinaire,
sa chemise ne voulut jamais y demeurer, quelque prière qu'il
lui en fît ; car sachant son état, il tâchait incessamment d'y
donner ordre, et ce fut toujours inutilement ; de sorte que
35 Madame la Dauphine ne put tenir plus longtemps les éclats
de rire : ce fut une grande pitié ; la majesté du roi en pensa
être ébranlée, et jamais il ne s'était vu, dans les registres de
l'ordre, l'exemple d'une telle aventure. Le Roi dit le soir :
« C'est toujours moi qui soutiens ce pauvre M. d'Hocquin-
40 court, car c'était la faute de son tailleur » ; mais enfin cela fut
fort plaisant.

Il est certain, ma chère bonne, que si j'avais eu mon cher
gendre dans cette cérémonie, j'y aurais été avec ma chère fille :
il y avait bien des places de reste, tout le monde ayant cru

---

1. *Henri de Mornay, marquis de Montchevreuil*, fut gouverneur du duc de Maine.
— Son épouse, Marguerite Boucher d'Orsay, fut gouvernante des filles d'honneur
de la dauphine. *Le marquis de Villars*, frère de l'archevêque de Vienne, fut ambassadeur de France en Espagne ; 2. Allusion à un épisode du *Roland Furieux* de l'Arioste,
chant X ; 3. Georges de Monchy, qui fut maréchal de France.

45 qu'on s'y étoufferait, et c'était comme à ce carrousel[1]. Le
lendemain toute la cour brillait de cordons bleus; toutes les
belles tailles et les jeunes gens par-dessus les justaucorps, les
autres dessous. Vous aurez à choisir, tout au moins en qualité
de belle taille. Vous deviez me mander qui ont été ceux qui ont
50 chargé leur conscience de répondre pour M. de Grignan. On
m'a dit qu'on manderait aux absents de prendre le cordon
qu'on leur envoie avec la croix : c'est à Monsieur le Chevalier à vous le mander. Voilà le chapitre des cordons bleus
épuisé. [...]

UNE REPRÉSENTATION D'*ESTHER*

52

À MADAME DE GRIGNAN

À Paris, ce lundi 21e février [1689].

Il est vrai, ma chère fille, que nous voilà bien cruellement
séparées l'une de l'autre : *aco fa trembla*[2]. Ce serait une belle
chose, si j'y avais ajouté le chemin d'ici aux Rochers ou à

---

1. Il est question de ce carrousel dans une lettre au président de Moulceau du
3 avril 1686 : « Vous savez qu'il y a un carrousel, où trente dames et trente seigneurs
auront le plaisir de divertir la Cour à leurs dépens. » On avait fait grand état de cette
réjouissance, il y vint peu de monde. Les dames, d'ailleurs, n'y participèrent pas;
2. Cela fait trembler, mais il faudrait *tremblar*.

─────── **QUESTIONS** ───────

Lettre 51.

■ SUR L'ENSEMBLE DE LA LETTRE 51. — Dans l'Introduction placée par
M. Gérard-Gailly en tête de son édition, on peut lire : « Le 1er janvier
1689, grande prise d'armes à Versailles, la dernière de ce genre remontant
à une vingtaine d'années : Louis XIV conférait l'ordre du Saint-Esprit
à toute une série de hauts personnages. Mme de Sévigné nous décrit la
cérémonie : c'est la célèbre lettre dite *des Chevaliers*, bondissante et
follement comique. [...] Or, Mme de Sévigné, qui nous fait assister à la
cérémonie comme des premières loges, se trouvait en ce moment-là tranquillement au coin de son feu, à l'hôtel Carnavalet. Elle n'a rien vu.
Des témoins sont venus lui raconter la chose. Son imagination — le don
essentiel de l'artiste et son don de nature à elle — s'est mise à créer,
plus vivant que n'est le vécu. » Vous relèverez dans la lettre les notations
qui pourraient servir à fonder ce jugement et vous essaierez de montrer
les éléments comiques du passage.

Rennes; mais ce ne sera pas sitôt : Mme de Chaulnes[1] veut
5 voir la fin de plusieurs affaires, et je crains seulement qu'elle
ne parte trop tard, dans le dessein que j'ai de revenir l'hiver
suivant, par plusieurs raisons, dont la première est que je suis
très persuadée que M. de Grignan sera obligé de revenir pour
sa chevalerie[2], et que vous ne sauriez prendre un meilleur
10 temps pour vous éloigner de votre château culbuté et inhabi-
table[3], et venir faire un peu votre cour avec Monsieur le Chevalier de l'ordre, qui ne le sera qu'en ce temps-là.

Je fis la mienne l'autre jour à Saint-Cyr[4] plus agréablement
que je n'eusse jamais pensé. Nous y allâmes samedi, Mme de
15 Coulanges, Mme de Bagnols, l'abbé Têtu[5] et moi. Nous trouvâmes nos places gardées. Un officier dit à Mme de Coulanges
que Mme de Maintenon lui faisait garder un siège auprès d'elle :
vous voyez quel honneur. « Pour vous, Madame, me dit-il,
vous pouvez choisir. » Je me mis avec Mme de Bagnols au
20 second banc derrière les duchesses. Le maréchal de Bellefonds
vint se mettre, par choix, à mon côté droit, et devant c'étaient
Mmes d'Auvergne, de Coislin, de Sully[6].

Nous écoutâmes, le maréchal et moi, cette tragédie avec
une attention qui fut remarquée, et de certaines louanges
25 sourdes et bien placées, qui n'étaient peut-être pas sous les
fontanges[7] de toutes les dames. Je ne puis vous dire l'excès
de l'agrément de cette pièce : c'est une chose qui n'est pas
aisée à représenter, et qui ne sera jamais imitée; c'est un rapport de la musique, des vers, des chants, des personnes, si
30 parfait et si complet, qu'on n'y souhaite rien; les filles qui
font des rois et des personnages sont faites exprès; on est
attentif et on n'a point d'autre peine que celle de voir finir

---

1. *Mme de Chaulnes* : femme du gouverneur de Bretagne, souvent citée dans les
lettres de Mme de Sévigné; 2. Il était question (voir la lettre précédente) de nommer
M. de Grignan chevalier de l'ordre du Saint-Esprit; sa réception n'eut lieu que le
1er janvier 1692; 3. Le château de Grignan était alors en pleins travaux de réparation
et de transformation; 4. *Saint-Cyr*, près de Versailles, où Louis XIV et Mme de Maintenon avaient fait construire une maison d'éducation pour les jeunes filles nobles
sans fortune; 5. *Mme de Bagnols* était la sœur de Mme de Coulanges, et *l'abbé Têtu*,
membre de l'Académie française, un ami des Coulanges; 6. *Mme d'Auvergne* : femme
de Frédéric-Maurice de La Tour, neveu de Turenne et comte d'Auvergne. La marquise *de Coislin* et la duchesse *de Sully* appartenaient toutes deux à la haute noblesse;
7. *Fontange* : coiffure dont la mode avait été lancée par Mlle de Fontanges; très
simple à l'origine, cette coiffure finit par faire un édifice à plusieurs étages.

● QUESTIONS ●

Lettre 52.

● Lignes 1-4. Que veut dire Mme de Sévigné par ces mots : *Ce serait
une très belle chose?*

une si aimable pièce; tout y est simple, tout y est innocent,
tout y est sublime et touchant; cette fidélité de l'histoire sainte
35 donne du respect; tous les chants convenables[1] aux paroles,
qui sont tirées des Psaumes ou de la Sagesse[2], et mis dans le
sujet sont d'une beauté qu'on ne soutient pas sans larmes;
la mesure de l'approbation qu'on donne à cette pièce, c'est
celle du goût et de l'attention.
40 J'en fus charmée, et le maréchal aussi, qui sortit de sa place,
pour aller dire au Roi combien il était content et qu'il était
auprès d'une dame qui était bien digne d'avoir vu *Esther*. Le
Roi vint vers nos places, et après avoir tourné, il s'adressa à
moi, et me dit : « Madame, je suis assuré que vous avez été
45 contente. » Moi, sans m'étonner[3], je répondis : « Sire, je suis
charmée, ce que je sens est au-dessus des paroles. » Le Roi
me dit : « Racine a bien de l'esprit[4]. » Je lui dis : « Sire, il en
a beaucoup; mais en vérité ces jeunes personnes en ont beaucoup aussi : elles entrent dans le sujet comme si elles n'avaient
50 jamais fait autre chose. » Il me dit : « Ah! pour cela, il est vrai[5]. »
Et puis Sa Majesté s'en alla, et me laissa l'objet de l'envie :
comme il n'y avait quasi que moi de nouvelle venue, il eut
quelque plaisir de voir mes sincères admirations sans bruit
et sans éclat. M. le Prince[6], Mme la Princesse me vinrent dire
55 un mot. Mme de Maintenon, un éclair : elle s'en allait avec
le Roi; Je répondis à tout, car j'étais en fortune.

Nous revînmes le soir aux flambeaux. Je soupai chez Mme de
Coulanges, à qui le Roi avait parlé aussi avec un air d'être
chez lui qui lui donnait une douceur trop aimable. Je vis le
60 soir Monsieur le Chevalier[7]; je lui contai tout naïvement mes
petites prospérités, ne voulant point les cachoter sans savoir
pourquoi, comme de certaines personnes; il en fut content,
et voilà qui est fait; je suis assurée qu'il ne m'a point trouvée,
dans la suite, ni une sotte vanité, ni un transport de bour-

---

1. *Convenable* : adapté; 2. Les chœurs d'*Esther* sont inspirés des paroles des
Psaumes de David et du livre de la Sagesse de Salomon; 3. Sans me déconcerter;
4. *De l'esprit* : du génie; 5. Cela est vrai; 6. Titre porté par le fils du Grand Condé
depuis la mort de son père; 7. Le frère du comte de Grignan.

─────── **QUESTIONS** ───────

● LIGNES 40-56. On sent, dans tout ce passage concernant la représentation d'*Esther*, un trait à première vue surprenant du caractère de Mme de
Sévigné. Elle manifeste sa joie d'avoir été distinguée par le roi. Est-ce
vanité? Relevez les passages significatifs à cet égard.

● LIGNES 63-65. Que veut dire Mme de Sévigné par ces mots : *un transport de bourgeoisie?*

65 geoisie : demandez-lui. Monsieur de Meaux[1] me parla fort de
vous; M. le Prince aussi; je vous plaignais de n'être point
là; mais le moyen, ma chère enfant? on ne peut pas être partout.
Vous étiez à votre opéra de Marseille : comme *Atys est* non
seulement *trop heureux*[2], mais trop charmant, il est impossible
70 que vous vous y soyez ennuyée. Pauline[3] doit avoir été surprise
du spectacle : elle n'est pas en droit d'en souhaiter un plus
parfait. J'ai une idée si agréable de Marseille que je suis assurée
que vous n'avez pas pu vous y ennuyer, et je parie pour cette
dissipation[4] contre celle d'Aix.

75   Mais ce samedi même, après cette belle *Esther*, le Roi apprit
la mort de la jeune reine d'Espagne[5], en deux jours, par de
grands vomissements : cela sent bien le fagot[6]. Le Roi le dit
à Monsieur le lendemain, qui était hier. La douleur fut vive :
Madame criait les hauts cris, le Roi en sortit tout en larmes.

80   On dit de bonnes nouvelles d'Angleterre : non seulement
le prince d'Orange n'est pas élu, ni roi ni protecteur, mais
on lui fait entendre que lui et ses troupes n'ont qu'à s'en retourner; cela abrège bien des soins[7]. Si cette nouvelle continue, notre
Bretagne sera moins agitée, et mon fils n'aura point le chagrin
85 de commander la noblesse de la vicomté de Rennes et de la
baronnie de Vitré : ils l'ont élu malgré lui pour être à leur
tête. Un autre serait charmé de cet honneur; mais il en est
fâché, n'aimant, sous quelque nom que ce puisse être, la guerre
par ce côté-là.

90   Votre enfant[8] est allé à Versailles pour se divertir ces jours
gras; mais il a trouvé la douleur de la reine d'Espagne : il
serait revenu, sans que son oncle le va trouver tout à l'heure[9].
Voilà un carnaval bien triste, et un grand deuil. Nous sou-
pâmes hier chez le *Civil*[10], la duchesse du Lude, Mme de Cou-
95 langes, Mme de Saint-Germain[11], le chevalier de Grignan,

---

1. Bossuet, évêque de Meaux; 2. *Atys* : opéra de Quinault, musique de Lully;
3. *Pauline* de Grignan, petite-fille de Mme de Sévigné, troisième enfant des Grignan;
née en 1674, elle épousera M. de Simiane; 4. *Dissipation* : moyen de passer agréablement le temps; 5. Marie-Louise d'Orléans, épouse de Charles II d'Espagne, était
la fille de Monsieur, frère de Louis XIV, et de sa première femme, Henriette d'Angleterre; 6. Mme de Sévigné veut sans doute dire qu'elle a été empoisonnée; 7. En
fait, le prince et la princesse d'Orange furent proclamés roi et reine le 23 février;
8. Louis-Provence de Grignan, né en 1671, deuxième enfant des Grignan; 9. Si son
oncle (le chevalier) ne devait le voir tout à l'heure; 10. *Le lieutenant civil* Jean Le
Camus; 11. *La duchesse du Lude* était dame du palais de la reine et dame d'honneur
de la duchesse de Bourgogne. *Mme de Saint-Germain* est citée ailleurs avec la duchesse
du Lude, Mme de Villars, Mme d'Elbeuf.

Monsieur de Troyes, Corbinelli[1] : nous fûmes assez gaillards[2];
nous parlâmes de vous avec bien de l'amitié, de l'estime, du
regret de votre absence, enfin un souvenir tout vif : vous vien-
drez le renouveler.

100 Mme de Durfort[3] se meurt d'un hoquet d'une fièvre maligne;
Mme de La Vieuville[4] aussi du pourpre[5] de la petite vérole.
Adieu ma très chère enfant : de tous ceux qui commandent
dans les provinces, croyez que M. de Grignan est le plus agréablement placé.

LONG SÉJOUR AUX ROCHERS (1689-1690)

53

À MADAME DE GRIGNAN

Aux Rochers, ce dimanche 15e janvier 1690.

Vous avez raison, je ne puis m'accoutumer à la date de
cette année; cependant la voilà déjà bien commencée; et vous
verrez que, de quelque manière que nous la passions, elle sera,
comme vous dites, bientôt passée, et nous trouverons bientôt
5 le fond de notre sac de mille francs[6].

Vraiment, vous me gâtez bien, et mes amies de Paris aussi :
à peine le soleil remonte du saut d'une puce, que vous me
demandez de votre côté quand vous m'attendrez à Grignan;
et elles me prient de leur fixer dès à cette heure le temps de
10 mon départ, afin d'avancer leur joie. Je suis trop flattée de
ces empressements, et surtout des vôtres qui ne souffrent point
de comparaison. Je vous dirai donc, ma chère Comtesse, avec
sincérité, que d'ici au mois de septembre, je ne puis recevoir

---

1. *Corbinelli* : voir page 129, note 5; 2. *Gaillard* : de bonne humeur; 3. *Mme de Durfort* était la sœur des maréchaux de Duras et de Lorges. Le premier, neveu de Turenne
par sa mère, fut gouverneur de Franche-Comté; 4. *Mme de La Vieuville* : femme
du duc de La Vieuville, gouverneur du Poitou; 5. *Pourpre* : éruption qui caractérise
certaines fièvres; 6. Note de l'édition Gérard-Gailly : « Comparaison à un sac de
mille francs » (d'après Perrin). L'image est peu claire. Peut-être faut-il comprendre
que les jours d'une année s'épuisent aussi vite que les revenus dont on dispose pour
vivre. On sait qu'à cette époque la situation des Sévigné-Grignan était loin d'être
florissante.

● QUESTIONS

● LIGNES 75-104. Effet de contraste. Il en est un autre dans cette lettre.
Quel est-il? Pouvons-nous dire qu'il soit purement littéraire?

aucune pensée de sortir de ce pays; c'est le temps que j'envoie
15 mes petites voitures[1] à Paris, dont il n'y a eu encore qu'une
très petite partie. C'est le temps que l'abbé Charrier traite
de mes lods et ventes, qui est une affaire de dix mille francs[2] :
nous en parlerons une autre fois; mais contentons-nous de
chasser toute espérance de faire un pas avant le temps que je
20 vous ai dit. Du reste, ma chère enfant, je ne vous dis point
que vous êtes mon but, ma perspective; vous le savez bien,
et que vous êtes d'une manière dans mon cœur, que je craindrais fort que M. Nicole ne trouvât beaucoup à y circoncire[3];
mais enfin telle est ma disposition.

25   Vous me dites la plus tendre chose du monde, en souhaitant
de ne point voir la fin des heureuses années que vous me souhaitez. Nous sommes bien loin de nous rencontrer dans nos
souhaits; car je vous ai mandé une vérité qui est bien juste
et bien à sa place, et que Dieu sans doute voudra bien exaucer,
30 c'est de suivre l'ordre tout naturel de la sainte Providence :
c'est ce qui me console de tout le chemin laborieux de la vieillesse; et ce sentiment est raisonnable, et le vôtre trop extraordinaire et trop aimable.

    Je vous plaindrai quand vous n'aurez plus M. de La Garde
35 et Monsieur le Chevalier[4] : c'est une très parfaitement bonne

---

1. *Voitures :* au XVIIᵉ siècle, le terme *voiture* désignait non seulement le véhicule,
mais le chargement. Mᵐᵉ de Sévigné emploie le terme au sens d' « envoi d'argent »;
2. L'*abbé Charrier* s'occupait des intérêts de Mᵐᵉ de Sévigné en Bretagne. *Lods :*
« droits de mutation dus au seigneur quand un domaine de sa censive changeait
de possesseur autrement que par héritage en ligne directe ». On disait couramment :
payer des lods et ventes. Dans une lettre du 22 janvier à Mᵐᵉ de Grignan, Mᵐᵉ de
Sévigné écrira : « ... Je me trouve suffoquée par l'obligation de payer tout à l'heure
cinq mille francs de lods et ventes des terres de Mᵐᵉ d'Acigné, que j'ai achetées,
pour n'en pas payer dix si j'attendais encore deux ans »; 3. Emprunt au langage
des théologiens : *circoncire le cœur*, c'est en retrancher les passions et les désirs mauvais; 4. Le *comte de La Garde* était le cousin germain du comte de Grignan. *M. le Che-*
valier était le frère de M. de Grignan. Le 8 janvier, Mᵐᵉ de Sévigné avait écrit à sa
fille : « Je crains le départ de M. le Chevalier et de M. de La Garde. Expliquez-moi
un peu comme on a retranché à ce dernier sa pension; cesse-t-on de payer sans dire
pourquoi? Un pauvre homme accoutumé à cette douceur, demeure-t-il à sec sans
qu'on lui dise un mot? »

QUESTIONS

Lettre 53.

● LIGNES 1-24. Vous étudierez dans ce début de lettre la démarche aisée
de la pensée en même temps que la souplesse et, parfois, la familiarité
du style.

● LIGNES 25-33. Comment ce passage peut-il servir à définir la « sagesse »
de Mᵐᵉ de Sévigné?

compagnie; mais ils ont leurs raisons; et celle de faire ressus-
citer une pension à un homme qui n'est point mort, me paraît
tout à fait importante. Vous aurez votre enfant[1], qui tiendra
joliment sa place à Grignan; il doit y être le bien reçu par bien
40 des raisons, et vous l'embrasserez aussi de bon cœur. Il m'écrit
encore une jolie lettre pour me souhaiter une heureuse année,
et me conjure de l'aimer toujours. Il me paraît désolé à Keisers-
loutre[2]; il dit que rien ne l'empêche de venir à Paris, mais
qu'il attend les ordres de Provence; que c'est ce ressort qui le
45 fait agir. Je trouve que vous le faites bien languir : sa lettre
est du 2e; je le croyais à Paris; faites-l'y donc venir, et qu'après
une petite apparition, il coure vous embrasser. Ce petit homme
me paraît en état que, si vous trouviez un bon parti, Sa Majesté
lui accorderait aisément la survivance de votre très belle charge.
50 Vous trouvez que son caractère et celui de Pauline ne se res-
semblent nullement; il faut pourtant que certaines qualités
du cœur soient chez l'un et chez l'autre; pour l'humeur, c'est
une autre affaire. Je suis ravie que ses sentiments soient à votre
fantaisie : je lui souhaiterais un peu plus de penchant pour
55 les sciences, pour la lecture; cela peut venir. Pour Pauline,
cette dévoreuse de livres, j'aime mieux qu'elle en avale de
mauvais que de ne point aimer à lire; les romans, les comédies,
les Voiture, les Sarrasin[3], tout cela est bientôt épuisé : a-t-elle
tâté de Lucien? est-elle à portée des *petites Lettres?* après,
60 il faut l'histoire; si on a besoin de lui pincer le nez pour la
faire avaler, je la plains. Pour les beaux livres de dévotion, si
elle ne les aime pas, tant pis pour elle; car nous ne savons
que trop que, même sans dévotion, on les trouve charmants.
A l'égard de la morale, comme elle n'en ferait pas un si bon
65 usage que vous, je ne voudrais point du tout qu'elle mît son
petit nez, ni dans Montaigne, ni dans Charron[4], ni dans les
autres de cette sorte; il est bien matin pour elle. La vraie morale
de son âge, c'est celle qu'on apprend dans les bonnes conver-
sations, dans les fables, dans les histoires par les exemples;
70 je crois que c'est assez. Si vous lui donnez un peu de votre temps
pour causer avec elle, c'est assurément ce qui serait le plus
utile : je ne sais si tout ce que je dis vaut la peine que vous
le lisiez; je suis bien loin d'abonder dans mon sens.

1. Louis-Provence de Grignan (1671-1704); 2. Kaiserslautern; 3. *Sarrasin :* poète
et historien (1614-1654); 4. *Pierre Charron* (1541-1603) : moraliste et prédicateur,
ami et disciple de Montaigne. Ses *Trois Livres de la sagesse,* imprimés à Bordeaux,
lui valurent d'être dénoncé comme « un athée superstitieux, ennemi de Jésus-Christ ».

Vous me demandez si je suis toujours une petite dévote
75 qui ne vaut guère : oui, justement, ma chère enfant, voilà
ce que je suis toujours, et pas davantage, à mon grand regret.
Oh ! tout ce que j'ai de bon, c'est que je sais bien ma religion,
et de quoi il est question ; je ne prendrai point le faux pour
le vrai ; je sais ce qui est bon et ce qui n'en a que l'apparence ;
80 j'espère ne m'y point méprendre, et que Dieu m'ayant déjà
donné de bons sentiments, il m'en donnera encore : les grâces
passées me garantissent en quelque sorte celles qui viendront,
en sorte que je vis dans la confiance, mêlée pourtant de beaucoup de crainte. Mais je vous gronde, ma chère Comtesse,
85 de trouver notre Corbinelli[1] le *mystique du diable ;* votre frère
en pâme de rire ; je le gronde comme vous. Comment, *mystique
du diable ?* un homme qui ne songe qu'à détruire son empire ;
qui ne cesse d'avoir commerce avec les ennemis du diable,
qui sont les saints et les saintes de l'Église ! un homme qui
90 ne compte pour rien son chien de corps, qui souffre la pauvreté
chrétiennement (vous direz *philosophiquement*) ; qui ne cesse de
célébrer les perfections et l'existence de Dieu ; qui ne juge
jamais son prochain, qui l'excuse toujours ; qui passe sa vie
dans la charité et le service du prochain ; qui ne cherche point
95 les délices ni les plaisirs ; qui est entièrement soumis à la volonté
de Dieu ! Et vous appelez cela *le mystique du diable !* Vous ne
sauriez nier que ce ne soit là le portrait de notre pauvre ami :
cependant il y a dans ce mot un air de plaisanterie qui fait
rire d'abord et qui pourrait surprendre les simples. Mais je
100 résiste, comme vous voyez, et je soutiens le fidèle admirateur
de sainte Thérèse[2], de ma grand-mère[3], et du bienheureux Jean
de La Croix[4].

---

1. *Corbinelli :* voir page 129, note 5; 2. *Sainte Thérèse d'Avila* (1515-1582), réformatrice des Carmels d'Espagne; 3. Jeanne de Chantal (1572-1641), grand-mère de Mme de Sévigné, fondatrice de l'ordre de la Visitation; 4. *Jean de la Croix* (1542-1591), fondateur de l'ordre des Carmes déchaussés.

━━━━━ **QUESTIONS** ━━━━━━━━━━━━━━━━━

● LIGNES 50-73. Cette « méthode » d'éducation, suggérée par Mme de Sévigné, peut-elle nous éclairer sur la forme de son intelligence et sur sa connaissance profonde du cœur humain ?

● LIGNES 74-102. Déterminez, d'après ce passage, la nature des sentiments religieux de Mme de Sévigné et son idéal de vie. Montrez que le style trahit la fermeté de sa conviction.

A propos de Corbinelli, il m'écrivit l'autre jour un fort joli billet; il me rendait compte d'une conversation et d'un dîner
105 chez M. de Lamoignon[1]; les acteurs étaient les maîtres du logis, M. de Troyes, M. de Toulon[2], le P. Bourdaloue, son compagnon, Despréaux[3] et Corbinelli. On parla des ouvrages des anciens et des modernes. Despréaux soutint les anciens, à la réserve d'un seul moderne, qui surpassait à son goût et
110 les vieux et les nouveaux. Le compagnon du Bourdaloue qui faisait l'entendu, et qui s'était attaché à Despréaux et à Corbinelli, lui demanda quel était donc ce livre si distingué dans son esprit? Il ne voulut pas le nommer. Corbinelli lui dit : « Monsieur, je vous conjure de me le dire, afin que je le lise
115 toute la nuit. » Despréaux lui répondit en riant : « Ah! Monsieur, vous l'avez lu plus d'une fois, j'en suis assuré. » Le jésuite reprend, et presse Despréaux de nommer cet auteur si merveilleux, avec un air dédaigneux, un *cotal riso amaro*[4]. Despréaux lui dit : « Mon Père, ne me pressez point. » Le Père
120 continue. Enfin Despréaux le prend par le bras, et, le serrant bien fort, lui dit : « Mon Père, vous le voulez : eh bien! c'est Pascal, morbleu! — Pascal, dit le Père tout rouge, tout étonné, Pascal est beau autant que le faux peut l'être. — Le faux, dit Despréaux, le faux! sachez qu'il est aussi vrai qu'il est
125 inimitable; on vient de le traduire en trois langues. » Le Père répond : « Il n'en est pas plus vrai. » Despréaux s'échauffe, et criant comme un fou : « Quoi? mon Père, direz-vous qu'un des vôtres n'ait pas fait imprimer dans un de ses livres qu'un chrétien n'est pas obligé d'aimer Dieu? Osez-vous dire que cela
130 est faux? — Monsieur, dit le Père en fureur, il faut distinguer. — Distinguer, dit Despréaux, distinguer, morbleu! distinguer, distinguer si nous sommes obligés d'aimer Dieu! »

---

1. *M. de Lamoignon* : président à mortier du parlement de Paris; 2. C'est-à-dire l'évêque de Troyes et l'évêque de Toulon; 3. Le poète Boileau; 4. *Un cotal riso amaro* : « un certain rire amer » (le Tasse, *la Jérusalem délivrée*).

■——— **QUESTIONS** ———

● LIGNES 103-141. Montrez, par une étude attentive de cette anecdote, que Mme de Sévigné possède au plus haut point l'art de faire vivre les personnages qu'elle met en scène. — L'intérêt de cette anecdote pour l'histoire littéraire : la personnalité et le caractère de Boileau; la réputation de Pascal vingt ans après la publication des *Pensées;* les sympathies pour le jansénisme.

et prenant Corbinelli par le bras, s'enfuit au bout de la
chambre; puis, revenant, et courant comme un forcené, il ne
135 voulut jamais se rapprocher du Père, s'en alla rejoindre la
compagnie qui était demeurée dans la salle où l'on mange
: ici finit l'histoire, le rideau tombe. Corbinelli me promet le
reste dans une conversation; mais moi, qui suis persuadée
que vous trouverez cette scène aussi plaisante que je l'ai trouvée,
140 je vous écris, et je crois que si vous la lisez avec vos bons tons,
vous la trouverez assez bonne.

Ma fille, je vous gronde d'être un seul moment en peine
de moi quand vous ne recevez pas mes lettres : vous oubliez
les manières de la poste; il faut s'y accoutumer; et quand
145 je serais malade, ce que je ne suis point du tout, je ne vous en
écrirais pas moins quelques lignes, ou mon fils ou quelqu'un:
enfin vous auriez de mes nouvelles, mais nous n'en sommes
pas là.

On me mande que plusieurs duchesses et grandes dames ont
150 été enragées, étant à Versailles, de n'être pas du souper des
Rois : voilà ce qui s'appelle des afflictions. Vous savez mieux
que moi les autres nouvelles. J'ai envoyé le billet de Bigorre
à Guébriac[1], qui vous rend mille grâces : il est fort satisfait
de votre *Cour d'amour*[2]. Je trouve Pauline bien suffisante[3] de
155 savoir les échecs; si elle savait combien ce jeu est au-dessus
de ma portée, je craindrais son mépris. Ah! oui, je m'en souviens, je n'oublierai jamais ce voyage; hélas! est-il possible
qu'il y ait vingt et un ans? Je ne le comprends pas, il me semble
que ce fut l'année passée; mais je juge, par le peu que m'a
160 duré ce temps, ce que me paraîtront les années qui viendront
encore.

---

1. *Bigorre* : abbé ami de Mme de Sévigné. *Guébriac* était lui aussi un ami de la
marquise; 2. *Cour d'amour* : allusion aux troubadours et aux cours d'amour de
Provence; 3. *Suffisante* : capable. Le mot n'a pas ici un sens péjoratif.

■ QUESTIONS ■

■ SUR L'ENSEMBLE DE LA LETTRE. — Cette lettre a été donnée intégrale-
ment à dessein. L'intérêt en est fort variable, tantôt médiocre, tantôt
attachant. Essayez de montrer que Mme de Sévigné, en laissant courir
sa plume, nous livre sa personnalité et des traits de son caractère, parfois
un sourire amusé, ironique, parfois un bon sens solide, parfois une concep-
tion très sérieuse de la vie et un idéal élevé.

LA MORT DE LOUVOIS

54

À M. DE COULANGES[1]

À Grignan[2], 26e juillet [1691].

Voilà donc M. de Louvois[3] mort, ce grand ministre, cet homme si considérable, qui tenait une si grande place, dont le *moi*, comme dit M. Nicole[4], était si étendu, qui était le centre de tant de choses ! Que d'affaires, que de desseins, que 5 de projets, que de secrets, que d'intérêts à démêler, que de guerres commencées, que d'intrigues, que de beaux coups d'échecs à faire et à conduire ! « Ah ! mon Dieu, donnez-moi un peu de temps : je voudrais bien donner un échec au duc de Savoie[5], un mat[6] au prince d'Orange[7]. — Non, non, vous 10 n'aurez pas un seul, un seul moment. » Faut-il raisonner sur cette étrange aventure[8] ? En vérité, il faut y faire des réflexions dans son cabinet. Voilà le second ministre que vous voyez mourir[9] depuis que vous êtes à Rome[10] ; rien n'est plus différent que leur mort ; mais rien n'est plus égal que leur fortune[11], 15 et leurs attachements[12], et les cent mille millions de chaînes dont ils étaient tous deux attachés à la terre.

Et sur ces grands objets qui doivent porter à Dieu, vous vous trouvez embarrassé dans votre religion sur ce qui se passe à Rome et au conclave : mon pauvre cousin, vous vous mépre-

---

1. *M. de Coulanges* : cousin germain de Mme de Sévigné. On l'appelait le *petit Coulanges* en raison de sa taille ; 2. En octobre 1690, Mme de Sévigné est venue directement des Rochers à Grignan, où elle resta un an ; 3. *Michel Le Tellier, marquis de Louvois*, était né en 1641. La fin de sa vie fut attristée par l'hostilité chaque jour croissante du roi. Il fut emporté par une attaque d'apoplexie le 16 juillet 1691 ; 4. *Nicole* (1625-1699) : ami du Grand Arnauld ; il fut l'un des maîtres de Port-Royal de Paris, puis de l'école des Granges à Port-Royal-des-Champs. Janséniste modéré et moraliste très perspicace. Connu surtout par ses *Essais de morale ;* 5. *Duc de Savoie :* Victor-Amédée II. La Savoie était entrée dans la coalition contre la France ; 6. *Echec, mat :* deux mots du vocabulaire des joueurs d'échecs ; une pièce est dite *en échec* lorsqu'elle occupe une position où l'adversaire peut la prendre ; il y a *échec et mat* quand la pièce en échec ne peut plus être délivrée, car elle est entourée de tous côtés ; 7. *Le prince d'Orange :* Guillaume d'Orange, ancien stathouder de Hollande, roi d'Angleterre sous le nom de Guillaume II, ennemi acharné de la France ; 8. *Aventure :* événement inopiné ; 9. En 1690 est mort le marquis de Seignelay, fils aîné de Colbert, secrétaire d'État de la marine ; 10. M. de Coulanges était à Rome avec le duc de Chaulnes, ambassadeur près du conclave de 1691 (succession d'Alexandre VIII) ; 11. *Leur fortune :* leur destinée ; 12. *Leurs attachements :* leurs occupations, leurs obligations.

20 nez. J'ai ouï dire qu'un homme[1] de très bon esprit tira une
conséquence toute contraire sur ce qu'il voyait dans cette
grande ville et conclut qu'il fallait que la religion chrétienne
fût toute sainte et toute miraculeuse de subsister ainsi par
elle-même au milieu de tant de désordres et de profanations.
25 Faites donc comme cet homme, tirez les mêmes conséquences,
et songez que cette même ville a été autrefois baignée du sang
d'un nombre infini de martyrs; qu'aux premiers siècles, toutes
les intrigues du conclave se terminaient[2] à choisir entre les
prêtres celui qui paraissait avoir le plus de zèle et de force
30 pour soutenir le martyre; qu'il y eut trente-sept papes qui le
souffrirent l'un après l'autre, sans que la certitude de cette
mort les fît fuir ni refuser cette place où la mort était attachée,
et quelle mort! vous n'avez qu'à lire cette histoire. L'on veut
qu'une religion subsistant par un miracle continuel et dans
35 son établissement et sa durée, ne soit qu'une imagination des
hommes! Les hommes ne pensent point ainsi. Lisez saint
Augustin dans la *Vérité de la religion*[3] ; lisez l'Abbadie[4], bien
différent de ce grand saint, mais très digne de lui être comparé,
quand il parle de la religion chrétienne (demandez à l'abbé de
40 Polignac[5] s'il estime ce livre) : ramassez donc toutes ces idées
et ne jugez point si frivolement; croyez que, quelque manège
qu'il y ait dans le conclave, c'est toujours le Saint-Esprit qui
fait le pape; Dieu fait tout, il est le maître de tout, et voici
comme nous devrions penser (j'ai lu ceci en bon lieu) : « Quel
45 trouble peut-il arriver à une personne qui sait que Dieu fait
tout, et qui aime tout ce que Dieu fait? » Voilà sur quoi je
vous laisse mon cher cousin. Adieu.

---

1. Peut-être Montaigne; 2. Avaient pour but de; 3. L'ouvrage avait été traduit
l'année précédente; 4. *Abbadie* : théologien protestant (1654-1727), doyen de Saint-
Patrick de Dublin. Mme de Sévigné disait de son *Traité de la vérité de la religion
chrétienne* qu'il était « le plus divin de tous les livres »; 5. *L'abbé de Polignac* était
alors à Rome. Il devait être plus tard ambassadeur et cardinal. Il est l'auteur d'un
poème latin : *l'Anti-Lucrèce*, où il fait une critique très vive des doctrines matérialistes.

■ **QUESTIONS** ━━━━━━━━━━

Lettre 54.

■ SUR L'ENSEMBLE DE LA LETTRE. — Le ton de cette lettre s'élève avec
son objet; relevez les impressions qui trahissent chez l'auteur une conviction profonde. Étudiez en même temps le mouvement du style.
— La foi chrétienne de Mme de Sévigné : cherchez dans ce recueil
d'autres passages qui permettent de définir sa piété; aperçoit-on que l'âge
ait apporté quelque changement dans son sentiment religieux? — Peut-on
imaginer ce que Coulanges avait écrit (lignes 18-23)? Quels sont les points
de vue qui opposent Mme de Sévigné à son cousin?

DERNIÈRES ANNÉES

55

À M. DE COULANGES

À Grignan, le 9e septembre [1694].

J'ai reçu plusieurs de vos lettres, mon cher cousin; il n'y en a point de perdues : ce serait grand dommage; elles ont toutes leur mérite particulier, et font la joie de toute notre société; ce que vous mettez pour adresse sur la dernière, en
5 disant adieu à tous ceux que vous nommez, ne vous a brouillé avec personne : *Au château royal de Grignan*. Cette adresse frappe, et donne tout au moins le plaisir de croire que dans le nombre de toutes les beautés dont votre imagination est remplie, celle de ce château, qui n'est pas commune, y conserve
10 toujours sa place, et c'est un de ses plus beaux titres : il faut que je vous en parle un peu, puisque vous l'aimez.

Ce vilain degré[1] par où l'on montait dans la seconde cour, à la honte des Adhémars[2], est entièrement renversé, et fait place au plus agréable qu'on puisse imaginer; je ne dis point grand ni
15 magnifique, parce que, ma fille n'ayant pas voulu jeter tous les appartements par terre, il a fallu se réduire à un certain espace, où l'on a fait un chef-d'œuvre. Le vestibule est beau et l'on y peut manger fort à son aise; on y monte par un grand perron; les armes de Grignan sont sur la porte : vous les aimez, c'est
20 pourquoi je vous en parle. Les appartements des prélats, dont vous ne connaissez que le salon, sont meublés fort honnêtement, et l'usage que nous en faisons est très délicieux. Mais puisque nous y sommes, parlons un peu de la cruelle et continuelle chère que l'on y fait, surtout en ce temps-ci; ce ne sont pour-
25 tant que les mêmes choses qu'on mange partout : des per-dreaux, cela est commun; mais il n'est pas commun qu'ils soient comme lorsqu'à Paris chacun les approche de son nez en faisant une certaine mine, et criant : « Ah! quel fumet!

---

1. *Degré* : escalier. Les travaux de restauration du château avaient été entrepris en 1689 (voir page 133, lignes 10-11); 2. *Adhémars* : les ancêtres de M. de Grignan.

━━━━ QUESTIONS ━━━━

Lettre 55.

● LIGNES 12-22. Cette description, d'ailleurs incomplète, ne nous fait-elle pas entrevoir un trait du caractère de Mme de Sévigné?

sentez un peu »; nous supprimons tous ces étonnements; ces
30 perdreaux sont tous nourris de thym, de marjolaine, et de tout
ce qui fait le parfum de nos sachets[1]; il n'y a point à choisir;
j'en dis autant de nos cailles grasses, dont il faut que la cuisse
se sépare du corps à la première semonce (elle n'y manque
jamais), et des tourterelles, toutes parfaites aussi. Pour les
35 melons, les figues et les muscats, c'est une chose étrange : si
nous voulions, par quelque bizarre fantaisie, trouver un mauvais melon, nous serions obligés de le faire venir de Paris, il
ne s'en trouve point ici; les figues blanches et sucrées, les muscats comme des grains d'ambre que l'on peut croquer, et qui
40 vous feraient fort bien tourner la tête si vous en mangiez sans
mesure, parce que c'est comme si l'on buvait à petits traits
du plus exquis vin de Saint-Laurent[2]; mon cher cousin, quelle
vie ! vous la connaissez sous de moindres degrés de soleil : elle
ne fait point du tout souvenir de celle de la Trappe[3]. Voyez
45 dans quelle sorte de détails je me suis jetée : c'est le hasard
qui conduit nos plumes : je vous rends ceux[4] que vous m'avez
mandés, et que j'aime tant; cette liberté est assez commode;
on ne va pas chercher bien loin le sujet de ses lettres. [...]

56

À M. DE COULANGES

À Grignan, le 26e avril [1695].

Quand vous m'écrivez, mon aimable cousin, j'en ai une
joie sensible; vos lettres sont agréables comme vous; on les
lit avec un plaisir qui se répand partout; on aime à vous entendre,
on vous approuve, on vous admire, chacun selon le degré de
5 chaleur[5] qu'il a pour vous. Quand vous ne m'écrivez pas, je

---

1. Il s'agit des sachets de parfums que les dames portaient dans leur vêtement;
2. *Saint-Laurent* : petit bourg sur le Var, renommé pour la qualité de son muscat;
3. *La Trappe* : abbaye de l'ordre de Cîteaux, réformée en 1664 par l'abbé de Rancé.
La règle était particulièrement sévère; 4. *Ceux* : les détails; 5. *Chaleur* signifie, au
figuré, « grande affection, zèle véhément, ardeur » (*Dictionnaire de l'Académie*, 1694).

──────── QUESTIONS ────────

● LIGNES 22-48. Par quels détails, habilement mis en valeur, Mme de
Sévigné cherche-t-elle à donner l'impression d'une vie large et raf-
finée? — Commentez les lignes 45-48 : pourquoi Mme de Sévigné semble-
t-elle s'excuser de la futilité de ses propos?

ne gronde point, je ne boude point, je dis : « Mon cousin est
dans quelque palais enchanté; mon cousin n'est point à lui;
on aura sans doute enlevé mon pauvre cousin »; et j'attends
avec patience le retour de votre souvenir, sans jamais douter
10 de votre amitié; car le moyen que vous ne m'aimiez pas? c'est
la première chose que vous avez faite quand vous avez commencé d'ouvrir les yeux, et c'est moi aussi qui ai commencé
la mode de vous aimer et de vous trouver aimable : une amitié
si bien conditionnée ne craint point les injures du temps. Il
15 nous paraît que ce temps, qui fait tant de mal en passant sur
la tête des autres, ne vous en fait aucun; vous ne connaissez
plus rien à votre baptistaire[1], vous êtes persuadé qu'on a fait
une très grosse erreur à la date de l'année; le chevalier de
Grignan[2] dit qu'on a mis sur le sien tout ce qu'on a ôté du
20 vôtre, et il a raison; c'est ainsi qu'il faut compter son âge.
Pour moi, que rien n'avertit encore du nombre de mes années[3],
je suis quelquefois surprise de ma santé; je suis guérie de mille
petites incommodités que j'avais autrefois; non seulement
j'avance doucement comme une tortue, mais je suis prête à croire
25 que je vais comme une écrevisse : cependant je fais des efforts
pour n'être point la dupe de ces trompeuses apparences, et
dans quelques années je vous conseillerai d'en faire autant.

Vous êtes à Chaulnes[4], mon cher cousin : c'est un lieu très
enchanté, dont M. et Mme de Chaulnes vont reprendre pos-
30 session; vous allez retrouver les enfants de ces petits rossignols
que vous avez si joliment chantés[5]; ils doivent redoubler leurs
chants, en apprenant de vous le bonheur qu'ils auront de voir
plus souvent les maîtres de ce beau séjour. J'ai suivi tous les
sentiments de ces gouverneurs[6]; je n'en ai trouvé aucun qui
35 n'ait été en sa place, et qui ne soit venu de la raison et de la
générosité la plus parfaite : ils ont senti les vives douleurs de
toute une province qu'ils ont gouvernée et comblée de biens
depuis vingt-six ans; ils ont obéi cependant d'une manière
très noble; ils ont eu besoin de leur courage pour vaincre la

---

1. *Baptistaire*. Le mot est au XVIIe siècle tantôt adjectif (le registre baptistaire,
l'extrait baptistaire), tantôt substantif (l'extrait du registre où est consignée la date
du baptême); 2. *Le chevalier de Grignan* : voir page 103, note 9. Il était né en 1644,
tandis que Coulanges était né en 1633; 3. Mme de Sévigné avait alors 69 ans;
4. *Chaulnes* : village voisin de Péronne en Picardie. Mme de Sévigné y avait fait un
séjour en avril 1689; 5. Allusion à un poème de Coulanges sur les rossignols des
Chaulnes; 6. Charles d'Ailly, duc de Chaulnes, gouverna la Bretagne jusqu'en 1695.
Il mourut en 1698.

40 force de l'habitude, qui les avait comme unis à cette Bretagne[1] :
présentement ils ont d'autres pensées; ils entrent dans le goût
de jouir tranquillement de leurs grandeurs; je ne trouve rien
que d'admirable dans toute cette conduite; je l'ai suivie et
sentie avec l'intérêt et l'attention d'une personne qui les aime,
45 et qui les honore du fond du cœur. [...]

57

À COULANGES

À Grignan, le 29e mars [1696].

Toutes choses cessantes, je pleure et je jette les hauts cris
de la mort de Blanchefort, cet aimable garçon, tout parfait,
qu'on donnait pour exemple à tous nos jeunes gens[2]. Une
réputation toute faite, une valeur reconnue et digne de son
5 nom, une humeur admirable pour lui (car la mauvaise humeur
tourmente), bonne pour ses amis, bonne pour sa famille; sensible à la tendresse de Madame sa mère, de Madame sa grand-
mère[3], les aimant, les honorant, connaissant leur mérite, pre-

---

1. Ils durent céder le gouvernement de la Bretagne au comte de Toulouse; 2. Mme de
Sévigné écrivait le 25 avril 1687 à son cousin Bussy-Rabutin : « Vos réflexions sont
tristes et justes sur la déroute de la maison de Créquy. Canaples reste seul des trois
frères, après toutes ses tribulations et tous ses maux, que vous marquez si bien.
Mais il y a un petit Blanchefort resté du naufrage, revenu glorieux de Hongrie, beau,
bien fait, sage, honnête, poli et affligé, sans être abattu, des malheurs de sa maison,
qui trouve tous les chemins bien préparés à le recevoir agréablement dans le monde.
Il console fort les gens de l'absence de son frère, qui n'avait nulle de ses bonnes qualités, et il fera peut-être une aussi grande fortune que ses pères, se voyant présentement à la hauteur de tous les autres. Rien, à mon avis, n'est meilleur pour être honnête homme, que d'avoir à recommencer une fortune tout entière »; 3. *Sa mère, sa
grand-mère*, la maréchale de Créquy et Mme du Plessis-Bellière, belle-mère du maréchal de Créquy.

QUESTIONS

Lettre 56.

● LIGNES 5-10. Pourquoi Mme de Sévigné parle-t-elle d'un *palais enchanté*
(ligne 7)? Quels souvenirs littéraires sont évoqués par ces mots?

● LIGNES 34-45. Quelles sont les qualités morales que Mme de Sévigné
admire le plus chez M. et Mme de Chaulnes?

■ SUR L'ENSEMBLE DE LA LETTRE. — Montrez comment Mme de Sévigné
a su conserver dans ses dernières années sa vivacité d'esprit, sa belle
imagination et la fraîcheur de ses sentiments.

nant plaisir à leur faire sentir sa reconnaissance, et à les payer
10 par là de l'excès de leur amitié ; un bon sens avec une jolie
figure ; point enivré de sa jeunesse, comme le sont tous les
jeunes gens, qui semblent avoir le diable au corps ; et cet aimable
garçon disparaît en un moment, comme une fleur que le vent
emporte, sans guerre, sans occasion[1], sans mauvais air[2] ! Mon
15 cher cousin, où peut-on trouver des paroles pour dire ce que
l'on pense de la douleur de ces deux mères, et pour leur faire
entendre ce que nous pensons ici ? Nous ne songeons pas à
leur écrire ; mais si dans quelque occasion vous trouvez le
moment de nommer ma fille et moi, et MM. de Grignan, voilà
20 nos sentiments sur cette perte irréparable. Mme de Vins a tout
perdu, je l'avoue[3] ; mais quand le cœur a choisi entre deux
fils, on n'en voit plus qu'un. Je ne saurais parler d'autre
chose. [...]

---

1. *Occasion* : engagement de guerre, bataille, combat ; quelques lignes plus bas,
le même mot a le sens que nous lui donnons maintenant ; 2. *Mauvais air*. Nous dirions
« épidémie » ; 3. *Mme de Vins* avait perdu son fils unique en 1662 ; le maréchal de
Créquy avait deux fils.

─────── **QUESTIONS** ───────

Lettre 57.

● Lignes 1-14. Quelles sont les qualités que Mme de Sévigné apprécie
particulièrement chez le jeune marquis de Créquy, disparu prématuré-
ment ? En comparant cette lettre avec celle du 25 avril 1687 que nous
donnons en note, montrez la sincérité de cet éloge funèbre.

● Lignes 20-24. Les dernières lignes de cette lettre ne contiennent-elles
pas un peu de la propre expérience de Mme de Sévigné, mère de deux
enfants, diversement aimés ?

DOCUMENTATION THÉMATIQUE
réunie par la Rédaction des Nouveaux Classiques Larousse

Mᵐᵉ DE SÉVIGNÉ ET SON TEMPS

1. UN FLÉAU D'AUTREFOIS : L'INCENDIE

[Lettre 16, pp. 51 à 99.]

> On recherchera dans un livre d'histoire les grandes dates des fléaux collectifs : pestes, incendies, etc., en Europe occidentale, au Moyen Age en particulier. On se renseignera sur le mode de construction des maisons de l'époque : matériaux, entassement ; on mettra en évidence que la difficulté de lutte contre l'incendie s'ajoutait au risque d'embrasement lui-même.

Louis XIV voulut lutter contre cet état de fait par l'urbanisme. En même temps, il pensait rendre la circulation plus aisée et la sécurité — nocturne en particulier — des passants plus grande. Toutefois, le texte suivant de Boileau montre, dans le même sens que celui de Mme de Sévigné, ce qui était la réalité d'alors :

> J'entends crier partout : Au meurtre ! on m'assassine !
> Ou : le feu vient de prendre à la maison voisine !
> Tremblant et demi-mort, je me lève à ce bruit,
> Et souvent sans pourpoint je cours toute la nuit,
> Car le feu dont la flamme en ondes se déploie,
> Fait de notre quartier une seconde Troie,
> Où maint bec affamé, maint avide Argien,
> Au travers des charbons va piller le Troyen.
> Enfin sous mille crocs la maison abîmée
> Entraîne aussi le feu qui se perd en fumée.
> Je me retire donc, encore pâle d'effroi ;
> Mais le jour est venu quand je rentre chez moi.

(Satire VI, « les Embarras de Paris ».)

> On fera le rapprochement trait par trait entre les deux textes, en prenant garde du parti pris satirique chez Boileau et du goût de l'exceptionnel, du dramatique chez Mme de Sévigné.

2. PANTAGRUEL AU GRAND SIÈCLE : LES GRANDS REPAS AU TEMPS DE LOUIS XIV

[Lettres 23 et 26, p. 66 et suiv. et 75 et suiv.]

Louis XIV était doué d'un robuste appétit, comme en témoigne le texte suivant qui émane de la princesse Palatine, témoin oculaire.

> « J'ai vu le Roi manger, et cela très souvent, quatre assiettes de différentes soupes, un faisan tout entier, une perdrix, une grande assiette pleine de salade, un mouton coupé dans son jus avec de l'ail, deux bons morceaux de jambon, une assiette pleine de pâtisseries, et des fruits et des confitures. » « Le Roi,

fatigué et abattu, fut contraint de manger gras le vendredi et voulut bien qu'on ne lui servît à dîner que les croûtes, un potage aux pigeons et trois poulets rôtis. » Le lendemain, « un potage avec une volaille et trois poulets rôtis dont il prit comme le vendredi quatre ailes, les blancs et une cuisse » ; le surlendemain enfin « il ne mangea point d'entrée et se contenta de quatre ailes, des blancs et de la cuisse des poulets ».

Mais il n'était pas seul ainsi ; Saint-Simon nous décrit ce que pouvait manger en un seul repas Philippe, frère du roi :

> Tout un jambon et douze bécassines avec leurs tartines de lèche-frite, une pleine casserole de bouillie d'amandes et puis des gâteaux feuilletés et fourrés de confiture, et finalement des fruits de la saison tant qu'il en voyait à son couvert.

3. L'EXÉCUTION DE LA BRINVILLIERS

[Lettre 38, p. 104 et suiv.]

L'affaire des poisons, assez obscure, fit grand bruit à la Cour ; de hauts personnages furent compromis ; le nom même de Racine (qui publia *Britannicus* en 1669 et *Phèdre* en 1667) fut prononcé. Voltaire, dans *le Siècle de Louis XIV* (chap. XXVI), nous raconte comment « cette vengeance des lâches » s'introduisit à la cour de France :

> Ce qui confirma le public dans le soupçon de poison, c'est que vers ce temps on commença à connaître ce crime en France. On n'avait point employé cette vengeance des lâches dans les horreurs de la guerre civile. Ce crime, par une fatalité singulière, infecta la France dans le temps de la gloire et des plaisirs qui adoucissaient les mœurs, ainsi qu'il se glissa dans l'ancienne Rome aux plus beaux jours de la République.
> Deux Italiens, dont l'un s'appelait Exili, travaillèrent longtemps avec un apothicaire allemand, nommé Glaser, à rechercher ce qu'on appelle la pierre philosophale. Les deux Italiens y perdirent le peu qu'ils avaient, et voulurent, par le crime, réparer le tort de leur folie, ils vendirent secrètement des poisons. La confession, le plus grand frein de la méchanceté humaine, mais dont on abuse en croyant pouvoir faire des crimes qu'on croit expier ; la confession, dis-je, fit connaître au grand pénitencier de Paris que quelques personnes étaient mortes empoisonnées. Il en donna avis au gouvernement. Les deux Italiens soupçonnés furent mis à la Bastille : l'un des deux y mourut. Exili y resta sans être convaincu ; et, du fond de sa prison, il répandit dans Paris ces funestes secrets qui coûtèrent la vie au lieutenant civil d'Aubrai et à sa famille, et qui firent enfin ériger la Chambre des poisons, qu'on nomme la Chambre ardente.

> On recherchera, dans le même ouvrage du même auteur, le
> passage qui concerne la mort de Madame (au même chapitre).
> On fera la critique de la relation de Voltaire en se demandant
> si son objectivité n'est pas ici prise en défaut. Quels motifs
> pourrait-on trouver à son erreur ?

Voici maintenant ce que Voltaire raconte sur la participation de
la marquise de Brinvilliers à l'affaire des poisons :

> L'amour fut la première source de ces horribles aventures.
> Le marquis de Brinvilliers, gendre du lieutenant civil d'Aubrai,
> logea chez lui Sainte-Croix, capitaine de son régiment, d'une
> trop belle figure. Sa femme lui en fit craindre les consé-
> quences ; le mari s'obstina à faire demeurer ce jeune homme
> avec sa femme, jeune, belle et sensible. Ce qui devait arriver
> arriva : ils s'aimèrent. Le lieutenant civil, père de la marquise,
> fut assez sévère et imprudent pour solliciter une lettre de
> cachet, et pour faire envoyer à la Bastille le capitaine, qu'il
> ne fallait envoyer qu'à son régiment. Sainte-Croix fut mis
> malheureusement dans la chambre où était Exili ; cet Italien
> lui apprit à se venger ; on en sait les suites, qui font frémir.
> La marquise n'attenta point à la vie de son mari, qui avait
> eu l'indulgence pour un amour dont lui-même était la cause,
> mais la fureur de la vengeance la porta à empoisonner son
> père, ses deux frères et sa sœur. Au milieu de tant de crimes,
> elle avait de la religion ; elle allait souvent à confesse, et
> même, lorsqu'on l'arrêta dans Liège, on trouva une confession
> générale écrite de sa main, qui servit, non pas de preuve contre
> elle, mais de présomption. Il est faux qu'elle eut essayé ses
> poisons dans les hôpitaux, comme le disait le peuple, et comme
> il est écrit dans *les Causes célèbres*, ouvrage d'un avocat sans
> cause, et fait pour le peuple ; mais il est vrai qu'elle eut, ainsi
> que Sainte-Croix, des liaisons secrètes avec des personnes
> accusées depuis des mêmes crimes. Elle fut brûlée, en 1676,
> après avoir eu la tête tranchée. Mais depuis 1670 qu'Exili
> avait commencé à faire des poisons, jusqu'en 1680, ce crime
> infecta Paris.
>
> On ne peut dissimuler que Penautier, le receveur général du
> clergé, ami de cette femme, fut accusé quelque temps après
> avoir mis ses secrets en usage et qu'il lui en coûta la moitié
> de son bien pour supprimer les accusations.

> Les points communs avec Mme de Sévigné, les rapprochements
> entre Voltaire et les lignes 10-13 et 14-15 (Penautier) de la
> Lettre 38. Les différences dans le récit des faits : affaire de
> tempérament et de point de vue.

4. UN GRAND CAPITAINE : TURENNE

[Lettres 36 et 37 p. 96 et suiv.]

⎨ On recherchera dans un livre d'histoire les traits dominants
⎨ de la personne de Turenne et les faits saillants de sa carrière;
⎨ on notera sur ce point les parallèles et les divergences entre lui
⎨ et Condé.

4.1. LA MORT DE TURENNE

Le point de vue de l'historien : Ph. Sagnac et A. de Saint-Léger
(« Louis XIV », dans *Peuples et civilisations,* tome X, P. U. F.) :

> Après cette campagne foudroyante, Turenne entre, en été,
> dans le pays de Bade, y attire son grand rival Montecuccoli
> et le bat, le 27 juillet, à Salzbach ; mais atteint par un boulet,
> il meurt en pleine victoire. L'armée pleura le chef aimé
> qui l'avait tant de fois conduite à la victoire. Louis XIV
> versa lui aussi des larmes ; la France entière fut émue par
> cette perte irréparable et, dans des accents dignes de Bossuet,
> Fléchier exprima la douleur et la gratitude de la nation.

La relation de Voltaire (*le Siècle de Louis XIV,* chap. XII) :

> [...] Turenne en allant choisir une place pour dresser une
> batterie, fut tué d'un coup de canon (27 juillet 1675). Il n'y
> a personne qui ne sache les circonstances de cette mort ;
> mais on ne peut se défendre d'en retracer les principales,
> par le même aspect qui fait qu'on en parle encore tous les
> jours. [...] Il est très rare que sous un gouvernement monar-
> chique, où les hommes ne sont occupés que de leur intérêt
> particulier, ceux qui ont servi la patrie meurent regrettés
> du public. Cependant Turenne fut pleuré des soldats et des
> peuples. [...] On sait les honneurs que le roi fit rendre à sa
> mémoire, et qu'il fut enterré à Saint-Denis comme le conné-
> table du Guesclin, au-dessus duquel l'opinion générale l'élève
> autant que le siècle de Turenne est supérieur au siècle du
> connétable.

⎨ On comparera la Lettre 36 de Mme de Sévigné avec ces
⎨ deux textes.

4.2. LA PERSONNE DE TURENNE

Nous donnons ci-dessous d'abondants extraits de l'*Oraison funèbre*
de Turenne par Fléchier.

**Oraison funèbre
de Henri de La Tour d'Auvergne Vicomte de Turenne**

Prononcée à Paris, dans l'église de Saint-Eustache, le dixième jour de janvier 1676.
(Nous ne reproduisons pas ici la première partie de l'oraison funèbre, qui évoquait Turenne capitaine.)

[TURENNE : LE GÉNÉRAL ET L'HOMME.]

Qu'est-ce qu'une armée ? C'est un corps animé d'une infinité de passions différentes, qu'un homme habile fait mouvoir pour la défense de la patrie ; c'est une troupe d'hommes armés qui suivent aveuglément les ordres d'un chef, dont ils ne savent pas les intentions ; c'est une multitude d'âmes pour la plupart viles et mercenaires, qui, sans songer à leur propre réputation, travaillent à celle des rois et des conquérants : c'est un assemblage confus de libertins qu'il faut assujettir à l'obéissance, de lâches qu'il faut mener au combat, de téméraires qu'il faut retenir, d'impatients qu'il faut accoutumer à la constance. Quelle prudence ne faut-il pas pour conduire et réunir au seul intérêt public tant de vues et de volontés différentes ! Comment se faire craindre sans se mettre en danger d'être haï, et bien souvent abandonné ? Comment se faire aimer, sans perdre un peu de l'autorité, et relâcher de la discipline nécessaire ?

Qui trouva jamais mieux tous ces justes tempéraments que ce prince que nous pleurons ? Il attacha par des nœuds de respect et d'amitié ceux qu'on ne retient ordinairement que par la crainte des supplices, et se fit rendre par sa modération une obéissance aisée et volontaire. Il parle, chacun écoute ses oracles ; il marche, chacun croit courir à la gloire. On dirait qu'il va combattre des rois confédérés avec sa seule maison, comme un autre Abraham ; que ceux qui le suivent sont ses soldats et ses domestiques ; et qu'il est et général et père de famille tout ensemble. Aussi rien ne peut soutenir leurs efforts : ils ne trouvent point d'obstacles qu'ils ne surmontent ; point de difficultés qu'ils ne vainquent ; point de péril qui les épouvante ; point de travail qui les rebute ; point d'entreprise qui les étonne ; point de conquête qui leur paraisse difficile. Que pouvaient-ils refuser à un capitaine qui renonçait à ses commodités pour faire vivre dans l'abondance ; qui, pour leur procurer du repos, perdrait le sien propre ; qui soulagerait leur fatigue, et ne s'en épargnerait aucune ; qui prodiguait son sang, et ne ménageait que le leur ? Par quelle invisible chaîne entraînait-il ainsi les volontés ? Par cette bonté avec laquelle il encourageait les uns, il excusait les autres, et donnait à tous les moyens de s'avancer, de vaincre leur malheur, ou de réparer leurs fautes ; par ce désintéressement qui le portait à préférer ce qui était plus utile à l'Etat à ce qui pouvait être plus glorieux pour lui-même; par cette justice qui, dans la distribution des emplois, ne lui permettait pas de suivre son inclination au préjudice du mérite; par cette noblesse de cœur et de sentiments qui l'élevait au-dessus de sa propre grandeur, et par tant d'autres qualités qui lui attiraient l'estime et le respect de tout le monde. [...]

Pour récompenser tant de vertus par quelque honneur extraordinaire, il fallait trouver un grand roi qui crût ignorer quelque chose, et qui fût capable de l'avouer. Loin d'ici ces flatteuses maximes que les rois naissent habiles, et que les autres le deviennent; que leurs âmes privilégiées sortent des mains de Dieu, qui les crée, toutes sages et intelligentes; qu'il n'y a point pour eux d'essai ni d'apprentissage; qu'ils sont vertueux sans travail, et prudents sans expérience. Nous vivons sous un prince qui, tout grand et tout éclairé qu'il est, a bien voulu s'instruire pour commander; qui, dans la route de la gloire, a su choisir un guide fidèle, et a cru qu'il était de sa sagesse de se servir de celle d'autrui. Quel honneur pour un sujet d'accompagner son roi, de lui servir de conseil, et, si je l'ose dire, d'exemple dans une importante conquête! Honneur d'autant plus grand que la faveur n'y put avoir part; qu'il ne fut fondé que sur un mérite universellement connu, et qu'il fut suivi de la prise des villes les plus considérables de la Flandre.

Après cette glorieuse marque d'estime et de confiance, quels projets d'établissement et de fortune n'aurait pas faits un homme avare et ambitieux! [...]

Cet honneur, messieurs, ne diminua point sa modestie. A ce mot, je ne sais quel remords m'arrête. Je crains de publier ici des louanges qu'il a si souvent rejetées, et d'offenser après sa mort une vertu qu'il a tant aimée pendant sa vie. Mais accomplissons la justice, et louons-le sans crainte, en un temps où nous ne pouvons être suspects de flatterie, ni lui susceptible de vanité. Qui fit jamais de si grandes choses? qui les dit avec plus de retenue? Remportait-il quelque avantage : à l'entendre, ce n'était pas qu'il fût habile, mais l'ennemi s'était trompé. Rendait-il compte d'une bataille : il n'oubliait rien, sinon que c'était lui qui l'avait gagnée. Racontait-il quelques-unes de ces actions qui l'avaient rendu si célèbre : on eût dit qu'il n'en avait été que le spectateur, et l'on doutait si c'était lui qui se trompait, ou la renommée. Revenait-il de ces glorieuses campagnes qui rendront son nom immortel : il fuyait les acclamations populaires, il rougissait de ses victoires, il venait recevoir des éloges comme on vient faire des apologies, et n'osait presque aborder le roi, parce qu'il était obligé, par respect, de souffrir patiement les louanges dont Sa Majesté ne manquait jamais de l'honorer. C'est alors que, dans le doux repos d'une condition privée, ce prince, se dépouillant de toute la gloire qu'il avait acquise pendant la guerre, et se renfermant dans une société peu nombreuse de quelques amis choisis, s'exerçait sans bruit aux vertus civiles : sincère dans ses discours, simple dans ses actions, fidèle dans ses amitiés, exact dans ses devoirs, réglé dans ses désirs, grand même dans les moindres choses. Il se cache ; mais sa réputation le découvre ; il marche sans suite et sans équipage, mais chacun dans son esprit le met sur un char de triomphe. On compte, en le voyant, les ennemis qu'il a vaincus, non par les serviteurs qui le suivent ; tout seul qu'il est, on se figure autour de lui ses vertus et ses victoires qui l'accompagnent ; il y a je ne sais quoi de noble dans cette honnête simplicité ; et moins il est superbe, plus il devient vénérable.

Il aurait manqué quelque chose à sa gloire, si, trouvant partout tant d'admirateurs, il n'eût fait quelques envieux. Telle est l'injustice des hommes, la gloire la plus pure et la mieux acquise les blesse ; tout ce qui s'élève au-dessus d'eux leur devient odieux et insupportable ; et la fortune la plus approuvée et la plus modeste n'a pu se sauver de cette lâche et maligne passion. C'est la destinée des grands hommes d'en être attaqués ; et c'est le privilège de M. de Turenne d'avoir pu la vaincre. L'envie fut étouffée, ou par le mépris qu'il en fit, ou par des accroissements perpétuels d'honneur et de gloire : le mérite l'avait fait naître, le mérite le fit mourir. Ceux qui lui étaient moins favorables ont reconnu combien il était nécessaire à l'Etat ; ceux qui ne pouvaient souffrir son élévation se crurent obligés d'y consentir, et, n'osant s'affliger de la prospérité d'un homme qui ne leur aurait jamais donné la misérable consolation de se réjouir de quelqu'une de ses fautes, ils joignirent leur voix à la voix publique, et crurent qu'être son ennemi, c'était l'être de toute la France. [...]

(Deuxième partie.)

[Dernière campagne et mort de Turenne.]

Fléchier évoque la piété de Turenne, et poursuit :

Comme il tient de Dieu toute sa gloire, aussi la lui rapporte-t-il tout entière, et ne conçoit autre confiance que celle qui est fondée sur le nom du Seigneur. Que ne puis-je vous représenter ici une de ces importantes occasions, où il attaque avec peu de troupes toutes les forces de l'Allemagne ! il marche trois jours, passe trois rivières, joint les ennemis, les combat et les charge. Le nombre d'un côté, la valeur de l'autre, la fortune est longtemps douteuse. Enfin le courage arrête la multitude ; l'ennemi s'ébranle et commence à plier. Il s'élève une voix qui crie : Victoire ! Alors ce général suspend toute l'émotion que donne l'ardeur du combat, et d'un ton sévère : « Arrêtez, dit-il : notre sort n'est pas en nos mains, et nous serons nous-mêmes vaincus, si le Seigneur ne nous favorise. » A ces mots il lève les yeux au ciel d'où lui vient son secours, et, continuant à donner des ordres, il attend avec soumission, entre l'espérance et la crainte, que les ordres du ciel s'exécutent.

Qu'il est difficile, Messieurs, d'être victorieux et d'être humble tout ensemble ! Les prospérités militaires laissent dans l'âme je ne sais quel plaisir touchant, qui la remplit et l'occupe tout entière. On s'attribue une supériorité de puissance et de force ; on se couronne de ses propres mains ; on se dresse un triomphe secret à soi-même ; on regarde comme son propre bien ces lauriers qu'on cueille avec peine, et qu'on arrose souvent de son sang : et lors même qu'on rend à Dieu de solennelles actions de grâces, et qu'on pend aux voûtes sacrées de ses temples des drapeaux déchirés et sanglants qu'on a pris sur les ennemis, qu'il est dangereux que la vanité n'étouffe une partie de la reconnaissance, qu'on ne mêle aux vœux qu'on rend au Seigneur des applaudissements qu'on croit se devoir à soi-même, et qu'on ne retienne au moins quelques grains de cet encens qu'on va brûler sur ses autels ! C'était en ces occasions que M. de Turenne, se dépouillant de lui-même, renvoyait toute la gloire à celui à qui seul elle appartient légitimement. S'il marche, il reconnaît que c'est Dieu qui le conduit et qui le guide ; s'il défend des places, il sait qu'on les défend en vain si Dieu ne les garde ; s'il se retranche, il lui semble que c'est Dieu qui lui fait un rempart pour le mettre à couvert de toute insulte ; s'il combat, il sait d'où il tire toute sa force, et s'il triomphe, il croit voir dans le ciel une main invisible qui le couronne. Rapportant ainsi toutes les grâces qu'il reçoit à leur origine, il en attire de nouvelles. Il ne compte plus les ennemis qui l'environnent ; et, sans s'étonner de leur nombre ou de leur puissance, il dit avec le prophète : « Ceux-là se fient au nombre de leurs combattants et de leurs chariots : pour nous, nous nous reposons sur la protection du Tout-Puissant. » Dans cette fidèle et juste confiance, il redouble son ardeur, forme de grands desseins, exécute de grandes choses et commence une campagne qui semblait devoir être si fatale à l'Empire.

Il passe le Rhin, et trompe la vigilance d'un général habile et prévoyant. Il observe les mouvements des ennemis. Il relève le courage des alliés. Il ménage la foi suspecte et chancelante des voisins. Il ôte aux uns la volonté, aux autres les moyens de nuire; et, profitant de toutes ces conjonctures importantes qui préparent les grands et glorieux événements, il ne laisse rien à la fortune de ce que le conseil et la prudence humaine lui peuvent ôter. Déjà frémissait dans son camp l'ennemi confus et déconcerté. Déjà prenait l'essor pour se sauver dans les montagnes cet aigle dont le vol hardi avait d'abord effrayé nos provinces. Ces foudres de bronze que l'enfer a inventés pour la destruction des hommes tonnaient de tous côtés pour favoriser et pour précipiter cette retraite; et la France en suspens attendait le succès d'une entreprise qui, selon toutes les règles de la guerre, était infaillible.

Hélas! nous avions tout ce que nous pouvions espérer, et nous ne pensions pas à ce que nous devions craindre; la Providence divine nous cachait un malheur plus grand que la perte d'une bataille. Il en devait coûter une vie que chacun de nous eût voulu racheter de la sienne propre; et tout ce que nous pouvions gagner ne valait pas tout ce que nous allions perdre. Ô Dieu terrible, mais juste en vos conseils sur les enfants des hommes, vous disposez et des vainqueurs et des victoires. Pour accomplir vos volontés et faire craindre vos jugements, votre puissance renverse ceux que votre puissance avait élevés. Vous immolez à votre souveraine grandeur de grandes victimes, et vous frappez, quand il vous plaît, ces têtes illustres que vous avez tant de fois couronnées! [...]

N'attendez pas, Messieurs, que j'ouvre ici une scène tragique; que je représente ce grand homme étendu sur ses propres trophées; que je découvre ce corps pâle et sanglant, auprès duquel fume encore le foudre qui l'a frappé; que je fasse crier son sang comme celui d'Abel et que j'expose à vos yeux les tristes images de la religion et de la patrie éplorées. Dans les pertes médiocres, on surprend ainsi la pitié des auditeurs, et, par des mouvements étudiés, on tire au moins de leurs yeux quelques larmes vaines et forcées. Mais on décrit sans art une mort qu'on pleure sans feinte. Chacun trouve en soi la source de sa douleur, et rouvre lui-même sa plaie; et le cœur, pour être touché, n'a pas besoin que l'imagination soit émue.

Peu s'en faut que je n'interrompe ici mon discours. Je me trouble, Messieurs: Turenne meurt, tout se confond, la fortune chancelle, la victoire se lasse, la paix s'éloigne, les bonnes intentions des alliés se ralentissent, le courage des troupes est abattu par la douleur et ranimé par la vengeance; tout le camp demeure immobile. Les blessés pensent à la perte qu'ils ont faite, et non pas aux blessures qu'ils ont reçues. Les pères mourants envoient leurs fils pleurer sur leur général mort. L'armée en deuil est occupée à lui rendre les devoirs funèbres ; et la Renommée, qui se plaît à répandre dans l'univers les accidents extraordinaires, va remplir toute l'Europe du récit glorieux de la vie de ce prince, et du triste regret de sa mort.

Que de soupirs alors, que de plaintes, que de louanges retentissent dans les villes, dans la campagne ! L'un, voyant croître ses moissons, bénit la mémoire de celui à qui il doit l'espérance de sa récolte. L'autre, qui jouit encore en repos de l'héritage qu'il a reçu de ses pères, souhaite une éternelle paix à celui qui l'a sauvé des désordres et des cruautés de la guerre. Ici, l'on offre le sacrifice adorable de Jésus-Christ pour l'âme de celui qui a sacrifié sa vie et son sang pour le bien public. Là, on lui dresse une pompe funèbre, où l'on s'attendait à lui dresser un triomphe. Chacun choisit l'endroit qui lui paraît le plus éclatant dans une si belle vie. Tous entreprennent son éloge ; et chacun, s'interrompant lui-même par ses soupirs et par ses larmes, admire le passé, regrette le présent et tremble pour l'avenir. Ainsi tout le royaume pleure la mort de son défenseur, et la perte d'un homme seul est une calamité publique.

(Troisième partie.)

> On se reportera au parallèle célèbre établi par Bossuet entre Turenne et Condé dans son *Oraison funèbre* de ce dernier (Nouveaux Classiques Larousse, pp. 146 et 147). Les jugements des deux prédicateurs : valeur par rapport à l'histoire ; points communs entre eux ; différences de points de vue et leurs raisons.

5. LA BATAILLE DU RHIN : OU LA PROPAGANDE OFFICIELLE AU GRAND SIÈCLE

[Lettres 32 à 34 p. 88 et suiv.]

5.1. LA VERSION OFFICIELLE

Boileau et Racine furent nommés par Louis XIV « historiographes du roi », c'est-à-dire historiens des hauts faits de Louis XIV. Cela explique à la fois qu'ils aient dû interrompre de ce fait toute activité littéraire propre (on se référera à l'histoire du temps pour en connaître la raison) et que Racine nous ait laissé du passage du Rhin le texte suivant :

> [Le Roi] déclara la guerre aux Hollandais sur le commencement du printemps, et marcha aussitôt contre eux. Le bruit de sa marche les étonne. Quelque criminels qu'ils fussent, ils ne pensaient pas que la punition dut suivre de si près l'offense. Ils avaient peine à s'imaginer qu'un prince jeune,

né avec toutes les grâces de l'esprit et du corps, dans l'abondance de toutes choses, au milieu des plaisirs et des délices qui semblaient le chercher en foule, pût s'en débarrasser si aisément pour aller, loin de son royaume, s'exposer aux périls et aux fatigues d'une guerre longue et fâcheuse, et dont le succès était incertain. Ils se rassuraient pourtant sur le bon état où ils croyaient avoir mis leurs places.

En effet, comme le tonnerre avait grondé longtemps, ils avaient eu le loisir de les remplir d'hommes, de munitions et de vivres ; ils avaient fortifié tous les bords de l'Issel. Le prince d'Orange, pour défendre ce passage, s'y était campé avec une armée nombreuse. Le Rhin, de tous les autres côtés, couvrait leur pays. L'Europe était dans l'attente de ce qui allait arriver. Ceux qui connaissaient les forces de la Hollande et la bonté des places qui les défendaient ne pensaient pas qu'on la pût seulement aborder ; et ils publiaient que la gloire du Roi serait assez grande si, en toute sa campagne, il pouvait emporter une seule de ces places. Quel fut donc leur étonnement, ou plutôt quelle fut la surprise de tout le monde, lorsque l'on apprit qu'il avait mis le siège devant quatre fortes villes en même temps, et que, sans qu'il eût fait ni lignes de circonvallation ni de contrevallation, ces quatre villes s'étaient rendues à discrétion au premier jour de tranchée !

Un exploit si extraordinaire et si peu attendu jeta la terreur dans tous les pays que les Hollandais occupaient le long du Rhin ; on apportait au Roi de tous côtés les clefs des places. A peine les gouverneurs avaient-ils le temps de se sauver dans les barques, avec leurs familles épouvantées et une partie de leur bagage : sa marche était un continuel triomphe. Il s'avança de la sorte jusqu'auprès de Tolhuis. Le Rhin, qui en cet endroit est fort large et fort profond, semblait opposer une barrière invincible à l'impétuosité des Français. Le Roi pourtant se préparait à le passer : son dessein était d'abord de faire un pont de bateaux ; mais comme cela ne se pouvait exécuter qu'avec lenteur, et que d'ailleurs les ennemis commençaient à se montrer sur l'autre bord, il résolut d'aller à eux avec une promptitude qui acheva de les étonner. Il commanda à sa cavalerie d'entrer dans le fleuve : l'ordre s'exécute. Il faisait ce jour-là un vent fort impétueux, qui, agitant les eaux du Rhin, en rendait l'aspect beaucoup plus terrible. Il marche néanmoins ; aucun ne s'écarte de son rang, et le terrain venant à manquer sous les pieds de leurs chevaux, ils les font nager, et approchent avec une audace que la présence du Roi pouvait seule leur inspirer. Cependant trois escadrons paraissent de l'autre côté du fleuve ; ils entrent même dans l'eau, et font une décharge qui tue quelques-uns des plus avancés, et en blessent d'autres. Malgré ces obstacles,

les Français abordent, et l'eau ayant mis leurs armes à feu hors d'état de leur servir, ils fondent sur ces escadrons l'épée à la main. Les ennemis n'osent les attendre : ils fuient à toute bride, et se renversant les uns sur les autres, vont porter la nouvelle jusqu'au fond de la Hollande que le Roi était passé. Alors il n'y eut plus rien qui osât faire résistance. Le prince d'Orange, craignant d'être enveloppé, abandonna aussi les bords de l'Issel ; et le Roi y campa, peu de jours après, dans ses fortifications, dont le seul récit jeta l'épouvante.

1° On relèvera dans ce texte tout ce qui porte la marque d'une flatterie extrême, d'une volonté délibérée de donner à Louis XIV et à ses troupes un rôle admirable. On portera une attention particulière à tous les qualificatifs.
2° Comment cette version passe-t-elle dans le public ? A votre avis, Mme de Sévigné, comme témoin, croit-elle à ce récit ou entre-t-elle dans le jeu de la flatterie ?

5.2. VOLTAIRE ET LE RÉTABLISSEMENT DES DROITS DE LA VÉRITÉ

Dans *le Siècle de Louis XIV* (chapitre x), Voltaire a voulu faire œuvre d'historien véritable, et, par critique des témoignages, vérifications minutieuses et efforts de réflexions, rétablir la vérité sur l'époque du Roi-Soleil. Voici le récit qu'il nous livre de ce fameux passage du Rhin :

Le roi était à la tête de sa maison et des plus belles troupes, qui composaient trente mille hommes ; Turenne les commandait sous lui. Le prince de Condé avait une armée aussi forte. Les autres corps, conduits tantôt par Luxembourg, tantôt par Chamilli, faisaient dans l'occasion des armées séparées, ou se rejoignaient selon le besoin. On commença par assiéger à la fois quatre villes, dont le nom ne mérite de place dans l'histoire que par cet événement : Rhinberg, Orsoy, Vésel, Burick ; elles furent prises presque aussitôt qu'elles furent investies. Celle de Rhinberg, que le roi voulut assiéger en personne, n'essuya pas un coup de canon ; et pour assurer encore mieux sa prise, on eut soin de corrompre le lieutenant de la place, Irlandais de nation, nommé Dossery, qui eut la lâcheté de se vendre, et l'imprudence de se retirer ensuite à Mastricht, où le prince d'Orange le fit punir de mort.
Toutes les places qui bordent le Rhin et l'Issel se rendirent. Quelques gouverneurs envoyèrent leurs clefs dès qu'ils virent seulement passer de loin un ou deux escadrons français ; plusieurs officiers s'enfuirent des villes où ils étaient en garnison, avant que l'ennemi fût dans leur territoire ; la consternation était générale. Le prince d'Orange n'avait point encore

assez de troupes pour paraître en campagne. Toute la Hollande s'attendait à passer sous le joug, dès que le roi serait au-delà du Rhin. Le prince d'Orange fit faire à la hâte des lignes au-delà de ce fleuve, et, après les avoir faites, il connut l'impuissance de les garder. Il ne s'agissait plus que de savoir en quel endroit les Français voudraient faire un pont de bateaux, et de s'opposer, si on pouvait, à ce passage. En effet, l'intention du roi était de passer le fleuve sur un pont de ces petits bateaux inventés par Martinet. Des gens du pays informèrent alors le prince de Condé que la sécheresse de la saison avait formé un gué sur un bras du Rhin, auprès d'une vieille tourelle qui sert de bureau de péage, qu'on nomme Tollbuys, la maison du péage, dans laquelle il y avait dix-sept soldats. Le roi fit sonder ce gué par le comte de Guiche; il n'y avait qu'environ vingt pas à nager au milieu de ce bras du fleuve, selon ce que dit dans ses lettres Pellisson, témoin oculaire, et ce que m'ont confirmé les habitants. Cet espace n'était rien, parce que plusieurs chevaux de front rompaient le fil de l'eau très peu rapide. L'abord était aisé; il n'y avait de l'autre côté de l'eau que quatre à cinq cents cavaliers et deux faibles régiments d'infanterie sans canon; l'artillerie française les foudroyait en flanc. Tandis que la maison du roi et les meilleures troupes de cavalerie passèrent sans risque au nombre d'environ quinze mille hommes, le prince de Condé les côtoyait dans un bateau de cuivre. A peine quelques cavaliers hollandais entrèrent dans la rivière pour faire semblant de combattre; ils s'enfuirent l'instant d'après privé de la multitude qui venait à eux. Leur infanterie mit aussitôt bas les armes, et demanda la vie (12 juin 1672). On ne perdit dans le passage que le comte de Nogent et quelques cavaliers, qui, s'étant écartés du gué, se noyèrent; et il n'y aurait eu personne de tué dans cette journée, sans l'imprudence du jeune duc de Longueville. On dit qu'ayant la tête pleine des fumées du vin, il tira un coup de pistolet sur les ennemis qui demandaient la vie à genoux, en leur criant : « Point de quartier pour cette canaille. » Il tua du coup un de leurs officiers. L'infanterie hollandaise désespérée reprit à l'instant ses armes, et fit une décharge dont le duc de Longueville fut tué. Un capitaine de cavalerie, nommé Ossembroek qui ne s'était point enfui avec les autres, court au prince de Condé, qui montait alors à cheval en sortant de la rivière, et lui appuie son pistolet à la tête. Le prince par un mouvement détourna le coup, qui lui fracassa le poignet. Condé ne reçut jamais que cette blessure dans toutes ses campagnes. Les Français irrités firent main basse sur cette infanterie, qui se mit à fuir de tous côtés. Louis XIV passa sur un pont de bateaux avec l'infanterie après avoir dirigé lui-même toute la marche.

Tel fut ce passage du Rhin, action éclatante et unique célébrée alors comme un des grands événements qui dussent occuper la mémoire des hommes. Cet air de grandeur dont le roi relevait toutes ses actions, le bonheur rapide de ses conquêtes, la splendeur de son règne, idolâtrie de ses courtisans, enfin le goût que le peuple, et, surtout les Parisiens, ont pour l'exagération, joint à l'ignorance de la guerre où l'on est dans l'oisiveté des grandes villes, tout cela fit regarder à Paris le passage du Rhin comme un prodige qu'on exagérait encore. L'opinion commune était que toute l'armée avait passé ce fleuve à la nage, en présence d'une armée retranchée, et malgré l'artillerie d'une forteresse imprenable, appelée le Tholus. Il était très vrai que rien n'était plus imposant pour les ennemis que ce passage, et que, s'ils avaient eu un corps de bonnes troupes à l'autre bord, l'entreprise était très périlleuse.

> Comparer avec Mme de Sévigné et Racine : précision, modestie du fait par rapport à un récit quasi légendaire. Quelle intention Voltaire avait-il, en plus du souci de simple vérité, en rabaissant de telles victoires à proportions plus modiques ? Son opinion sur les guerres et les hommes providentiels du genre de Louis XIV.

5.3. LE POINT DE VUE DE L'HISTORIEN MODERNE

Ph. Sagnac et A. de Saint-Léger (*op. cit.*), font le récit suivant que nous donnons *in extenso* :

Le plan des alliés était d'attaquer la république à la fois par terre et par mer. Une armée de 80 000 hommes, concentrée à Charleroi sous le commandement du roi et de Turenne, et une armée de 30 000 hommes, rassemblée à Sedan et conduite par Condé, s'avancèrent dans la principauté de Liège, le long des deux rives de la Meuse, pour faire leur jonction près de Maastricht. Les Hollandais pensaient que cette place forte, dont la garnison avait été portée à 10 000 hommes, arrêterait longtemps les Français ; mais ceux-ci, au lieu d'en faire le siège, passèrent outre, se bornant à la surveiller ; ils se dirigèrent vers Neuss, puis descendirent le Rhin sur ses deux rives. En cinq jours (3-7 juin 1672), ils enlevèrent les places du duché de Clèves, qui appartenaient à l'électeur de Brandebourg et où les Hollandais avaient des garnisons. Après la prise d'Emmerich et de Ries il fallait, pour pénétrer jusqu'au cœur de la Hollande, franchir soit le Rhin, soit l'Ijssel. Derrière l'Ijssel se tenait, échelonnée du Rhin au Zuiderzee, une armée de 25 000 hommes sous le commandement du prince d'Orange. Au lieu d'attaquer, des escadrons français ayant réussi à traverser le Rhin au gué de

Toulhys (12 juin) et à culbuter quelques troupes ennemies, l'infanterie passa le fleuve sur un pont de bateaux. En France, on exagéra l'importance militaire de cette opération, mais il est certain qu'elle eut un grand effet moral. N'ayant pas pris l'offensive au moment opportun, le prince d'Orange, dont la position venait d'être tournée, abandonna la ligne de l'Ijssel et se replia avec 12 000 hommes sur la province de Hollande pour couvrir Amsterdam.

Sans s'attarder à une comparaison par trop facile entre ce texte et ceux du xviie siècle, on s'attachera plutôt à une étude des différences avec Voltaire. Quelles conclusions peut-on tirer de ce décalage entre réalité et « mythologie » du grand roi, pour l'état de l'opinion au xviie siècle, des moyens d'information, de jugement sur les faits historiques vécus. La propagande comme moyen de conditionnement et de gouvernement au temps de Louis XIV.

6. Mme DE SÉVIGNÉ ET LA TENDRESSE MATERNELLE

6.1. LES FAITS

Antoine Adam (*Histoire de la littérature française au XVIIe siècle*, tome IV, p. 155) attire l'attention sur la passion qu'éprouvait pour Mme de Grignan sa mère :

Cette fille ! Elle l'aimait à la folie et presque jusqu'au scandale. Elle l'aimait pour son intelligence et sa beauté, c'était en effet, au dire de Bussy, la plus jolie fille de France, et de bonne heure elle fut entourée d'admirateurs.

On recherchera, au long des lettres citées, les traits de cet amour, ses formes, son intensité — voire ses ambiguïtés. Dans quelle mesure reste-t-on sur le plan d'un parfait équilibre ? Cependant, en étudiant de près la vie de Mme de Sévigné, ce que les enfants ont représenté pour elle, on se montrera prudent dans ses jugements. On pourra, d'autre part, rechercher dans une édition complète, telle que celle de la Pléiade par exemple, les lettres de Mme de Sévigné au moment du mariage de sa fille, puis du départ de celle-ci pour le Midi.

6.2. Mme DE SÉVIGNÉ ET Mme DE GRIGNAN

Mais quel nom donner au sentiment qui l'attachait à sa fille ? que dire de cette obsession qui emplissait des jours et ses nuits, des scènes d'adieu avec leurs cris, leurs sanglots, leurs désespoirs ?

Antoine Adam (*op. cit.*, p. 158).

> Essayer de deviner les réactions de la fille devant cet amour
> maternel que vous définirez et caractériserez. On s'appuiera
> aussi sur cet extrait du même critique :

Ses amis lui faisaient entendre qu'elle lassait sa fille même,
que l'excès de sa tendresse l'incommodait et finissait par lui
donner « une grande fadeur et un dégoût ». On devine à lire
ses lettres bien des froissements, bien des blessures. Mais elle
étouffait sa tristesse et s'affirmait à elle même que son amour
était heureux.

6.3. Mᵐᵉ DE SÉVIGNÉ ET SON FILS

On rapprochera de la lettre 49 ce passage d'Antoine Adam (*op. cit.*,
p. 158) :

Mᵐᵉ de La Fayette lui rappelait qu'elle avait un fils : « La
grande amitié que vous avez pour Mᵐᵉ de Grignan, lui
disait-elle, fait qu'il en faut témoigner à son frère ».

> Comparer le ton de Mᵐᵉ de Sévigné à l'égard de son fils et de
> sa fille : cette différence suffit-elle à prouver une préférence ?
> On utilisera l'indication donnée à la note 1 de la page 125.

7. LOUVOIS, « LE NORD »

[Lettres 44 et 54, p. 112 et suiv. et 142 et suiv.]

> On recherchera, dans des ouvrages historiques, les faits domi-
> nants de la carrière de Louvois : son choix par Louis XIV
> (pourquoi ?), son œuvre, son caractère et son impopularité. On
> tentera d'établir un bilan de son apport, en tenant compte des
> ambitions et du caractère du souverain.

7.1. SA PUISSANCE DE TRAVAIL; SA CARRIÈRE

Louvois, lui aussi [comme Colbert], déploya une activité stupé-
fiante : « Je n'ai jamais vu un homme tant travailler », disait
de lui dès 1667 le marquis de Saint-Maurice, ambassadeur de
Sarre. De ses trente ans de passage aux Affaires, il reste une
correspondance écrite de sa main : cinq cents volumes, que
pas un historien n'a encore lus, et qui mériteraient d'être
publiés en entier, au même titre que la correspondance de
Napoléon. Dès 1668, secrétaire d'Etat à la guerre, ministre
à partir de 1672, surintendant des Postes en 1683, enfin surintendant des Bâtiments, Louvois fut le grand ouvrier de la politique générale du règne. Il se montra absolu, au point de donner
en 1673 des ordres positifs à Turenne, à Condé.

Ph. Sagnac et A. de Saint-Léger (*op. cit.*).

Cette manière de faire explique les protestations et les plaintes qu'il suscite ; on n'oubliera pas que Louvois était d'origine bourgeoise quand Condé était prince de sang. Les mêmes historiens citent un fait précis :

> En 1674, à l'armée de Flandre, il sacrifia l'armée de Turenne, qui, malgré tout, vainquit. Il tint dans sa dépendance les maréchaux d'Humières et Créqui. Seul Luxembourg s'affranchit après Nimègue et se brouilla avec lui.

7.2. LE CAS DE POMPONNE

Sans doute le ministère de la Guerre était-il sous Louis XIV d'une extrême importance. Mais la guerre ne peut se faire sans le soutien de la diplomatie ; cette seule remarque suffit à expliquer les efforts de Louvois contre Pomponne :

> Louvois n'est pas seulement le tout-puissant maître de l'armée, c'est lui qui, en fait, dirige la diplomatie quand Pomponne a succédé à Lionne, il complote contre lui, secondé par Gourtin, qui a succédé à Pomponne à l'ambassade de Stockholm. Au Conseil il relève les omissions du secrétaire d'Etat, cherche à le prendre en défaut, à tirer parti de son jansénisme, de ses absences, de ses voyages à sa terre de Pomponne, de son « inapplication » et le roi finit par croire ce que Louvois lui dit.
>
> Ph. Sagnac et A. de Saint-Léger (op. cit.).

Dans l'immédiat, la disgrâce de Pomponne ne profita pas directement à Louvois, mais servit Colbert, qui fit donner cette charge à son frère, Colbert de Croissy, profitant d'ailleurs d'une absence de Louvois.

> A la mort de Colbert, en 1683, Louvois se venge : Seignelay, fils de Colbert, secrétaire d'Etat à la Marine, n'entre pas au Conseil. [...] Après 1683, plus de frein ; la personnalité de Louvois déborde ; le roi ne voit que par lui et le suit.
>
> Ph. Sagnac et A. de Saint-Léger (op. cit.).

7.3. LOUVOIS ET LE ROI

Saint-Simon est, d'une manière générale, un témoin dont il convient de se méfier ; il a ses humeurs et ses ennemis. Dans le cas de Louvois, le duc se montre particulièrement tenace dans sa haine, car le ministre de l'armée a conçu un tableau d'avancement des officiers — tous nobles à l'époque — qui tient plus de compte de l'ancienneté que du rang nobiliaire ; il est inutile d'insister sur la malveillance que peut contenir l'anecdote suivante, qui sans doute n'est pas moins authentique :

> Louvois était surintendant des Bâtiments. Le Roi, qui avait le coup d'œil de la plus fine justesse, s'aperçut d'une fenêtre

de quelque peu plus étroite que les autres. Les trémeaux ne faisaient encore que de s'élever, et n'étaient pas joints par le haut. Il la montra à Louvois pour la réformer, ce qui était alors très aisé : Louvois soutint que la fenêtre était bien ; le roi insista, et le lendemain encore, sans que Louvois, qui était entier, brutal et enflé de son autorité, voulût céder. Le lendemain, le Roi vit le Nostre dans la galerie. Quoique son métier ne fut guères que les jardins, où il excellait, le Roi ne laissait pas de le consulter sur ses bâtiments ; il lui demanda s'il avait été à Trianon. Le Nostre répondit que non : le Roi lui ordonna d'y aller. Le lendemain, il le vit encore : même question, même réponse. Le Roi comprit à quoi il tenait : tellement que, un peu fâché, il lui commanda de s'y trouver l'après-dinée même, à l'heure qu'il y serait avec Louvois. Pour cette fois, le Nostre n'osa y manquer. Le Roi arrive, et Louvois présent il fut question de la fenêtre, que Louvois opiniâtra toujours de largeur égale aux autres. Le Roi voulut que le Nostre l'allât mesurer, parce qu'il était droit et vrai, et qu'il dirait librement ce qu'il aurait trouvé. Louvois, piqué, s'emporta : le Roi qui ne le fut pas moins, le laissait dire ; et cependant le Nostre, qui aurait bien voulu n'être pas là, ne bougeait. Enfin le Roi le fit aller : et cependant Louvois toujours à gronder, et à maintenir l'égalité de la fenêtre avec audace et peu de mesure. Le Nostre trouva et dit que le Roi avait raison de quelques pouces : Louvois voulut imposer ; mais le Roi, à la fin trop impatienté, le fit taire, lui commanda de faire défaire la fenêtre à l'heure même, et, contre sa modération ordinaire, le malmena fort durement. Ce qui outra le plus Louvois, c'est que la scène se passa non seulement devant les gens du bâtiment, mais en présence de tout ce qui suivait le Roi en ses promenades, seigneurs, courtisans, officiers des gardes et autres, et même de tous les valets, parce qu'on ne faisait presque que sortir le bâtiment de terre, qu'on était de plain-pied à la cour, à quelques marches près, que tout était ouvert, et que tout suivait partout. La vesperie fut forte et dura assez longtemps, avec les réflexions des conséquences de la faute de cette fenêtre, qui, remarquée plus tard, aurait gâté toute cette façade, et aurait engagé à l'abattre. Louvois, qui n'avait pas accoutumé d'être traité de la sorte, revient chez lui en furie et comme un homme au désespoir. Saint-Mouenge, les Tilladets et ce peu de familiers de toutes ses heures, en furent effrayés et, dans leur inquiétude, tournèrent pour tâcher de savoir ce qui était arrivé. A la fin il le leur conta, dit qu'il était perdu, et que, pour quelques pouces, le Roi oubliait tous ses services, qui lui avaient valu tant de conquêtes, mais qu'il y mettrait ordre, et qu'il lui susciterait une guerre telle qu'il lui ferait avoir besoin de lui et laisser là la truelle ; et de là s'emporta en reproches et en fureurs. Il ne mit guères à tenir parole : il enfourna la guerre par l'affaire de la double élection de Cologne, du prince de Bavière et du cardinal de Fürstenberg. Il la confirma en portant les flammes dans le Palatinat.

Saint-Simon (*Mémoires,* tome III, chap. Ier).

> Les traits de caractère de Louvois ; la puissance qu'il lui faut avoir pour oser adopter une telle attitude. Les risques, toutefois, que cela représente lorsqu'on affronte un souverain absolu, de droit divin, et qui en est aussi conscient que le Roi-Soleil (dont la devise était : *Nec pluribus impar*).

D'ailleurs, le même Saint-Simon suggère à propos de Louvois et de Louis XIV une hypothèse assez intéressante : ce qui importe en effet ici est moins la vérité historique que l'état d'esprit qu'un tel passage prête au roi et à son ministre. La réapparition de Pomponne à la mort de Louvois pourrait accréditer l'idée que Louis XIV n'a peut-être pas toujours suivi Louvois sans réticence.

JUGEMENTS
SUR Mme DE SÉVIGNÉ ET SUR SES LETTRES

XVIIe SIÈCLE

Parmi les contemporains de Mme de Sévigné, les jugements viennent surtout des gens du monde et des écrivains de salon; tous sont d'accord pour voir en elle, outre sa bonté, les agréments d'un caractère qui semble fait pour les plaisirs de la vie en société, mais sans affectation ni frivolité.

Sachez donc, Madame, si par hasard vous ne le savez pas, que votre esprit pare et embellit si fort votre personne, qu'il n'y en a point sur la terre d'aussi charmante, lorsque vous êtes animée dans une conversation d'où la contrainte est bannie. Tout ce que vous dites a un tel charme et vous sied si bien, que vos paroles attirent les ris et les grâces autour de vous; et le brillant de votre esprit donne un si grand éclat à votre teint et à vos yeux, que, quoiqu'il semble que l'esprit ne dût toucher que les oreilles, il est pourtant certain que le vôtre éblouit les yeux; et que, quand on vous écoute, on ne voit plus qu'il manque quelque chose à la régularité de vos traits, et l'on vous cède la beauté du monde la plus achevée. [...]
Vous êtes sensible à la gloire et à l'ambition, et vous ne l'êtes pas moins aux plaisirs; vous paraissez née pour eux, et il semble qu'ils soient faits pour vous; votre présence augmente les divertissements, et les divertissements augmentent votre beauté, lorsqu'ils vous environnent.

Mme de La Fayette,

(*Dans une sorte de lettre adressée à Mme de Sévigné sous le nom d'un inconnu, 1659*).

Sa conversation est aisée, divertissante et naturelle; elle parle juste, elle parle bien, elle a même quelquefois certaines expressions naïves et spirituelles qui plaisent infiniment. [...] J'oubliais à vous dire qu'elle écrit comme elle parle, c'est-à-dire le plus agréablement et le plus galamment qu'il est possible.

Mlle de Scudéry,
Clélie (IIIe partie, livre III) [1654].

Si son visage attire les regards, son esprit charme les oreilles, et engage tous ceux qui l'entendent ou qui lisent ce qu'elle écrit. Les plus habiles font vanité d'avoir son approbation. Ménandre a chanté dans ses vers les louanges de cette aimable personne; Crisante est un de ceux qui la visitent souvent. Elle aime la musique et hait mortellement la satire; elle loge au quartier de Léolie.

Somaize,
Grand Dictionnaire des Précieuses (1661).

Mme la marquise de Sévigné, si aimable et de si excellente compagnie, mourut quelque temps après, chez sa fille qui était son idole, et qui le méritait médiocrement. [...] Cette femme, par son aisance, ses grâces naturelles, la douceur de son esprit, en donnait par sa conversation à qui n'en avait pas, extrêmement bonne d'ailleurs, et savait extrêmement en toutes choses, sans vouloir jamais paraître savoir rien.

Saint-Simon,
Mémoires.

XVIIIe SIÈCLE

Voltaire, passionné de tout ce qui concerne la civilisation du règne de Louis XIV, est le premier à avoir vu l'intérêt des lettres (voir page 22). En un siècle où Mme de Sévigné n'a pas encore beaucoup de lecteurs, ce n'est pourtant pas seulement en historien qu'il porte son jugement, mais en épistolier. Et ses réserves viennent de son dogmatisme en matière de critique littéraire.

Ses lettres, remplies d'anecdotes, écrites avec liberté et d'un style qui peint et anime tout, sont la meilleure critique des lettres étudiées où l'on cherche l'esprit, et encore plus de ces lettres supposées dans lesquelles on veut imiter le style épistolaire, en étalant de faux sentiments et de fausses aventures à des correspondants imaginaires. C'est dommage qu'elle manque absolument de goût, qu'elle ne sache pas rendre justice à Racine, qu'elle égale l'*Oraison funèbre de Turenne* prononcée par Mascaron au grand chef-d'œuvre de Fléchier.

Voltaire,
le Siècle de Louis XIV (1751).

XIXe SIÈCLE

La critique du XIXe siècle a tendance à faire de Mme de Sévigné un écrivain dont on analyse surtout les qualités intellectuelles; même le jugement de Brunetière fait de Mme de Sévigné un écrivain malgré elle.

Au milieu des accidents de ce monde, elle incline la tête, et se réfugie dans une sorte de fatalisme providentiel, que ses liaisons avec Port-Royal et ses lectures de Nicole et de saint Augustin lui avaient inspiré. Ce caractère religieux et résigné augmenta chez elle avec l'âge, sans altérer en rien la sérénité de son humeur; il communique souvent à son langage quelque chose de plus fortement sensé et d'une tendresse plus grave. Il y a surtout une lettre à M. de Coulanges sur la mort du ministre Louvois, où elle s'élève jusqu'à la sublimité de Bossuet, comme, en d'autres temps et en d'autres endroits, elle avait atteint au comique de Molière.

Sainte-Beuve,
Causeries du lundi.

Sa qualité essentielle et dominante, c'est l'imagination; et ce qui fait de ses *Lettres* une chose unique, c'est cela : une imagination puissante, une riche faculté d'invention verbale, deux dons de grand artiste, dans un esprit de femme plus distingué qu'original, et appliqué à réfléchir les plus légères impressions d'une vie assez commune, ou les événements journaliers du monde environnant.

Gustave Lanson,
Histoire de la littérature française (1894).

Une Sévigné, une La Fayette, une Maintenon, n'écrivaient jamais leurs lettres pour faire métier d'écrivains, pas plus qu'un Retz ou un Saint-Simon leurs *Mémoires;* mais ayant écrit dans le temps de la maturité de la langue, elles se sont trouvées parler une langue incomparablement supérieure, pour les curieux de style, à la langue de Rousseau et de Diderot.

Ferdinand Brunetière,
Histoire de la littérature française classique (1904).

XXᵉ SIÈCLE

Les jugements plus récents s'accordent plutôt pour retrouver chez Mᵐᵉ de Sévigné les qualités de spontanéité, de naturel que ses contemporains avaient goûtées. Le style des Lettres est jugé par A. Adam selon des critères absolument opposés à ceux de Brunetière.

L'imagination de Mᵐᵉ de Sévigné n'est pas l'imagination créatrice; Mᵐᵉ de Sévigné n'invente jamais rien. L'imagination de Mᵐᵉ de Sévigné, c'est l'imagination qui peint, qui trouve le dessin, les couleurs, les ombres, les reflets par où entreraient dans les yeux et dans les esprits, avec une puissance de pénétration prodigieuse, les choses qu'elle a vues, que vous avez vues aussi peut-être, mais qui étaient pâles ou ternes ou grises avant qu'elle ne vous les eût montrées.

Emile Faguet,
Madame de Sévigné (1910).

L'HÔTEL CARNAVALET

dans le quartier du Marais, où Mme de Sévigné s'installa en 1677.

Ce qui est neuf chez elle, ce qui, en son siècle, est unique, c'est que dans ses récits et dans ses descriptions elle s'adresse directement à notre imagination et donne, non pas l'explication, mais l'impression toute vive et directe des choses. [...]

En ce siècle où l'effort de Chapelain, de Conrart, de Vaugelas aboutit à faire de la régularité la première vertu de l'écrivain, Mme de Sévigné mêle à plaisir mots abstraits et concrets, verbes et substantifs, parce que l'impression compte pour elle, et non pas les rapports logiques et les symétries de l'intelligence.

Antoine Adam,
Histoire de la littérature française au XVIIe siècle
(t. IV, 1954).

Il n'y eut pas chez elle engagement de doctrine, préférence théologique, mais, si l'on veut, un phénomène de mimétisme à base d'admiration, — admiration des belles œuvres d'où qu'elles vinssent, à l'heure où elles venaient, et des belles natures d'hommes qui se trouvaient dans son cercle, et dont plusieurs étaient jansénistes, « nos amis », dira-t-elle. Sainte-Beuve ne l'a pas embrigadée dans le bataillon port-royaliste ; il l'a simplement nommée, croyons-nous, « une alliée du dehors », peut-être encore trop richement.

Gérard-Gailly,
Introduction à l'édition des *Lettres* (page 47) [1956].

Deux choses frappent, quand on relit la correspondance de Mme de Sévigné. Elle avait la passion de la vie. Tout l'intéressait, la divertissait, l'émouvait, la charmait. Elle ne gémit pas des malheurs de son temps. [...] Pour Marie de Sévigné, tout est prétexte à réjouissance. Et elle avait aussi le culte de l'amitié. Elle aime non seulement sa fille, mais ses cousins, ses amis. Elle aime son prochain. Elle ne cesse de s'intéresser aux autres, de participer à ce qui leur arrive d'heureux ou de malheureux.

Wladimir d'Ormesson,
Introduction à l'ouvrage de A. Chaffanjon,
la Marquise de Sévigné et sa descendance (1962).

SUJETS DE DEVOIRS ET D'EXPOSÉS

NARRATIONS

● Dans un salon où Mme de Sévigné a rencontré de nombreux amis, dont Mme de La Fayette, Mme de Coulanges, M. de La Rochefoucauld, on parle de la campagne. « Mais vous, Madame, qui nous êtes si souvent ravie par les attraits de Livry ou de la Bretagne, que ne nous dites-vous votre goût de la *sainte horreur des forêts?* » Imaginez la réponse de Mme de Sévigné à cette question de M. de La Rochefoucauld.

● M. de Pomponne raconte à un groupe d'amis, compagnons de son exil, les principaux incidents du procès Fouquet tels qu'il a pu les connaître par les lettres de Mme de Sévigné.

● Après avoir lu la lettre de Mme de Sévigné sur la représentation d'*Esther,* vous supposerez qu'un des spectateurs a écrit le soir même, sur cette représentation, quelques pages de Mémoires, que vous nous ferez connaître.

LETTRES

● Mme de Chaulnes, qui est allée voir Mme de Sévigné aux Rochers, écrit à l'une de ses amies et lui raconte sa visite.

● Vous imaginerez la réponse que Mme de Grignan adresse à une lettre de sa mère (cette lettre à votre choix).

DISSERTATIONS

● En quoi les *Lettres* de Mme de Sévigné révèlent-elles la manière de vivre, les goûts, les préjugés d'une certaine classe sociale sous Louis XIV?

● Peut-on, d'après les *Lettres* de Mme de Sévigné, faire un portrait du courtisan?

● La vie provinciale d'après les *Lettres* de Mme de Sévigné.

● Peut-on justifier par les *Lettres* de Mme de Sévigné cette opinion du critique Emile Faguet : « Le XVIIe siècle a eu, quoi qu'on ait dit, le plus injustement et le plus étourdiment du monde, l'amour passionné de la nature »?

● Quels sont les passages des *Lettres* qui pourraient justifier ce jugement extrait du *Portrait de Mme de Sévigné*, par Mme de La Fayette : « Enfin la joie est l'état véritable de votre âme, et le chagrin vous est plus contraire qu'à qui que ce soit » ?

● Appréciez le jugement de Mme de Sévigné sur *Bazajet* (voir la lettre 30, page 85).

● Peut-on expliquer, par le caractère de Mme de Sévigné, sa fidélité à Corneille ?

● Mme de Sévigné et La Fontaine.

● Le caractère de Mme de Sévigné nous aide-t-il à comprendre ses goûts littéraires ?

● Commentez ce jugement de Sainte-Beuve dans ses *Causeries du lundi* : « Mme de Sévigné, comme La Fontaine, comme Montaigne, est un de ces sujets qui sont perpétuellement à l'ordre du jour en France. Ce n'est pas seulement un classique, c'est une connaissance et, mieux que cela, c'est une voisine et une amie. »

● Commentez, à l'aide d'exemples tirés des *Lettres*, ces lignes de Sainte-Beuve (*Causeries du lundi*) : « Même au milieu des tristesses et des ennuis, elle [Mme de Sévigné] demeurait la plus belle humeur de femme et l'imagination la plus enjouée qui se pût voir. Elle avait un tour à elle, le don des images les plus familières et les plus soudaines, et elle en revêtait à l'improviste sa pensée comme pas une autre n'eût su faire. Même quand cette pensée est sérieuse, même quand la sensibilité est au fond, elle a de ces mots qui la déjouent et qui font l'effet d'une gaîté. [...] Elle est tout le contraire de ses bons amis, les jansénistes, qui ont le style triste. »

● Les croyances religieuses et les convictions morales de Mme de Sévigné d'après ses lettres.

TABLE DES MATIÈRES

IMPRIMERIE HÉRISSEY. — 27000 - ÉVREUX.
Dépôt légal Avril 1971. — Nº 33566. — Nº de série Éditeur 11931.
IMPRIMÉ EN FRANCE *(Printed in France)*. — 34 902 C-Février 1984.